现代摩托化步兵营连战术

战例译注工作室———— 编译

台海出版社

图书在版编目（CIP）数据

现代摩托化步兵营连战术 / 战例译注工作室编译.
北京 : 台海出版社, 2024. 7. -- ISBN 978-7-5168
-3894-5

Ⅰ. E271.104

中国国家版本馆CIP数据核字第2024MT6100号

现代摩托化步兵营连战术

编　　译：战例译注工作室

出 版 人：薛　原　　　　　　　　　　　　　责任编辑：曹任云

出版发行：台海出版社
地　　址：北京市东城区景山东街 20 号　　　　邮政编码：100009
电　　话：010 - 64041652（发行，邮购）
传　　真：010 - 84045799（总编室）
网　　址：www.taimeng.org.cn/thcbs/default.htm
E - mail：thcbs@126.com

经　　销：全国各地新华书店
印　　刷：重庆市国丰印务有限责任公司
本书如有破损、缺页、装订错误，请与本社联系调换

开　　本：787 毫米 × 1092 毫米　　　　　　　1/16
字　　数：331 千字　　　　　　　　　　　　印　　张：20.5
版　　次：2024 年 7 月第 1 版　　　　　　　　印　　次：2024 年 7 月第 1 次印刷
书　　号：ISBN 978-7-5168-3894-5

定　　价：99.80 元

CONTENTS

目 录

前言

当今世界上的各类武装冲突向世人展示了各种作战模式和战术行动，比如阵地攻防、城镇作战、大规模炮战、无人机运用、纵深穿插等等，让我们在感叹高新技术加持下战争的全新面貌的同时，又重新看到了现代信息化技术条件下常规传统战争的特点与形态。由于信息时代信息的传递和获取很大程度上突破了传统的时间和空间的限制，变得迅速、便捷，我们甚至能通过网络视频看到地球另一端的战争的"现场直播"，因此能更加直观地看到传统大纵深战役理论的实践运用，以及新质作战力量发挥的关键作用，同时也能更直观地感受到战争的残酷，从而更加珍视我们所处的和平环境。

2022年上映的电影《地狱尖兵》真实还原了战争的本来面目，讲述了一场激烈的军事行动——3支俄罗斯军队分队为攻占一座大楼而与敌对势力展开激烈的冲突。在该电影中，俄军官兵的单兵素质、战术配合、敌我识别、目标选择、炮兵射击、电子对抗等等，无不展示出了他们极高的战术素养，让人印象深刻。

了解一支军队的作战方式最直接的参考就是其战斗条令，条令内容的严谨、细致程度能在一定程度上反映军队的训练水平，并经得起战争实践的检验。基于此，我们在俄罗斯联邦陆军分队战斗条令的基础上编译了本书，让大家从制度法规的权威设计中了解俄军的作战特点和战斗作风，从而一窥现代武装力量在战场上的运用。

俄军的条令和教材一般包括基本理论、指挥、进攻、机动、防御、保障等几大方面，内容体系全面。俄军现行的营（连）战术群的作战运用也是以营（连）作战运用为基础，并为其超强配属了各兵种和专业分队。俄军教员曾说过，条令封面之所以是红色的，是因为这是血的经验与教训的总结，具有权威性。俄军特别注重实战经验的总结与推广，并体现到条令和教材中。本书所涉及的是合成战斗准备与实施战斗条令系列的第二部分营、连战斗条令，是俄罗斯联邦武装力量诸兵种合成学院部队和兵团指挥专业的教学参考书，共分为十二章，包括合成战斗基本理论、分队指挥、防御、进攻、遭遇战斗、包围中的战斗和突围等。内容详尽，几乎包罗了营、连战斗中可能遇到的所有问题。

编译工作历时一年多，其中郭端纬编译了第一至第四章及附录，王统编译了第五至第十一章，侯云峰编译了第十二章，最后由郭端纬统稿校对，其间孙诚、王娜等专家也给予了大力支持，提出了许多契合实际的修改建议和意见。

编译本书时，我们尽量还原条令的本源，军事专业术语主要参考中国人民解放军军事科学院编译的1982年版《苏联军事百科全书》和2007年版《俄汉军事大词典》，以符合我军的军语规范和国内读者的阅读习惯，但受限于译者的水平和俄语的书写习惯，文中可能有许多拗口难懂的地方，希望读者多提宝贵意见，为后续著译工作提供指导和参考。

第一章
合成战斗基本理论

一、合成战斗及其实施方法和武装斗争的手段

1.在战争和武装冲突中，合成分队的运用是通过其参与战斗行动来进行的。

战斗行动——军团、兵团和部队运用各种行动方式和方法执行赋予的任务时有组织的行动。战斗行动的基本类型是防御和进攻。

防御可用来抗击敌优势兵力的进攻，掩护（坚守）占领地区，在次要（不太重要）方向节约部队和兵力兵器，以及保障部队（兵力）集群的展开和建立。

实施进攻的目的是消灭（击溃）反抗之敌，夺占指定地线或地区，并为后续行动创造条件。

2.战斗——战术行动的主要形式，是兵团、部队和分队，按目标、地点和时间，有组织、协调地打击，射击和机动，目的是在有限区域和短时间内消灭（击溃）敌人、抗敌打击及完成其他战术任务。

打击——使用现有的杀伤兵器和部队进攻（使用部队进行打击），通过对敌部队集群和目标的强力作用，在短时间内对其进行同时的杀伤。打击可以是：按所使用的武器——核打击和火力打击；按投送工具——导弹打击和航空打击；按参与的火器和杀伤目标的数量——密集打击、集中打击、集群的和单独的打击。

射击——为毁伤目标或完成其他任务而进行的各种武器的射击和常规弹药导弹的发射，是合成战斗中消灭敌人的主要方式。按完成的战术任务，它可分为摧毁、压制、损耗、破坏、烟雾迷盲（迷惑）以及其他；按武器种类，可分为轻武器、榴弹发射器、喷火器、步战车（装甲输送车）、坦克、炮兵、反坦克导弹系统、高射武器和其他武器的射击；按实施的方式可分为直瞄射击、间瞄射击、从掩盖的射击阵地射击和其他射击；按强度可分为单发射、短点射或长点射、连续射击、短兵火力、急速射、等速射、齐射和其他射击；按射击方向可分为正面射击、侧翼射击、交叉射击；按射击方式可分为原地射击、停止间（短停）射击、

行进间射击、车上射击、正面散射、纵深散射、场地射击和其他射击；按射击种类可分为对单个目标射击、集中射击、拦阻射击、多层射击。

机动——在完成战斗任务的过程中部队有组织的调动，目的是占领有利位置，并建立必要的兵力兵器编组，以及火力和打击的转移或转向（集中、分配），以便最有效地杀伤敌最重要的集群和目标。分队、兵力兵器、打击和火力进行机动。分队机动的种类有：包围、迂回、撤退和区域（阵地）变换。

包围——为到达敌人的一侧（两翼）而进行的机动。迂回是为了到达敌人后方而进行的更深远的机动。侧击和迂回是在与正面进攻的分队（有时是与空降兵）的战术和火力协同中实施的。

撤退和区域（阵地）变换——分队为脱离优势之敌的打击，避免陷入包围并为后续行动占领更有利的位置而进行的机动。

打击和火力机动是指同时或连续地将火力集中在敌人最重要的目标上，或为毁伤若干个目标而进行的火力分配，以及向新的目标转移火力。

3.战斗可以是合成战斗、防空战斗、空中战斗和海上战斗。

合成战斗由陆军、空军，以及空降兵部队的兵团、部队和分队的联合力量实施，而在濒海方向还有海军力量。在合成战斗过程中，兵团（部队、分队）可与俄罗斯联邦的部队、军事组织和其他部队机构共同完成战斗任务。

现代合成战斗的突出特点是：战斗行动的高强度、快速性和动态性，行动的空地特性，同时对双方部署的全纵深实施的强大火力和电子影响，运用各种方式完成战斗任务，迅速地从一种战斗行动转换为另一种战斗行动，复杂的战术环境。

合成战斗要求参战分队不间断地实施侦察，灵活运用武器和军事装备、防护和伪装的器材，士气高昂，体力充沛，坚定必胜意志，精诚团结，拥有高度的机动性和组织性，还要有铁的纪律。

4.实施合成战斗可仅使用常规武器或使用核武器、其他大规模杀伤性武器，以及基于新物理原理的武器。

常规武器是指所有使用炮兵弹药、航空弹药、轻武器弹药和工程弹药、常规装药导弹、大规模爆破弹药（温压弹）、燃烧弹药和混合弹药的射击火器和打击武器。常规武器的高精度系统拥有最高的效能。

连续歼灭敌分队是仅使用常规武器实施战斗的基础。此时，以可靠的火力与电子实施毁伤，同时对敌在纵深的预备队和重要目标造成影响，为完成赋予的任务及时地集中兵力兵器将有重要意义。

核武器是杀伤敌人的最有力手段。它包括所有种类（类型）的核弹药及其投送工具（核弹药运载工具）。

基于新物理原理的武器包括激光武器、粒子束武器、超高频武器、无线电波武器和其他武器。

二、分队在合成战斗中运用的基本理论

5.摩步分队和坦克分队是摩步（坦克）兵团（部队）的基础，完成以下任务：在防御中——抗击敌打击，并杀伤敌进攻部队，坚守占领的地区、地线和阵地；在进攻中——突破敌防御，歼灭敌防御分队，夺取重要地区、地线和目标，强渡江河，追击撤退之敌，实施遭遇战斗。

此外，在摩托化步兵（坦克）兵团（部队）编成内有下列分队：炮兵分队，防空分队，侦察分队，通信分队，电子对抗分队，工程部队分队，辐射、化学和生物防护部队分队，技术保障和后勤分队。

6.摩步分队和坦克分队独立或与其他兵种的分队、航空兵，在滨海方向还有海军舰艇（区舰队）部队和兵力，以及其他部队的分队协同完成战斗任务。

机炮兵团（部队）分队、设防地区的分队，利用设防地区的筑城工事来掩护和防御国境线重要地段、在纵深的独立地区以及岸边目标和岛屿。

7.炮兵分队用来摧毁核和化学攻击武器、察打一体系统的地面组成部分、炮兵、坦克、步战车、防空武器、无线电器材、指挥所、有生力量，摧毁在阵地、集结地域和行进道路上的反坦克火器和其他射击武器，以及在停驻场上的直升机、后方目标，破坏筑城工事，对地域和目标实施远程布雷，保障灯光，施放烟幕，以及完成其他任务。

8.防空分队用来掩护和保护部队、指挥所、后勤目标和其他目标免遭敌空中打击；对空中之敌实施侦察并将情况通报己方部队；用火力消灭敌有人机和无人机，战术、战役战术弹道导弹和巡航导弹，空中侦察和电子对抗武器，察打一体系统的空中组成部分；与空降（空中机动）兵在飞行和实施空降（机降）时进行斗争。

9.侦察分队用来收集关于敌人和地域的情报，完成特种任务。

通信分队用来保障在各种战斗活动中指挥部队。

电子对抗分队用来完成以下任务：通过无线电压制（杀伤）敌通信器材、雷达、无线电导航、无线指挥和光电器材来扰乱其部队和武器的指挥；对敌进行电子侦察；对抗敌技术侦察器材，并实施综合技术检查。

工程部队分队用来完成工程保障任务，以及运用工程弹药使敌遭受损失。

辐射、化学和生物防护部队分队用来完成辐射、化学和生物防护任务，以及运用喷火燃烧器材使敌遭受损失。

技术保障分队用来完成技术保障任务。

后勤分队用来完成后勤保障任务和技术保障的后方勤务任务。

10.完成赋予的任务时，合成分队与空军的前线航空兵和陆军航空兵分队、海军力量、空降兵部队的分队、俄联邦安全局边防处边防部队的分队、俄联邦内务部内务部队的分队、俄联邦民防部队的分队实施协同。

11.空降兵部队的分队用来从空中包围敌人，并在敌后执行任务：破坏敌部队指挥，夺取并摧毁敌高精度武器的地面组成部分，阻止敌预备队的推进和展开，破坏敌后方工作和交通，以及掩护（防御）独立的方向、地区、暴露的翼侧，封锁和消灭机降的空降兵，以及完成其他任务。

12.俄联邦安全局边防处边防部队的分队在入侵开始时与在掩护部队和袭击支队编成内行动的合成分队共同完成在保障地带的特种任务，组织伏击，完成在敌后的侦察任务。尔后，他们向纵深撤退，用以消灭特种作战力量、敌空降兵和非正规武装部队。

13.合成分队与俄联邦内务部内务部队分队可共同完成以下任务：维护社会秩序，保障社会安全和紧急状态制度；保卫重要的国家目标和特种货物；参与完成俄联邦国土防御任务。

14.俄联邦民防部队的分队用来在发生事故、灾难、自然灾害和威胁等紧急状态时开展保护国家领土和国民的行动。

15.实施合成战斗时，可为摩步（坦克）营（连）配属或派出兵种部队和特种部队的分队进行支援。遂行某些任务时，可为合成分队配属其他部队的分队。

配属分队完全隶属于合成指挥员，并完成其赋予的任务。

支援分队隶属于上级（指挥员），并完成其赋予的任务，以及在分配资源（兵力清单）范围内完成被支援的分队指挥员赋予的任务。

16.可为摩步（坦克）营配属炮兵营（连）、反坦克火器分队、工程部队分队和辐射化学生物防护部队分队，与主力脱离时，还可配属防空导弹（导弹炮兵、炮兵）分队。

可为摩步连配属炮兵连、反坦克分队、榴弹发射器分队、工兵分队和喷火分队，与主力脱离时，还可配属防空导弹（导弹炮兵、炮兵）分队。

可为摩步营（连）配属坦克分队，为坦克营（连）配属摩步分队。

除此之外，在战斗中，营（连）可得到炮兵火力，前线航空兵、陆军航空兵和上级其他毁伤火器打击的支援。

作战时隶属于其他部队的合成分队，其运用要与他们的基本用途、行动战术和战斗能力相一致。

17.完成赋予的任务时，营（连）根据情况以行军队形、临战队形和战斗队形行动。

行军队形——分队以纵队形式转移时的编成部署。它应能保障：行进的高速；迅速展开成临战队形和战斗队形；使受到敌人各种武器打击的薄弱环节降到最低；有效地指挥分队。

临战队形——分队以沿正面和纵深分布的纵队形式转移时的编成部署。它应能保障：迅速展开成战斗队形；克服障碍物、沾染区、破坏地区、火灾区与淹没区的同时，保持行进的高速；使受到敌人各种武器打击的可能性降到最低；有效地指挥分队。

战斗队形——分队进行战斗时的编成部署。它要与受领的任务和当前战斗企图相一致，并应能保障：无论是使用常规武器，还是运用核武器和其他杀伤火器，确保战斗的顺利实施；充分利用分队的战斗能力；及时在选择的方向（地区）上集中力量；对敌战斗队形全纵深进行可靠毁伤；快速利用对敌火力、电子毁伤和核毁伤的效果和有利的地形条件；在战斗过程中增强力量和实施机动；抗敌空中打击的能力，消灭敌空降兵、破坏侦察组和非正规武装部队的能力；使受到敌人各种武器打击的薄弱环节降到最低；保持不间断的协同和有效地指挥分队。

18.营（连）战斗队形由第一梯队、第二梯队或合成预备队、炮兵分队和直属营（连）长的分队和火器（毁伤武器）组成。在连一级，第二梯队或预备队通常在防御时或独立执行任务时建立。在防御中，营（连）战斗队形还可包括装甲组和火力伏击。

第一梯队用来完成主要任务，通常第一批投入战斗。第一梯队编成内包括连（排）大部分兵力及加强兵器。

第二梯队用来在战斗过程中增强力量；替换或加强遭受巨大损失的第一梯队分队和完成其他任务。

合成预备队用来在战斗过程中增强力量或替换第一梯队、第二梯队分队损失的战斗力，保障翼侧和结合部；消灭（封锁）敌空降兵、破坏侦察组和非正规武装部队，以及完成突然出现的任务。合成预备队的编成：在营里可达一个连，在连里可达一个排。

炮兵分队用来为第一梯队各分队执行任务，并支援他们：毁伤敌炮兵、坦克和其他装甲目标、防空火器、电子器材、指挥所、有生力量，以及在阵地内、集结地区和行进道路上的反坦克火器和其他火器，破坏筑城工事，为分队夜间行动提供灯光保障，施放烟幕和完成其他任务。

榴弹发射器分队用来杀伤敌有生力量和轻装甲目标，掩护翼侧、结合部和缺口。

反坦克火器分队用来与敌坦克和其他装甲车辆战斗，掩护翼侧、结合部和缺口。

榴弹发射器分队和反坦克火器分队独立或与第一（第二）梯队分队、喷火分队和装甲组共同（协同）完成自己的任务。

辐射、化学和生物防护部队的喷火分队利用喷火燃烧器材对敌实施毁伤。喷火分队与摩步分队和炮兵分队密切协同完成自己的任务。

为保障营（连）行动，要建立侦察机构和警戒机构，可建立运动保障队、障碍排除队（组）和其他临时组织。

19.摩步分队和坦克分队在战斗行动中的运用是根据战术的一般原则组织和实施的，包括：保持高度战备和动员准备状态；积极、坚决地行动；协调运用参与合成战斗的所有分队和兵力兵器，在他们之间保持不间断的协同；关键时刻在主要方向以及为完成最重要的任务而坚决地集中力量；使分队的战斗任务与其战斗能力相适应；隐蔽、突然地行动，使用军事谋略；大胆实施分队、兵力、兵器和火力机动；预先建立、灵活运用并及时恢复预备队；巩固战果；战斗（完成赋予的任务）的全面保障；保持并及时恢复战斗力；时刻考虑和灵活运用精神心理因素；坚强、稳定和不间断地指挥分队和兵力兵器。

20.保持高度的战备和动员准备状态，是组织和实施综合措施，以保持分队在任何形势条件下有组织地在规定时间内由平时转为战时，齐装满员，开始执行受领的任务，并顺利完成。分队战备和动员准备最重要的因素是：分队时刻准备实施战斗行动；保持武器和军事装备时刻进入待用（战斗运用）状态；随时准备执行增加人员的措施；确保他们随时准备按计划行事；人员保持高度警惕。

21.行动的积极性和坚决性，就是一心渴望全歼敌人，分队随时准备并有能力在任何情况下对敌进行打击，把自己的意志强加于敌，夺取和保持主动。

指挥员歼灭敌人的决心应该坚定，毫不犹豫地执行到底。不作为，不充分利用一切力量、手段、机会去取得成功，以及优柔寡断和被动都会导致失败。

22.协调运用参与合成战斗的所有分队和兵力兵器，在他们之间保持不间断的协同，是指为使合成分队顺利完成战斗任务，按照任务、方向、地线、战斗实施的时间和方式，协调合成战斗所有参与者与火力毁伤、电子毁伤和核杀伤之间的行动。

23.关键时刻在主要方向以及为完成最重要的任务而坚决地集中力量能顺利抗击数量上占优势的敌兵力，并取得胜利。为此，在重要方向必须使用最有战斗力的分队、最有效的杀伤火器，并大胆机动。

24.使分队的战斗任务与其战斗能力相适应能使分队及时地准备战斗（完成受领的任务），在规定时间内完成受领的任务，并为后续行动保存战斗力。

实现该目标要通过在战斗准备时、战斗过程中和完成赋予的任务后周密地判断情况并预测形势发展；为制订企图和定下决心进行必要的战术计算；定下决心要严格与所属分队、兵力兵器的射击能力，打击能力和机动能力相一致，与完成赋予的任务所实施的全面保障相一致。

25.行动的隐蔽性和突然性，以及使用军事谋略（欺骗敌人），能使敌人出其不意，致使其恐慌，瓦解敌人的进攻热情和反抗意志，扰乱敌部队指挥，并为战胜在兵力上也占优势之敌创造有利条件。

运用军事谋略（欺骗敌人）不能允许背信弃义的行为（俄联邦签署的国际法明确对部队行动的隐蔽享有保护权）。

26.大胆实施分队、兵力兵器和火力机动能夺取并保持主动权，破坏敌人企图，并在任何情况下顺利实施战斗。

机动企图要简单明了，对敌行动要迅速、隐蔽、突然地完成。在机动的基础上，及时并充分地利用对敌火力毁伤（电子毁伤、核杀伤）的结果。

27.预先建立、灵活运用并及时恢复预备队，能及时应对不断变化的情况，以及增强力量。

28.巩固战果能保持战术主动权，并为实施后续行动创造条件。

29.战斗（完成赋予的任务）的全面保障，就是准备和执行各种措施，以使分队保持高度的战备状态，保存其战斗力，并为完成赋予的任务创造有利条件。

全面保障分为战斗保障、精神心理保障、技术保障和后勤保障。在战斗准备和战斗（完成赋予的任务）过程中要不间断地实施。

30.保持并及时恢复战斗力，是指在任何情况下保障分队顺利完成战斗任务的准备情况。

确保战斗力，要通过以下方式：分队人员、武器和军事装备的配套程度；物资器材必需的储备数量；分队和指挥机构的军事训练和协调性；指挥人员的组织素质；全体人员的团结性、良好的精神心理状态、组织纪律性；组织稳定和不间断的指挥；迅速补充战损的能力和部队的防护。

组织和实施部队防护，目的是通过降低敌杀伤火器作用，降低自然的、技术工程的、无线电电子的、信息的、心理的和其他属性的危险因素的影响，保存（保持）部队战斗力，并保障其完成赋予的任务。

部队防护的主要任务是：防止敌突然打击和危险因素的影响；查明并消除敌杀伤火器和危险因素影响的后果。

及时恢复战斗力，是指使遭受敌杀伤火器和其他危险因素影响的分队进入执行战斗任务的准备状态。及时地恢复战斗力包括：恢复被破坏的指挥；查明损失并给存有战斗力的分队明确任务；丧失战斗力的分队进入安全地区；恢复损坏的武器和军事装备，补充人员，补充保障武器、军事装备、其他物资器材；掌握保存下来但没有车组（炮组）的武器和军事装备；保存、恢复和维持全体人员良好的精神心理状态。首先要恢复指挥所、继续完成赋予的任务的分队以及遭受最大损失的分队的战斗力。

31.时刻考虑和灵活运用精神心理因素是取得成功的最重要条件。为此，必须：熟悉和培养全体人员精神心理的稳定性，对人员的较高要求要与个人需求和生活、战斗所需相结合；系统研究敌人的精神心理素质，积极抵制敌人的心理破坏行动。

32.坚决、稳定和连续地指挥分队和兵力兵器，充分利用其战斗能力。为此，应时刻了解情况，及时定下决心并坚决实现；指挥员对自己的决心要亲自负责；组织并保障指挥的隐蔽性和指挥所的生存性，保持稳定的通信联络。

三、对敌火力毁伤基本理论

33.对敌火力毁伤——使用指定的杀伤兵力兵器、常规和燃烧弹药，为完成战术任务和达成战斗目的而对敌进行协同一致的火力作用。

火力毁伤的目的是降低敌抵抗分队的战斗潜力（战斗能力）至一定水平，使其既能保证分队有把握完成赋予的任务，又能保存自己的战斗力。

34.上级组织和实施的火力毁伤要与分队行动协调一致，按照火力毁伤的各阶段进行：在防御中抗击敌进攻的火力准备和对防御部队的火力支援；在进攻中对进攻的火力准备和对进攻部队的火力支援。

实施抗击敌进攻的火力准备，目的是破坏（扰乱）敌人推进，展开和转入冲击，给敌第一梯队部队和分队造成损失。它持续至敌转入冲击前。

实施对防御部队的火力支援，目的是使敌遭受最大损失，并禁止其向防御纵深突破。它贯穿在分队防御战斗的全过程。

实施反冲击时，按阶段对敌实施火力毁伤：反冲击火力准备和对反冲击部队的火力支援。

营的分队（火器）可以按照上级计划参与实施射击任务。

实施进攻火力准备，目的是给敌造成规定的损失，并改变兵力兵器对比至一定水平，使其能保证对敌必要的优势。它在指定时间开始，进行至第一梯队的分队到达转入冲击地线前。

实施对进攻部队的火力支援，目的是保持已建立的兵力兵器对比（要求的优势），保证规定的进攻速度，禁止敌机动、恢复破坏的火力配系和指挥。它从分队按上级信号转入冲击线开始，在战斗任务全纵深实施。

抗敌反冲击时，对敌火力毁伤按防御中对敌火力毁伤的阶段实施。

35.为提高对敌毁伤效率，在战斗中使用营（连）火力建立火力配系，它是上级对敌火力毁伤体系的组成部分，包括：炮兵火力、坦克火力、步战车火力、装甲输送车火力、反坦克导弹火力、榴弹发射器火力、轻武器火力，以及喷火燃烧器材的运用。营火力配系可包括在指定的飞行资源范围内的航空兵打击。

组织营（连）火力配系要严格与上级火力毁伤体系相一致，与无线电电子毁伤、工程障碍配系密切协同，并完成以下任务：杀伤迫击炮分队、敌第一梯队摩步和坦克分队的部队和武器指挥系统的组成部分，以及敌其他目标。

36.完成火力毁伤任务时，炮兵运用以下射击种类：对单个目标射击——炮兵连、排和火炮（迫击炮、炮兵、反坦克导弹）从掩盖的射击阵地独立实施的射击或使用直瞄进行的射击；集中射击——若干个炮兵营（连）对单个目标同时实施的射击；不动拦阻射击——在冲击（反冲击）之敌的正面前，在一条（单条不动拦阻火力）或同时在几条（纵深不动拦阻火力）地线上建立的连续弹幕；移动拦阻射击——在敌坦克行进路线上，在一条（单条移动拦阻火力）或同时在两条（两重移动拦阻火力）地线上建立的连续弹幕，并随着大部分冲击（反冲击）的坦克（步战车）脱离火力区而连续向其他指定的地线转移；连续集中射击——对位于己方冲击部队正面前和翼侧的一条地线上的目标的集中射击，并按照他们的推进向纵深连续转移。它可以是单条的、两重的和三重的（当同时对相应的一条、两条、三条地线上的目标实施射击时）。

37.完成火力毁伤任务时，航空兵可为了合成分队而实施编队打击和单独打击。

编队航空打击由部队（分队、飞行器编组）在有限区域内对敌一个或几个地面（海上）目标实施。

单次航空打击通常由单个飞行器（飞行器编组）对一个目标实施。

第二章
分队指挥

一、概述

38.分队指挥是营（连）长、副营（连）长、营司令部进行的有针对性的活动，包括使分队时刻处于战备和动员准备状态，准备战斗（完成受领的任务），以及在执行任务时领导分队等。

39.分队指挥应该是稳定的、连续的、灵活的和隐蔽的，保障营司令部和分队时刻处于战备和动员准备状态，有效利用其战斗能力，在规定的时间内在任何条件下顺利完成赋予的任务。

实现指挥的稳定性，要通过：正确理解上级赋予的任务；坚决实现定下的决心；建立并及时展开指挥所和指挥工具，使其保持高度的战备状态，善于使用它们组织作业；采取综合措施对指挥所和指挥工具进行防护，使其免遭敌影响，以及抗敌杀伤火器；与上级司令部、所属分队和协同分队保持稳定的通信联络；灵活部署指挥所，并组织指挥所全面保障和指挥工具的作战运用。

实现指挥的连续性，要通过：及时收集情报，时刻了解和全面评估现有情报；及时定下决心，清晰地给下属部署任务；综合运用各种指挥和通信技术工具，以及自动化部队指挥工具；及时地转移指挥所；在最短时间内恢复被破坏的指挥。

实现指挥的灵活性，要通过：指挥员和司令部及时完成全周期指挥，使部属能在此期间进行必要的准备并完成赋予他们的任务；对环境变化迅速做出反应；为完成赋予的任务，及时对分队行动施加影响；运用分队和武器的指挥自动化工具。

实现指挥的隐蔽性，要通过：指挥所的隐蔽部署和转移；面对面给下属部署任务；综合运用指挥自动化系统、加密通信设备和编码通信文书，并与编码地形图相结合；严格遵守通信工具和指挥自动化系统的使用规则和方法、它们规定的作业制度和无线电伪装措施；限制使用用于指挥的通信工具和指挥自动化系统的人员范围；限制使用明语通信信道指挥分队；最大限度限制参与制订战斗文书的人员范围；确保文书完善保存；教育人员保持高度警惕，及时查明并关闭情报泄露渠道。

40.在指挥员的决心基础上组织和实施部队指挥。营（连）长亲自负责定下的决心，正确运用所属分队，并完成部署给他们的任务。

营（连）长应在规定时间内组织完成上级赋予的任务，领导所属分队进行直前战斗（执行受领的任务）准备，以及不间断且坚定地指挥他们，坚决在规定时间内实现定下的决心。

根据上级首长、司令部的命令，号令和指示，以及定下的决心，营长亲自并通过自己的副职和司令部（连长——亲自并通过副职）来指挥分队。在战斗关键时刻，他必须在最重要的方向及时对现有兵力兵器执行赋予的任务的进程施加影响。

41.营参谋长是司令部工作的直接组织者，亲自负责完成赋予司令部的所有任务，并负责组织和保障不间断的分队指挥、司令部和直属分队的战备和动员准备状态，领导他们的训练，协调战斗，组织和指导司令部的所有活动。

参谋长是第一副职。只有他有权以营长的名义对所属分队和副营长（营长助理）下达指示和命令。

参谋长职责：熟悉营长的战斗（完成受领任务）决心、营长亲自下达的所有指示，时刻了解形势，并预测形势可能的变化，在完成受领任务准备时、执行任务过程中和完成任务后，时刻准备按营长的要求报告己方部队和敌人的位置、状态和能力，报告判断情况的综合结论并预测其发展，报告自己对战斗（完成受领任务）决心的建议，以及分队训练、组织协同、全面保障和指挥的措施。

42.副营长负责分队战备，实施战斗协调及与他们一起进行针对当前行动特点的战术演习。当营长不在时履行营长职责。副营长应熟悉营长决心、营长下达的所有指示和全部情况，并时刻准备接替指挥分队。

43.负责教育工作、装备（连高级技工）、后勤（连准尉）的副营（连）长，营通信主任个人对直接组织和实施相应的各类保障（组织通信）措施负全责；对直属分队的战备和动员准备、精神心理状态、军纪和训练，以及分队的正确运用和在规定时间内顺利完成赋予的任务负全责。

他们的职责是：准备建议，制订企图，定下各类相应的保障（通信）决心，并向指挥员报告，在完成受领任务准备和执行任务过程中指挥各类保障（通信）；组织所属分队的直接运用，在完成受领任务准备和执行任务过程中指挥所属分队。

44.负责炮兵的营长助理负责营炮兵分队的战备与训练，其职责是：熟悉营长战斗（完成受领任务）决心，建制，以及配属分队的位置、状态和能力；时刻准备向营长报告分队战斗运用的建议；协助营长组织炮兵分队的战斗和保障；检查下达的指令、命令和指示的执行情况；组织明确射击宗旨；必要时校正所属和支援的炮兵分队的射击。

45.营副参谋长（参谋长助理）负责给营长和参谋长提供关于分队的位置、行动特点、状态以及完成赋予任务的水平的准确资料。他要及时呈报判断情况、组织指挥和协同的参考文件（资料），核查所有人员的辐射剂量，以及参与制订必要的作战文书。

46.营心理师负责组织分队的心理工作和分队的心理状态，其职责是：及时制订并报告组织和实施心理工作的建议；计划和实施人员心理训练措施，为分队完成战斗任务提供心理支持，参与救护和后送受到心理创伤的战士。

47.各级指挥员（负责人）应在战斗（完成受领任务）准备和战斗过程中熟悉并考虑国际人权；要求他们熟悉并保证所属人员无条件地执行；杜绝违反这些法规的情况；追究违反者的责任。

二、指挥系统

48.指挥系统是营（连）分队、兵力兵器指挥的组织技术基础，是指挥机构（指挥员）、指挥观察所和指挥工具之间相互联系的功能上的综合。

指挥系统应具有高度的生存性、抗干扰性、稳定性，并能保障集中和分散指挥分队的能力。

营指挥机构包括指挥部和司令部，连指挥机构包括连长、副连长以及配属分队的指挥机构。

49.营司令部是主要的指挥机构。它在营长的决心和指令以及上级司令部指示的基础上开展自己的工作。

司令部的基本任务是有效地收集、综合和分析情况资料，并向营长和上级司令部报告；为指挥员定下决心准备资料；保障及时制订并全面向所属指挥员和司令部下发（传达）命令和指示，检查他们的完成情况。

在战斗（完成受领任务）准备和战斗过程中，营司令部的一般任务是：保证并保持分队的战备和动员准备；组织分队各种日常和战斗活动；协调各副营长（营长助理）的工作；在完成受领任务准备、执行任务过程中和完成任务后要不间断地获取、收集、整合、分析和判断关于形势的情报，并预测其发展，以及所属分队和敌人的状态、位置和行动特点；指挥侦察机构完成战斗任务；保障通信器材的生存性；准备和提供必要的战术计算和建议，供指挥员做决定使用；及时向分队下达任务，形成战斗命令和指示；指定战斗（完成受领的任务）计划；组织分队做好战斗（完成受领的任务）准备的措施，给予所属指挥员和分队必要的帮助；组织协同，并在战斗（完成受领的任务）中予以保持；组织指挥工具的运用，检查其状态，并保障通信系统稳定、不间断和隐蔽地运行；对国家机密的保护措施进行检查；组织战斗保障、精神心理保障、技术和后勤保障措施和警戒勤务；组织消除敌运用大规模杀伤武器的影响，恢复分队战斗力；检查分队完成赋予的任务的情况；对人员、武器、装备、导弹、弹药、油料和其他物资进行清查；核查辐射剂量，并对人员注射疫苗；向上级司令部报告执行任务的过程、形势和指挥员定下的决心；为所属分队、协同分队和友邻提供关于情况变化的情报；使用当前行动地区的地形信息工具为分队提供保障；组织部队勤务和安全服役；研究、整合并向所属分队传达战斗经验。根据活动类型和形势条件，司令部还可完成其他任务。

50.指挥观察所——用指挥（通信、自动化保障系统和自动化生活保障系统）技术器材构筑的工事或用于指挥机构部署和工作的运输工具。

营（连）长、副营（连）长（除负责武器装备的副职）、负责炮兵的营长助理、参谋、营通信主任，以及配属、支援分队指挥员和前线航空兵引导员，在营（连）指挥观察所部署和作业。配属、支援分队指挥员和前线航空兵引导员携带自己的指挥工具到达营指挥观察所。

在战斗中，指挥观察所在第一梯队分队战斗队形后展开，与其距离要能保障不间断和灵活的指挥部属。指挥观察所绝对不能从战斗队形中分离出来，其部署和转移必须善于运用地形和地物的防护和伪装特性。在机炮团的营（连），要预先构筑若干指挥观察所的展开位置。

为了指挥分队，营长可随战斗队形移动。副参谋长（参谋长助理）、迫击炮连连长和配属（支援）的炮兵分队指挥员（炮兵校正手）和航空兵引导员应与营长在一起。

51.指挥所的转移不应破坏指挥，要能保障时刻与所属分队、协同分队、上级司令部的通信联络，转移要迅速、隐蔽和有组织地进行，但不应与战斗中的关键事件同时进行。

完成针对防御战斗的战斗任务时，营（连）指挥观察所只有在上级（上级司令部）批准后才能转移。指挥观察所开始转移和到达新的地区后，要立即向上级司令部报告。关于指挥观察所部署地区的变化要通报所属分队、协同分队和友邻。

营（连）指挥所损坏时，分队指挥通常从第二梯队连（一个连的其中一个排）的指挥观察所实施。承担指挥的指挥员要将此情况向上级报告，并通报所属分队、协同分队和友邻。

52.指挥设备包括通信和自动化控制系统、部队隐蔽指挥、信息处理和计算、装订和复印等技术设备。

通信系统和指挥自动化系统是分队（兵力兵器）指挥的主要工具和物质技术基础。

它们应保持高度的战备状态，具有稳定性、机动性、必要的工作能力、侦察防护性、可控性，还要能保障满足通信的及时性、可靠性和信息传输的安全性。

在营长决心、参谋长指示和上级司令部的通信指示的基础上组织通信联络，并要考虑到通信兵力兵器的数量和状态、通信系统展开的时间，以及敌人可能施加的影响。

参谋长（连队为连长）负责组织通信联络、通信系统和部队指挥自动化系统的展开。通信联络的直接组织者是通信负责人——营通信排排长。副营长（营长助理）负责正确地运用提供给他的通信工具。

通信的使用方法和无线电设备的工作机制由上级依据战斗（完成受领任务）企图、上级司令部的指示和实际情况规定。

营长和营参谋长（连长）在任何形势条件下都要时刻保持与所属指挥员、上级指挥员和司令部持续且稳定的通信联络。

指挥自动化系统用来在战斗（完成受领任务）准备和战斗实施过程中提高指挥机构工作效率。在营长的指令和上级司令部的指示基础上使用。参谋长负责自动化设备的推广运用和稳定工作，保护在其中往来的信息。

部队隐蔽指挥的技术器材用来保障使用通信信道和通信线路传输的信息内容对敌保密。

信息处理、计算、装订和复印的设备用来提高指挥的效能。

三、营长和司令部分队指挥工作的基本理论

53.营（连）长和营司令部在战斗（完成受领任务）准备和战斗过程中工作的组织要依据形势条件、赋予任务的特点、规定的分队完成任务的时限和上级工作的方法来明确。在任何情况下，要保证：对分队坚决和不间断地指挥，及时定下决心，严格检查所属指挥员的战斗（完成受领任务）准备工作，全面、高质量地执行战斗（完成受领任务）准备措施，指挥机构和各级指挥员之间协调活动，为分队提供尽可能多的时间进行执行任务的直接准备，灵活应对形势的变化，在完成战斗任务过程中最有效地运用分队和兵力兵器。

营（连）战斗（完成受领任务）准备包括：组织战斗（定下决心，现地勘察，部署战斗任务，制订计划，组织射击、协同、全面保障和指挥），营指挥

部、司令部和分队的战斗（完成受领任务）准备；各分队的实际工作（检查对赋予任务的执行情况，并给予帮助）和其他措施。

54.在任何情况下都必须尽可能迅速地制订企图，定下经过论证的决心，并制订战斗（完成受领任务）计划。分队战斗准备可以与制订计划同时实施。

时间限制严格时，营（连）长和司令部应集中所有力量只完成主要任务，在解决其他问题上给部属更大的自主权。

在定下决心和计划战斗（完成受领的任务）时在营长和司令部工作方法（规定）中明确这一切。

55.收到战斗命令、战斗号令（预先战斗号令）时，营长（连长）和司令部着手开始战斗（完成受领任务）准备。

组织战斗（完成受领任务）工作应严密进行，并按下列顺序进行：

研究和理解任务；

计算时间；

向分队指挥员和副职（助理）介绍受领的任务和必须立即实施的措施；

判断情况并听取副营长（助理）的建议，制订战斗（完成受领任务）企图；

向上级报告并由上级批准战斗企图，向副职（助理）（部队一级相应的人员）宣布，下达关于定下决心的后续工作的指示；

向所属分队下达预先战斗号令（受领战斗任务时是以预先战斗号令的形式）；

审核并批准副营长（营通信主任）关于所属分队运用和战斗（完成受领任务）的全面保障的企图；

完成定下决心［给战斗（行军）队形各要素（分队）明确战斗任务，明确协同、全面保障和指挥的主要问题］；

向上级报告并由上级批准决心；

向副营长（营长助理）宣布决心；

进行现地勘察（必要时）；

向所属分队［战斗（行军）队形各要素］部署任务；

审核并批准副营长关于所属分队运用和对完成赋予的任务的全面保障的决心；

审核并批准所属分队指挥员的决心；

指定战斗（完成受领任务）计划；

审核并批准计划文书；

组织协同，下达关于全面保障和指挥的指示；

在所属指挥员和分队完成部署任务方面的实际工作（检查完成情况并给予帮助）；

向上级报告完成受领任务的准备情况。

56.理解任务的目的是为组织战斗（完成受领任务）研究初始资料。

理解任务时，指挥员应了解：当前行动的目的、上级的企图（特别是消灭敌人的方法）；上级企图中营（连）的地位、角色，以及任务；友邻的任务，与友邻、其他武装力量军兵种的分队、其他部队协同的条件，以及营（连）执行任务的准备时限。

理解任务时，营参谋长、副参谋长和负责炮兵的营长助理通常与营长一起进行。副参谋长在地图上标绘营的任务；协同分队的任务及与协同分队的分界线（责任区）；上级兵力兵器完成的任务和其他资料。

在理解任务的基础上计算战斗（完成受领任务）准备的时间。营长（参谋长）利用一份准备好的地图对副营长、营长助理、通信主任传达受领任务的内容和必须立即采取的措施的指示。

57.理解受领的任务后，指挥员及必要的参与人员开始判断情况，在判断情况过程中制订战斗企图。

在完成受领任务准备、执行过程中和完成任务后要判断情况，并预测形势的发展。判断情况就是研究和分析影响任务完成的因素和条件，包括：判断敌战斗编成，查明敌行动企图；判断我情；判断地形、气候和天候、季节、昼夜和其他影响完成受领任务的因素。

判断敌情时，司令部要准备好关于敌分队战斗编成和行动的特点、最重要的目标、战斗行动地区构筑特点的资料；当评估己方分队时，准备关于建制、配属、支援、协同分队和友邻的位置、行动特点和状态的资料，关于物资器材储备的数量和状况的资料；地形判断时，准备关于地形的地貌特点、防护和伪装特性的资料，关于机动、前运、后送路径的状况和无道路时的通行情况的资料，关于工程障碍的数量和特点的资料。负责教育工作的副职准备评估敌人和营（连）所有人员的精神心理状态的资料。除此之外，司令部要计算：兵力兵器的分配；向展开地线行进的时间、通过地线（地点）的时间、占领地区的时间和其他时间。

为制订企图和定下决心，对用于情况判断的每一个要素都要得出必要的结论，并明确完成受领任务的各个阶段。

58.理解任务，判断情况，并考虑计算的结果后，指挥员定下决心，在决心中明确：战斗（完成受领任务）企图；战斗队形各要素（分队）的任务；协同、全面保障和指挥的主要问题。

战斗企图是决心的基础，通常在判断情况的同时制订。在制订企图的过程中，指挥员按照完成受领任务的各阶段明确：集中主力的方向；行动的方式方法；兵力兵器的分配［战斗（行军）队形的部署］；在任务准备和完成赋予的任务时确保隐蔽性。特别是指挥员要明确欺敌的想法，并在有限的人员范围内传达。在完成受领任务准备、执行任务过程中和完成任务后，要规定欺敌措施。

参与制订企图的负责人按照指挥员的要求报告自己的建议，提交必要的说明、证明、资料和计算结果。

向上级报告战斗（完成受领任务）构想并经批准后，指挥员开始为战斗（行军）队形各要素（分队）明确任务，明确协同、全面保障和指挥的主要问题。

在战斗（行军）队形各要素（分队）的任务中通常明确：他们的战斗编成、加强的兵器及其转隶的方法；行动地带（地段、地区、方向）、指定的地区（阵地、地线）和分界线；分配的导弹和弹药数量；完成受领任务的准备时限和其他问题。

在协同的主要问题中，通常明确战斗队形各要素（分队）之间，完成主要战术任务时，与为了营（连）执行任务的上级兵力兵器之间及与友邻之间的协同方法。要特别明确负责战斗队形各要素（分队）之间结合部和空隙的分队指挥员的责任。

在全面保障的主要问题中，通常明确战斗准备和战斗过程中实施的作战保障、心理保障、技术和后勤保障的主要措施。此时要明确集中主力的地区（方向）、主要任务、完成顺序和时限、参与的兵力兵器，以及指挥他们的方法。

在指挥的主要问题中通常明确（确定）：指挥观察所的展开位置和时间（指挥车在战斗队形中的位置），及其转移的方向和方法；指挥观察所损坏时移交指挥的方法；保障指挥的隐蔽性、稳定性、连续性的措施，以及检查完成赋予的任务的措施。

59.现地勘察是在目视范围内研究敌情和地形，目的是修订在图上定下的决心。现地勘察由营（连）长亲自实施，副营长、负责炮兵的营长助理、所属和协同分队的指挥员以及营参谋人员参与实施。

60.为所属和支援分队部署战斗任务以战斗命令、战斗（预先战斗）号令和各种全面保障指示的形式由指挥员亲自下达或按指挥员的指示由参谋长口头或通过通信技术工具下达。

在营（连）战斗命令中指明：

第一条——简短的情况判断结论；

第二条——营（连）战斗编成和任务；

第三条——为了营（连）而由上级兵力兵器完成的任务；

第四条——友邻和协同分队的任务；

第五条——在"决心"一词后，下达战斗（完成受领任务）构想；

第六条——在"命令"一词后，为第一梯队和第二梯队（合成预备队）分队、炮兵分队、营（连）长直属的分队和火器部署战斗任务，并确定他们的战斗编成、加强的兵力兵器及其转隶的方法、分配的导弹和弹药的数量；

第七条——指挥所展开的地点和事件，转移指挥的方法；

第八条——战斗（完成受领任务）准备的时间。

在给分队的战斗号令中指明：

简短的情况判断结论；

分队战斗编成和任务，确定加强的兵器及其转隶的方法；

由上级兵力兵器为分队完成的任务；

友邻任务及与其分界线（如果它们被指定的话）；

协同的主要问题；

全面保障的主要问题；

指挥的主要问题；

完成受领任务的准备时间；

报告决心的时间和地点。

除此之外，可以指定提交报告的方法和时限。

在预先战斗号令中通常指明：

敌情；

分队战斗编成；

介绍分队的战斗任务；

友邻及与其分界线；

行动的准备时间和其他资料。

在战斗准备和战斗过程中所有下达的营（连）长的命令、指示和指令，以及收到的上级（上级司令部）指示（指令）由参谋长（副连长）填写在收发指示的日志上。

指挥员应利用一切机会亲自为下属部署（确定）战斗任务。

61.在指挥员的决心的基础上，营司令部（副连长）、配属分队指挥员与支援（协同）分队的军官一起制订战斗（完成受领任务）计划。

制订计划要进行战术计算，并详细分析指挥员定下的决心。营（连）长战斗（完成受领任务）决心在工作图上形成，图上要有必要的计算和说明。计划的说明通常要详细到下两级。

营（连）制订计划时要仔细分析：计算时间、战斗命令、给分队的战斗（预先战斗）号令、营（连）长的工作图。营（连）解决最复杂的任务时，还要制订协同图。

营（连）长工作图上要反映出：敌人的位置和编成；营（连）的任务；友邻任务及与其分界线（他们的行动方向）；为了营（连）而由上级兵力兵器完成的任务；战斗（战斗行动）企图；分队的任务；指挥观察所展开的地点和时间；协同、全面保障和指挥的主要问题和其他问题。

营（连）长的决心在副职［负责炮兵的营（连）长助理］工作图上只反映出他们职责范围内所必需的部分。

在协同图上要反映出：分队完成的战术任务；参与执行任务的兵力兵器；指挥协同的信号；配属和支援分队（兵力兵器）完成每项任务时（按照执行任务时的各阶段）的行动方法，以及时间、指挥协同信号的说明。

62.在组织战斗的各阶段组织火力。

理解受领任务和判断情况时，营（连）长应：研究上级指定的方位物和信号，以及为了营（连）而由上级毁伤的目标；判断地形、天候、昼夜对完成射击任务的影响；明确为武器投入战斗做准备所必须采取的措施。

制订企图和定下决心时，在明确完成受领任务的方式方法和战斗队形各要素（分队）的任务后，营（连）长说明火力毁伤敌人的方法以及任务、武器类别及实施射击的方法（按射击密度、方向和方法），按行动方向和完成战斗任务的阶段来分配炮兵（毁伤火器），明确炮兵分队（毁伤火器）射击阵地地区及占领时间。战斗队形各要素（分队）的射击任务体现在战斗命令和战斗号令中，以指示、指令和信记号的形式使用通信工具下达。

组织协同时，营（连）长按照完成射击任务的顺序和消灭最重要的目标来协调建制和配属火器的行动。

为了指挥分队和火力，指定统一的方位物，对地形图和地物进行编码，把无线电资料和信号传达给下属，将识别标志和标号绘制在武器和军事装备上。

选择白天和晚上都易于辨认、难破坏、最稳定的地物作为方位物。对方位物从右向左、按地线由己方向敌方进行编号。

方位物编号和上级规定的信记号严禁改变。必要时，指挥员可补充指定方位物和信记号。营（连）长通常指定不超过5个补充方位物［在连（排）行动方向和边界上，在地带和补充射界的边界上］。为了指挥火力，可利用易于观察的地物。

除此之外，还要明确召唤和调整炮兵火力的方法，明确召唤前线航空兵和陆军航空兵打击的方法，规定（传达）开火、转移和停止射击的信号（指令）。

对敌火力毁伤的问题要体现在营长，参谋长，负责炮兵的营长助理，以及建制、配属和支援的炮兵分队指挥员的工作图上。

63.营（连）长亲自组织协同，副营（连）长、炮兵助理、配属和协同分队的指挥员参加。营（连）长通常明确：战术任务（完成受领任务的阶段），按照任务组织协同；参加的负责人；组织协同的时间和地点。

部署战斗任务和制订战斗（完成受领任务）计划后组织协同，按任务、方向、时间和地线，通过连续演练分队、所属兵力兵器行动的方式方法来实施，以便合成分队行动顺畅。协同的原则在指挥员决心中予以明确，可在协同图上详细说明。

组织协同过程中要规定统一的指挥、通报、识别和目标指示的信记号。要特别注意实施隐蔽和伪装的措施。

根据时间和具体的形势条件，组织协同可采取听取所属分队和协同分队指挥员报告的方法和下达指示来明确保证协调行动的措施的方法；根据做出的决定，详细说明各单位遂行的每一项任务的顺序和方法；按可能的行动方案或几种方案的结合来推演主要战术环节。

协同通常在现地可见纵深内组织，而在沙盘上或在图上则在战斗任务全纵深内组织。

当战斗（完成受领任务）准备时间有限时，指挥员可在给战斗队形各要素（兵力兵器）部署任务时传达主要协同问题。

在任何情况下协同分队指挥机构相互之间都应有稳定的通信，必要时互派代表并携带通信、密码和编码工具，及信记号表，经常共享关于形势、受领任务、定下的决心和分队行动的情报。

在全面保障指示中，为完成赋予的任务，营（连）长按地点、时间、参与的兵力兵器来协调全面保障时分队的行动。

在指挥的指示中，营（连）长通常下达：分队指挥所展开的时间和地点；在完成受领任务的过程中指挥所转移的方向和方法；指挥自动化系统和通信技术工具的运用方法，隐蔽指挥和恢复被破坏的指挥的方法。除此之外，还要明确向协同的分队派遣代表的方法，以及与其保持通信联络的方法。

64.分队完成赋予任务的准备是指他们保持高度的战备状态和较高的战斗

力；补充人员、武器和军事装备；提供各种必要的物资器材；指挥员、司令部和全体人员做好完成任务的准备，武器和军事装备做好运用（作战运用）的准备；实施战斗协同、战术（战术专业、战术编队）演习（作业）和符合当前行动特点的训练、全面保障的措施。

65.营长、副营长和参谋（连长、副连长和连军士）对所属指挥员和分队完成赋予任务的准备所做的实际工作（检查并给予帮助），是通过与所属指挥员的直接工作，现地检查分队行动准备，实际解决准备、部队保障过程中出现的问题，并改正出现的不足等形式进行的。

检查并给予帮助的工作按下列顺序自下而上连续实施：战士—班（车组、炮组）—排—连。检查执行任务准备时务必检查以下问题：

战士——正确地理解战斗任务、准备程度、保障程度、专业技能，了解保持协同的方法、指挥（通报、识别和目标指示）信记号和按信记号行动的方法；

分队指挥员——正确地理解战斗任务、执行任务的方法和顺序，使定下的决心符合战斗（完成受领任务）企图、赋予的任务及其实用性；实施组织火力、协同、全面保障和指挥的各项措施的质量和完备程度。

分队——状态，采取所有措施后的保障程度和完成赋予的任务的准备情况；指挥的稳定性和连续性；若时间允许，还有分队的协调一致性。

在工作过程中，指挥员与部属一起确定完成主要任务的方法，发现并现场解决存在的问题，帮助部属改正不足。必要时，与所属指挥员、分队一起进行训练、示范演习和作业。

如果所属分队没有准备好完成战斗任务，指挥员必须立即向上级报告，请求批准改变准备时限。

66.在完成赋予的任务过程中，营长和营司令部（连长）的工作主要是实现定下的决心，包括：时刻收集形势资料并进行评估，根据形势变化及时修订决心，将修订（新）的任务和协同指示传达给分队；保持不间断的协同和及时保障各类行动；对分队及时完成任务的情况进行检查，并给予他们必要的帮助。

当战斗（行军）队形各要素（分队）之间的协同遭到破坏时，指挥员和司令部必须采取各种措施立即恢复。

在行动过程中给所属分队下达的战斗任务和协同指示，要使用通信工具（使用指挥自动化系统），在个人交流过程中口头确认（部署）。

在战斗过程中下达的战斗号令中，通常指明：敌情；分队的任务；友邻的任务；为了分队而由上级兵力兵器以及协同分队完成的任务；行动准备的时间和其他资料。

67.在完成受领任务的过程中，司令部应时刻保持战备状态，并广泛使用各种通信工具。每个参谋要善于与所属和协同分队的负责人直接通话，了解自己所负责工作的情况，时刻准备利用各种必要的证明、计算和结论来报告情况。行动过程中的情况要反映在营（连）长、副营（连）长、参谋长和其他负责人的工作图上。工作图应反映出己方部队和敌方部队分队的位置、行动进展，并有相应的说明标注。

为保持分队之间不间断的协同，司令部要向所属和协同分队通报情况；向他们传达修订的任务和执行任务的方法的指示；保障指挥和协同的信号和指令及时传递；检查所属分队完成赋予（修订）的任务和指挥员指示的准确性。

68.为了相互识别，为了在与敌直接接触或在敌后实施行动（侦察）的第一梯队每个营中明确分队的所属和位置，指定编成为一个中士和两个士兵的标志哨，每个连编成为1—2个士兵的标志所。标志哨（所）配备各种观察设备，信号灯，通信工具，发送识别、标识及警报信号的工具。识别和标识的技术工具靠近营指挥观察所部署。分队位置标识按营（连）长或营参谋长的指令进行。

为标志哨（所）部署任务时通常指明它的编成，位置，观察扇面，识别、标识和警报信号。

69.在执行任务过程中，指挥火力包括：侦察目标，评估其重要性，明确毁伤的顺序和参与毁伤的兵器；部署火力任务；观察射击效果，并进行校正；检查弹药消耗情况。

首先毁伤敌指挥所、指挥车、反坦克火器、机枪和迫击炮组、狙击手、炮兵校正手和航空兵引导员。

部署火力任务时，指挥员指明：给谁（哪个分队）部署；在何处（目标指示）；目标是什么（目标名称），以及任务（摧毁、压制、破坏或其他）。

目标指示可参照方位物（地物）、行进（攻击）方向，按方位角指示器，使用曳光弹（炮弹）、炮弹爆炸、信号设备，以及向目标引导设备和武器的方式进行。

借助设备或目测估计的结果以及爆炸在距离和方向上相对于目标（目标中心）的偏差值的规定来进行火力校正。

70.对配属（支援）炮兵分队的火力召唤与校正要通过其指挥员（炮兵校正手）、负责炮兵的营长助理进行，或由指挥员亲自实施。召唤火力时，营（连）长要指明：指定用于完成火力任务的分队；射击种类（对单个目标射击、集中射击、不动拦阻射击）；射击任务（压制、摧毁、照明、发烟、破坏）；目标的特点和位置（编号）；完成射击任务的时限；执行口令（发射、瞄准、装弹）。而火力校正时，则是目标特点和位置（编号）、炮弹爆炸在距离和方向上相对目标（目标中心）的偏差值。

为直升机（飞机）机组指示目标要通过航空引导员进行，直接指示目标则按上级指示通过运用轻武器和战车武器的火力使用曳光弹（炮弹）来标识目标位置。部署标识目标位置的任务与射击任务一样，还要规定开火的时间。

71.营（连）长、营参谋长必须及时向上级首长、上级司令部报告受领的战斗任务，在受领任务之前执行任务的情况，新的敌情，以及急剧变化的形势和己方部队的损失。关于敌大规模杀伤武器和高精度武器运用准备情况，这些武器的运用，以及形势的急剧变化，要立即报告。

形势急剧变化时，指挥员必须在上级总的企图范围内定下新的决心，并向所属分队部署（明确）任务，一有可能就向上级报告定下的决心，并通报友邻。

在报告中要指明：完成赋予的任务的程度；分队（战斗队形各要素）的位置、行动特点和状态；在营（连）正面和翼侧行动的敌情；对当前情况的决心和其他问题。在报告中可含有向上级申请对营（连）行动的支援的内容。关于完成的任务与先前批准的决心是否相符，可使用规定的信记号进行报告。

72.当存在敌运用大规模杀伤武器和高精度武器的直接威胁时，营（连）长要立即将此通报分队，尽可能组织补充侦察，采取措施掩蔽并疏散分队（兵力兵器），将损失降到最低，采取补充措施对部队进行防护。

四、组织与俄联邦其他部队的分队、军事组织和机构协同的基本理论

73.组织与其他部队分队的协同，目的是共同执行任务时最大限度地实现兵力兵器的使用效率和协调性。

联合行动准备和实施的负责人负责组织和保持协同。组织协同的基础是指挥员的决心和上级的协同指示。

74.受领与其他部队的分队联合行动的任务后，营（连）长要了解：与谁，如何，在什么阶段以及采取什么方式协调联合的力量，应该准备解决什么问题。

在理解任务的基础上，营（连）长采取措施建立与其他部队协同分队指挥员（指挥机构）的通信联络，通知他们指挥观察所和所属分队的部署位置，组织情报交流。除此之外，营长明确司令部代表的互派方法。

营长和司令部（连长）组织执行联合任务时的工作，根据部队训练和运用的统一原则组织和实施。

组织协同时，协调并进一步明确：依据参与兵力兵器的用途来明确其任务；按照地点、时间和完成的任务来明确其运用方法；恢复中断的协同的措施；分队（兵力兵器）联合行动准备的措施和其他措施。除此之外，还要规定地图的统一编码及指挥、警报、识别和协同的信记号。协同问题要反映在领导联合行动的负责人的决心中以及协同图上。

在组织全面保障的过程中，为实施联合行动，要明确全面保障的任务和措施。

在组织指挥联合行动的过程中，要明确建立相互协调的通信系统的方法、使用指挥自动化系统的方法和情报共享的方法，其中也包括要进一步明确部队隐蔽指挥的问题。

75.当与内务部队的分队共同执行任务时，要按保卫和防御重要的军事目标、国家目标和交通线上的目标，与敌空降兵、破坏侦察组和非正规武装部队作战等问题来组织协同（包括为了内务部队的分队而实施的火力毁伤问题）；参与实施民防的独立任务；保障战时（紧急）状态的秩序。

当与边防部队的分队共同执行任务时，要按加强国境线的防护与保卫、完成在边境地带（保障地带）的任务等问题来组织协同，包括完成侦察任务，消灭敌特种作战力量、空降兵、破坏侦察组和非正规武装部队，消除敌被击溃的部队的残余部分。

与俄联邦民防分队和组织共同完成独立的民防任务时，要在采取措施保护俄联邦领土上的公民、物质和文化珍品免受敌对行动威胁的基础上来组织协同：进行紧急救援工作和其他紧急工作；保障难民粮食、水、生活必需品和其他物资；从战斗行动地区后送公民、物质和文化珍品；恢复民生目标的工作。

第三章
防御

一、概述

76.防御的目的是抗击敌优势兵力的进攻，使敌遭受最大限度的损失，坚守重要地区（地线），从而为后续行动创造有利条件。

防御必须是稳定和积极的，能够抵抗敌人使用各种武器的攻击，抗击其优势兵力的进攻，在敌空降（空中机动）兵机降时消灭他们。在敌人使用高精度武器、大规模杀伤性武器和电子战武器时，防御必须做好长期作战的准备，防御应纵深梯次部署。分队应顽强防御占领地区（支撑点），甚至在被包围和与友邻缺乏战术通信的情况下也要顽强坚守，没有上级命令不能放弃。

77.营（连）防御包括连续完成一系列战术任务，主要有：占领阵地并建立防御部署；在敌分队展开和转入冲击时杀伤他们；抗敌进攻并坚守占领的地区和支撑点；阻止敌向防御纵深突破；消灭突入防御之敌；消灭敌空降兵、在敌后行动的破坏侦察组和非正规武装力量，以及其他任务。

78.根据情况，可实施阵地防御或机动防御，或两者相结合。

当某个被防御区域的损失难以承受时，在此处运用阵地防御，目的是长时间固守防御阵地和地段，以及重要目标。特点是纵深梯次，在工程方面有发达的防御阵地、地线、地区体系，对敌预有准备的火力毁伤（射击）体系，依靠这些体系，使敌人无法向防御纵深突破，并对敌进攻的部队施以最大限度的毁伤。

机动防御，是在某地有绝对优势之敌，可以临时放弃区域之时，以及根据形势条件，放弃区域可以赢得时间，重新部署，并能对进攻之敌实施决定性毁伤之时运用。机动防御是按照坚守向纵深梯次部署的地线（阵地）连续实施的防御战斗，并与实施迅速果断的反冲击相结合。

79.营（连）可以提前，也可以在战争开始前或在战斗行动过程中转入防御时进行防御准备。防御可能是预有准备的，也可能是被迫的。

预有准备地转入防御最能表现战争初期的特点，并在通过防御能最有效完成赋予的任务时实施。被迫转入防御通常是当前不利情况的结果。

防御可在没有与敌接触或与敌直接接触的情况下，持续或在短时间内进行。

80.摩步（坦克）营（连）可在旅（团，营）第一梯队或第二梯队，在保障地带或在先遣阵地占领防御，可以是合成预备队或作为反空降预备队。当撤出战斗和撤退时，营可被指定为后卫，而连可作为前方（后方、侧方）尖兵或掩护分队行动。

摩步旅（团）坦克营可用来加强摩步营，部分兵力用作合成预备队，也可位于第二梯队。

坦克团摩步营通常用来加强坦克营。它可独立行动，在第一道阵地或在保障地带（先遣阵地）占领防御。

摩步营迫击炮连和榴弹发射器排直属营长，全员支援防御分队行动。有时，榴弹发射器排可全员配属给在营主力集中方向上防御的摩步连，或以班为单位配属给第一梯队连。

营（连）反坦克排（班）通常直属营（连）长，占领集结地区，通常全员用在有坦克威胁的方向上以掩护暴露的一侧，并保障反冲击。在掩蔽和起伏地形上，营反坦克排可配属给第一梯队连。

81.在防御中，第一梯队营的作用：当敌展开和转入冲击时杀伤敌分队；抗击敌进攻并坚守占领地区；禁止敌向防御纵深突破；以在占领阵地和地线上的分队行动来消灭突入之敌。第一梯队营在第一道防御阵地准备并占领防御。

第二梯队营的作用：在防御纵深固守占领地区；禁止敌向防御纵深突破；以在占领阵地和地线上的分队行动和反冲击来消灭突入之敌，恢复前沿态势。第二梯队营通常在最重要方向上的第二道阵地准备和占领防御。

用来在保障地带上防御的摩步（坦克）营作为先遣支队行动，目的是迟滞敌优势兵力进攻，迫使敌提前展开并在不利方向上进攻，使敌遭受损失，为己方防御准备赢得时间。

当没有营（连）保障地带时，可在先遣阵地上进行防御，距离防御前沿6—8千米，目的是迷惑敌人获知我防御前沿的相对位置和防御部署，阻止敌对我第一梯队分队进行突然攻击，抗击敌战斗侦察，迫使敌提前展开自己的主力。

作为兵团（部队）合成预备队的营（连），占领指定的集结地域（防御地区、支撑点），做好完成突然出现的任务的准备，或做好第一梯队分队战斗力损失时加强（替换）他们的准备。

作为反空降预备队的营（连），占领指定地区，对空中之敌实施侦察，布置障碍物，准备火力伏击，时刻准备在可能空降（机降）的地区和可能行动的方向上消灭敌空降兵，独立或与合成预备队协同消灭敌破坏侦察组和非正规武装部队。

82.为营指定防御地区，为连和排指定支撑点。

营防御地区宽可达5千米，连支撑点可达1500米，排支撑点可达400米。根据战斗编成、形势条件和地形特点，防御正面可能不同。

防御纵深要能保障增加对进攻之敌的反抗、战斗队形各要素之间的战术联系、自由机动和分队的分散配置，目的是对敌核武器和高精度武器进行防护，纵深为：营可达3千米，连可达1千米，排可达300米。

防御部署包括：营（连）战斗队形；支撑点和射击阵地体系；火力配系、工程障碍配系和指挥体系。

83.营（连）战斗队形通常包括：第一梯队、第二梯队或预备队、炮兵分队、营（连）长直属分队和火器（毁伤兵器）。根据形势条件，战斗队形还可包含装甲组和火力伏击。

根据完成的任务和地形特点，营可以有不同的连队配置。其中一个连可以向前或向后突出，形成火袋，而在暴露的一侧以梯形队形部署。在摩步（坦克）连支撑点上的各排可成后三角配置，也可成梯次配置和其他配置，以保障在正面前和支撑点翼侧最优地组织火力配系。

营第一梯队连作用：当敌分队展开和转入冲击时给以杀伤；抗敌进攻，阻止其突破前沿，并坚守占领的支撑点；阻止敌向营防御地区纵深突破。第一梯队连依托第一和第二道堑壕准备好连支撑点。

营第二梯队连作用：阻止敌突破第一道阵地，条件有利时，实施反冲击消灭突破防御前沿的敌分队。第二梯队连依托第三道有时也包括第四道堑壕准备支撑点。坦克连（搭乘步战车的摩步连）在准备反冲击地线的同时还要准备1—2条射击地线。

营（连）合成预备队在第一梯队分队后占领集结地区，在集结地区准备支撑点防御，时刻准备遂行突发任务。

营炮兵分队通常直属营长，全员用来支援第一梯队摩步连战斗。炮兵营可以炮兵连为单位配属给（其他）连。

辐射、化学和生物防护部队的喷火分队以及直属营（连）长的分队和火器（毁伤兵器）在摩步连（排）支撑点上、支撑点之间的间隙或集结地区占领阵地，通常全员用在敌主力集中的方向上，掩护暴露的一侧，并保障反冲击。

组建营（连）装甲组的目的是提高防御的灵活性，在最有威胁的方向上及时加强防御的稳定性，关闭因敌火力打击形成的缺口，以及完成其他任务。在其编成中可包含若干从在非主力集中方向上防御的第一和第二梯队派出的坦克、步战车和装甲输送车（通常没有载员）。

坦克和步战车（装甲输送车）作用：在装甲组编成内行动，占领防御的初期可在己方分队的支撑点上部署并准备战斗。在指挥员规定的时间内，它们在有可靠防护和伪装特性的地区集结，准备完成赋予的任务或在自己的支撑点上占领防御。

装甲组的指挥员通常指定为：营——第二梯队连的一个排长，连——一个副排长。

火力伏击的目的是通过突然的直射火力、短兵火力和运用地雷爆炸性障碍物给敌人最大的杀伤。火力伏击可派遣一个排（班、坦克），并加强喷火兵和工兵。被派遣进行火力伏击的分队提前占领指定阵地，并严密伪装。火力伏击阵地通常选择在防御地区（支撑点），在防御地区的间隙或在翼侧坦克威胁的方向上。最有利的火力伏击阵地位置是高地的反斜面、地形褶皱、居民地的边缘、林边和灌木丛。

84.配属给摩步（坦克）营的坦克（摩步）分队通常转隶到连，并在排支撑点上占领防御。坦克分队和搭乘步战车的摩步分队还可用于火力伏击行动。

摩步连的汽车与保障分队一起部署在营第二梯队（预备队）后。

85.营（连）支撑点和射击阵地体系包括：按统一的火力和障碍配系配置的正面和纵深相互联系的连（排）支撑点；炮兵、坦克、步战车（装甲输送车）、反坦克导弹系统、其他建制和配属的火器，在支撑点、翼侧和间隙（射击地线）上，有准备的基本、预备和临时射击阵地；堑壕和交通壕。营支撑点和射击阵地体系还包括战斗警戒阵地。

支撑点和射击阵地体系根据定下的决心、营（连）战斗能力、现有时间和地形特点进行准备。构筑连（排）支撑点，使它们能以自身的部署和火力来切断敌最有可能的进攻方向。

86.营防御地区是每个防御阵地的基础。

营防御地区要构筑3—4道堑壕，由连支撑点，炮兵分队射击阵地，直属营长的火器的基本、预备和临时发射阵地，反坦克分队、第二梯队（合成预备队）的射击地线，装甲组的集结地域和射击地线等组成。除此之外，还要构筑：指挥观察所位置，技术保障和后勤分队的部署位置，能部署防空分队的阵地地区，并构筑假的支撑点和火器阵地。

87.摩步连支撑点通常要构筑两道堑壕，由摩步排支撑点、连属火器和配属分队的阵地、装甲组集结地域组成。除此之外，还要构筑指挥观察所位置和伤员集结位置。

坦克连支撑点由坦克排支撑点和配属分队的阵地组成。配属给坦克连的摩步分队通常在坦克排之间的间隙和翼侧，以及坦克前（不在坦克基本射击扇面内）占领阵地。

为形成连支撑点环形防御要广泛使用交通壕，为排指定补充射击扇面，考虑到向翼侧方向和后方实施射击，要为各类火器准备基本、临时和预备射击阵地。部分火器在纵深部署。在翼侧、在排与排之间的间隙和支撑点的后方布置障碍物。

连支撑点之间的间隙可达1000米，排支撑点之间的间隙约300米。支撑点之间的间隙应处于持续的监视下，在所有火器特别是反坦克火器的侧射火力和交叉火力的控制之下，并使用火力伏击、炮兵火力和障碍物进行掩护。在连（排）支撑点之间的间隙构筑堑壕和预备阵地。

88.堑壕和交通壕的绘制和构筑要能保障部队实施环形防御，沿正面和向纵深快速隐蔽地机动，使敌人不易发现我战斗队形、火力配系，迷惑敌人。不允许有直线轮廓。

第一道阵地的第一条堑壕是防御前沿。防御前沿前构建地雷爆炸性和非爆炸性障碍物。防御前沿由上级指定，并由营长现地确定。第一条堑壕尽可能选择在天然的反坦克障碍物后面、能保障更好地观察敌人的位置上，为在前沿前、翼侧、间隙和来自纵深的各种绵密火力的建立创造最有利的条件。在前沿前的地形要使敌人难以观察，难以为坦克和步兵的集中选择隐蔽地区，难以选择通往防御前沿的隐蔽接近路。

第二条堑壕在距离第一条400—600米处构筑，它能确保防御它的分队能使用自己的火力支援占领第一条堑壕的分队，以及防御分队能在通往防御前沿的接近路上进行射击，用火力掩护前沿前的障碍物。

第三条堑壕在距离第二条600—1000米处构筑，它能确保防御它的分队在第二条和第三条堑壕之间的地带、独立地段和防御前沿前进行射击，以及作为向有威胁的方向机动的出发位置。

第四条堑壕在距离第三条400—600米处构筑，它能确保防御它的分队用火力支援占领第三条堑壕的分队，并能在通向它的接近路上实施射击。

利用交通壕来进行分队隐蔽机动，与突入防御之敌进行战斗，以及后送伤员、前送弹药和给养。构筑交通壕要向周围延伸，将射击掩体和射孔连接起来，每个排从第一条堑壕到第二条堑壕的交通壕不少于一条，每个连从第二条到第三条（第四条）的交通壕不少于一条，这样必要时在短时间内能组织环形防御。

为降低敌炮兵火力、航空兵和核武器打击的影响带来的损失，堑壕和交通壕要全剖面开挖，在个别地段上要用拱起的覆盖层进行加强。在人员的堑壕和交通壕中要建造覆盖地段、猫耳洞、避弹所和防空洞，以及为导弹、弹药和其他物资器材开挖药龛，还要构建厕所。在射击阵地上构筑防破片挡土墙。

89.建立战斗警戒阵地的目的是不允许敌突然攻击和实施侦察，通常距离防御前沿约2千米。战斗警戒通常是第一梯队营的一个加强排。为这个排指定的阵地正面可达500米，阵地构筑成环形防御。在排的阵地前和翼侧要布置障碍物。

使用炮兵分队和迫击炮分队火力从临时发射阵地对战斗警戒行动实施支援。在与敌直接接触的情况下，战斗警戒的任务委托给占领第一道阵地第一条堑壕的分队。由营长对战斗警戒进行指挥。

90.配属的炮兵的射击阵地地区通常被指定在距离前沿2—6千米有坦克威胁的方向上，炮兵营（连）的射击阵地向纵深梯次部署，指挥观察（观察）所与合成分队指挥观察所部署在一起或紧邻部署。为了分队机动，要准备预备和临时射击阵地，以及通往阵地的路径。

迫击炮连射击阵地通常被指定在第二条堑壕后地形褶皱处，不允许敌对阵地实施瞄准平射。也要为迫击炮连指定预备和临时射击阵地。

91.营（连）火力配系是上级对敌火力毁伤体系的组成部分，包括：在通往防御的接近路上，前沿前，翼侧，支撑点之间的间隙，在防御纵深准备的建制、配属、支援的分队和火器火力；反坦克火器火力和前沿前、间隙、翼侧及在防御纵深的绵密多层火力，首先消灭敌坦克和其他装甲车辆；有准备的火力机动，以便在短期内在任何有威胁的方向（地段）集中火力。火力配系应密切配合，并与工程障碍体系相互协调。

营火力配系的基础是建制和配属反坦克火器的连的反坦克火力、炮兵直瞄火力，并考虑在坦克威胁方向上的反坦克预备队和旅（团）机动障碍设置队的运用。

连火力配系的基础是坦克和步战车（装甲输送车）的火力。

直接在防御前沿前、在最重要的地段上和第三条堑壕前，准备一个长达400米的绵密的多层火力。

直瞄火炮和轻武器火力无法覆盖到的死角要用炮兵和迫击炮从掩蔽的射击阵地进行火力毁伤。

在营防御地区（连支撑点）的火器要隐蔽部署、分散配置，以便能在极限距离上进行射击，利用高密度的侧射火力、交叉火力和短兵火力杀伤敌人，相互之间有火力联系，并能建立火袋。它们绝不能直线部署。

坦克和步战车在连（排）支撑点沿正面向纵深部署，相互之间距离约200米。射击阵地的部署要能保障在规定的射界内战车武器的有效运用，且能确保防御的摩步分队的安全。装甲输送车部署在连（排）支撑点纵深射击阵地上，部署的位置能保障机枪火力主要向两翼和间隙进行射击。

关于火力配系和火器的部署，为迷惑敌人，可派出游动的火炮、坦克和步战车。

火力配系的准备程度通过火器阵地的占领、射击诸元的准备以及导弹和弹药的数量来确定。

92.工程障碍体系包括在防御准备和防御过程中在前沿前、结合部、翼侧和纵深构建的障碍物，还有地雷爆炸性障碍物、非爆炸性障碍物、复合障碍物、带电障碍物和水中障碍物。根据战斗构想，并与天然障碍物和火力配系相结合，同时考虑部（分）队的机动，建立工程障碍体系。工程障碍体系的基础是地雷爆炸性障碍物。使用分队力量、配属的工程分队构建工程障碍，并在战斗过程中逐渐增加。在防御纵深破坏目标的方法由上级明确。

防御准备时，首先在敌人可能的主要打击方向上，在先遣阵地上，在战斗警戒阵地前，前沿前，在分队的间隙、翼侧和结合部，以最大的密度构建障碍物。然后用障碍物来掩护在其他方向上的合成分队的支撑点、炮兵射击阵地、指挥所展开地区、技术保障分队和后勤分队部署地区，以及其他目标。

93.营指挥观察所通常构筑在第一梯队连后或在营第二梯队连（预备队）支撑点地区，距离营防御前沿约2千米。

连指挥观察所通常构筑在支撑点纵深，距离自己的前沿约800米，此位置能保障对连防御正面前和翼侧地形进行观察，以及尽可能监控所有支撑点，并方便指挥分队。配属给其他分队的连有时是营指挥观察所，通常构筑在连或营配属的该分队的附近。

二、防御准备

94.营（连）防御准备包括：组织防御（定下决心，给分队部署任务，制订防御计划，组织火力、协同、全面保障、指挥）；营指挥部、司令部和分队的准备；占领和构筑防御；防御地区（支撑点）的工程构筑；实际工作和其他措施。

通常，营（连）长在现地进行组织防御的所有工作。

95.当在与敌直接接触的情况下转入防御时，理解任务、判断情况和制订防御企图，在组织夺取上级指定的地线过程中进行。在巩固该地线过程中，指挥员制订战斗企图，给分队下达预先战斗号令，定下决心，部署战斗任务，下达协同、全面保障和指挥的指示，并组织防御地区（支撑点）的工程构筑。

在没有与敌接触的情况下转入防御，营（连）长在地图上定下决心，将决心传达给自己的副职、助理和分队指挥员，实施现地勘察，在现地勘察过程中修订自己的决心，下达战斗命令，组织协同和火力配系、战斗全面保障和指挥。然后营（连）长带领全营（连）进入指定的防御地区（支撑点），并组织防御地区（支撑点）的工程构筑。

96.收到防御战斗命令、战斗（预先战斗）号令后，营（连）长理解受领的任务，计算时间，判断情况，定下决心，在决心中明确：战斗企图；战斗队形各要素（分队）的任务；协同、全面保障和指挥的主要问题。组织防御后，营（连）长领导所有军官指导所属指挥员、分队、兵力兵器做好完成赋予任务的直接准备。

在战斗企图中，按完成赋予任务的各阶段明确：集中主力的方向和稳定防御所依赖的地区；完成战斗任务的方式方法（当敌分队展开并转入攻击时对其实施毁伤、抗击敌分队进攻、固守占领地区和支撑点、阻止敌向防御纵深突破、消灭突入之敌时选择的行动方案以及火力毁伤敌人的方法的指示）；支撑点和射击阵地体系；兵力兵器的分配（战斗队形的部署）；战斗准备和战斗过程中保证隐蔽性。特别是指挥员要明确欺敌的想法和打算，并限制知情范围。由上级批准战斗企图。

给战斗队形各要素（分队）明确任务时，指挥员通常明确：他们的战斗编成，并指定加强的兵力兵器以及他们转隶的方法；主力集中的方向（按照完成受领的任务的各阶段）；遂行的战术任务；分配的导弹和弹药的数量；完成防御准备的时间，还要明确第一梯队和第二梯队（合成预备队）分队的支撑点和射击地带。

在协同的主要问题中，指挥员按照各阶段（任务和地线）明确战斗队形各要素（分队）相互之间及与友邻，以及与为了营（连）利益而执行任务的上级兵力兵器协同的方法。特别要明确结合部和营（连）与友邻的支撑点之间的间隙由哪个分队指挥员负责。

在全面保障的主要问题中，指挥员通常明确：防御准备和防御过程中实施的战斗保障、精神心理保障、技术和后勤保障的主要措施。此时，要指定主力集中的地区（方向）、主要任务、执行任务时的连续性和时限、参与的兵力兵器，以及指挥他们的方法。

在指挥的主要问题中，指挥员要明确（确定）：指挥观察所展开的地点和时间；在指挥观察所损坏的情况下移交指挥的方法；保障指挥稳定性的措施和完成任务后的检查措施。

97.当实施现地勘察时，营（连）长现地确定：

敌人位置、坦克威胁方向及其最有可能进攻的方向、武装直升机可能的行动方向、可能的展开地线。

防御前沿的轮廓、防御地区（支撑点）、分界线和战斗任务。

主力集中的方向和稳定防御所依赖的地区。

堑壕和交通壕的轮廓、第一梯队和第二梯队（合成预备队）分队的支撑点及他们的任务、战斗警戒阵地、火力伏击的配置位置和装甲组的部署地区（如果建立装甲组的话）；技术保障和后勤分队，以及摩步分队汽车的部署位置。

建制、配属和支援的炮兵分队的射击阵地（基本的、预备的和临时的）和任务。

配属的坦克（摩步）分队、其他加强火器，以及协同分队的射击阵地。

连（排）射击地带和集中射击地段。

射击阵地和射击地带（射界），用于保障翼侧、与友邻结合部和连（排）之间间隙的分队（火器）的集中射击地段和拦阻射击地线。

反冲击的方向和展开地线；位于第二梯队（预备队）的坦克连和搭乘步战车的摩步连，以及装甲组的射击地线。

防御地区（支撑点）的工程构筑的特点、顺序和时限，地雷爆炸物和其他工程障碍物的配置位置及在其中预留的通路、假支撑点、阵地和堑壕的位置。

指挥观察所的展开位置。

98.给战斗队形各要素（分队）部署战斗任务时，指明：

第一（第二）梯队连（排）——加强的兵器及其转隶方法；支撑点及其占领方法；前沿、阵地和堑壕的外形轮廓；集中主力的方向（按完成战斗任务的各阶段区分）；抗击敌进攻和消灭突入防御之敌的任务；射击地带、补充射界和集中射击地段；保障和负责翼侧、结合部、间隙的兵力兵器；为了连（排）利益而由上级兵器完成的任务；友邻任务；指挥观察所展开的位置和时间。第二梯队连还要明确反冲击的方向和展开地线，坦克连和搭乘步战车的摩步连还要明确射击地线及其占领方法。

合成预备队——编成，及准备完成何种任务；支撑点（集结地区）；指挥（指挥观察）所的位置和展开时间；为坦克分队和搭乘步战车的摩步分队还要明确射击地线及其占领方法。

炮兵分队——用火力支援战斗警戒的方法；在抗击敌进攻的火力准备、火力支援防御部队期间和实施反冲击时要完成的射击任务（毁伤目标）；在战斗的哪个阶段支援谁；射击阵地（基本、预备和临时阵地）地区，值班火器编成；弹药的消耗和分配；指挥观察所的位置、展开时间以及准备开火的时间。

反坦克火器分队——在战斗队形中的位置及可能的行动方向，展开地线及其占领方法，准备完成什么样的任务；开火和停止射击的信号，完成任务后的行动方法。

榴弹发射器分队——准备完成什么样的任务；基本和预备阵地、射击地带、补充射界、集中射击地段和拦阻射击地线。

装甲组——编成，指挥员，向其集中的地区和时间，射击地线和准备完成什么样的任务。

火力伏击——编成，位置，消灭进攻之敌的任务，完成任务后的行动方法。

除此之外，要指明占领防御的时间、火力配系和工程障碍的准备程度，完成伪装措施和防御地区（支撑点）工程构筑措施的顺序和时限。

为指定为反空降预备队的分队部署战斗任务时，要指明加强的火器、任务和集结地区，敌空降兵可能的机降地区、实施侦察的方法、火力伏击的位置、在这些地区和敌空降兵可能的行动方向上反空降障碍物的配置，向空降兵可能机降位置行进的路线、展开（封锁）地线和消灭空降兵的方法。

99.为组织火力，营（连）长要仔细制订营（支撑点）防御地区示意图，该示意图就是防御实施计划。其副本要呈报上级。

在营防御地区示意图中通常指明：方位物；敌人位置；战斗警戒阵地；连和排支撑点，他们的射击地带和集中射击地段，坦克、步战车、反坦克导弹系统、榴弹发射器和其他火器对敌的开火地线；友邻位置及与其分界线；保障营翼侧和连支撑点之间间隙的武器的射击阵地及其射界；装甲组的集结地区和射击地线；游动火器的阵地和机动路径；建制和配属的炮兵分队、榴弹发射器分队和其他直属营长的火器的射击阵地，及其射击任务；火力伏击的配置位置；第二梯队（预备队）反冲击的方向和展开地线，坦克连和搭乘步战车的摩步连还要指明射击地线；主要的筑城工事和工程障碍物；工程障碍物中为装甲组、火力伏击行动的分队（火器）和游动火器预留的通路；技术保障、后勤分队的部署位置，摩步分队汽车、营连指挥观察所的部署位置。在营防御地区范围内、营防御地区正面前及其翼侧可指定防空分队阵地区域，旅（团）反坦克预备队（机动障碍设置队）展开（布雷）地线，以及建制和配属炮兵的射击任务。

在连支撑点示意图中指明：方位物，它们的编号、名称和到它们的距离；敌人位置；连射击地带；排支撑点，它们的射击地带和补充射界；步战车（装甲输送车）、坦克、反坦克火器和喷火器的基本和预备射击阵地；保障连队翼侧和排支撑点之间的间隙的火器，而在摩步连支撑点示意图中还有配属的坦克的射击阵地和射界；连和每个排的集中射击地段；坦克、步战车、反坦克导弹系统和其他火器的开火地线；装甲组的集结地区和射击地线；游动火器的阵地和机动路径；火力伏击的配置位置；工程障碍物和筑城工事；在工程障碍物中为游动火器和火力伏击行动的火器预留的通路；连弹药补给所和救护所的展开位置；连和排的指挥观察所位置、摩步连汽车的部署位置。在坦克连支撑点示意图中还要指明配属的摩步分队的阵地及其火力配系。

100.组织火力时，营（连）长明确：营（连）火器参与完成上级计划的火力毁伤任务的方法；按照完成赋予的任务的各阶段，集中主力毁伤的敌对象和目标；按战斗实施的各阶段，为了连（排）利益而毁伤目标的方法；反坦克导弹系统、坦克、步战车、榴弹发射器和其他反坦克火器的开火线；用火力掩护工程障碍的方法。

在敌最有可能的进攻方向上，营（连）长要在现地亲自指定战车、迫击炮、反坦克导弹系统、榴弹发射器的射击阵地及它们的射界，并下达组织轻武器射击的指示。

101.按照任务、敌可能的进攻方向和己方分队的行动方案组织协同。组织协同时，营（连）长协调下列行动：

战斗警戒分队、炮兵分队、榴弹发射器分队和反坦克分队、实施火力伏击的分队（组）、工兵分队，以及在保障地带（先遣阵地）行动的分队撤退时、消灭敌侦察和掩护分队时、战斗警戒分队战斗和撤退时，第一和第二梯队分队的行动；

替换战斗力损失的分队和关闭战斗队形中的缺口时，第一梯队和第二梯队（合成预备队）分队、炮兵分队、榴弹发射器分队和反坦克分队的行动；

消灭在前沿前工程障碍中开辟通路之敌时，第一梯队和第二梯队（合成预备队）分队、炮兵分队、榴弹发射器分队和反坦克分队的行动；

消灭向防御前沿行进、展开和转入攻击之敌时，在前沿前抗击敌坦克和步兵冲击时，第一梯队和第二梯队（合成预备队）分队、炮兵分队、榴弹发射器分队、反坦克分队，以及实施火力伏击的分队（组）的行动；

消灭楔入防御地区（支撑点）的敌分队、掩护翼侧和间隙、实施反冲击和在射击地线行动时，第一梯队和第二梯队（合成预备队）分队、炮兵分队、榴弹发射器分队、反坦克分队、装甲组和实施火力伏击的分队（组）的行动；

运用前线航空兵和武装直升机实施打击时，第一梯队和第二梯队（合成预备队）分队、炮兵分队的行动［防止误打己方部队的措施、传送识别和目标指示信号的方法、救援被打坏的飞机（直升机）机组的行动方法、保障航空兵在战斗队形上方飞行安全的方法］；

敌运用大规模杀伤武器和高精度武器时分队的行动；

从占领地线（阵地）撤退时，第一梯队和第二梯队（合成预备队）分队、炮兵分队、榴弹发射器分队和反坦克分队的行动；

除此之外，营（连）长还要传达上级规定的警报、目标指示、指挥信号、所有方位物示意图、统一的目标编号、规定协同分队之间相互识别和保持通信联络的方法，以及协调其他问题。

102.在没有与敌接触时，营（连）占领防御要隐蔽，通常在短时间内在派出的分队的掩护下实施。分队占领指定的支撑点，准备火力配系，对防御地区（支撑点）进行工程构筑。

在与敌直接接触的情况下转入防御时，占领防御，组建战斗队形、火力配系和工程障碍体系要隐蔽，迅速，通常在加固夺取的地线后实施。首先要采取措施在敌主力可能进攻的方向上最快地组织稳定的防御。

在各种情况下占领防御时，营（连）要时刻准备抗击空中之敌和地面之敌的打击，首先在最重要的方向上迅速建立防御战斗队形；组织火力配系和工程障碍体系；立即开始防御地区（支撑点）的工事构筑。

103.防御地区（支撑点）工程构筑可直到占领防御前再开始，通常在分队占领支撑点时由全员实施，要连续不间断。它包括：检查地域的地雷情况并排雷；构筑防御地区（支撑点）、炮兵分队射击阵地区域、反坦克火器分队的射击地线、火力伏击位置和指挥观察所展开位置、技术保障和后勤分队部署地区的工事构筑，建立工程障碍体系，准备机动路径，完成分队和火器的防护和伪装的工程措施。

在没有与敌接触时，地域的工程构筑要广泛运用机械化工具。借助于这些工具建立的工程设施，由全体人员人工进行补充构筑。防御地区（支撑点）工程构筑的性质、顺序和时限由上级明确。

首先在战斗警戒阵地前和防御前沿前，在支撑点之间的间隙和在有威胁的方向上向第一道阵地纵深方向的两翼配置工程障碍；清除视场和射界内的障碍；挖掘通往摩步班的战壕；构筑战车和其他火器的基本射击阵地；建造指挥观察所和医疗所（连救护所）工事、技术检查所工事；为人员构筑掩盖的避弹壕；在排和连的支撑点建立连续的堑壕地段；采取措施伪装武器、军事装备和工事；构筑反坦克分队、第二梯队（合成预备队）的坦克营（连）和搭乘步战车的摩步营

（连）射击地线，并预设通往它们的行进路线和机动路线；构筑火力伏击位置。

在与敌直接接触的情况下转入防御时，分队可先挖掘单人掩体，然后将单人掩体联成班，用堑壕联成排。

其次补充构筑连支撑点；构筑战车和其他火器，其中包括射击地线上的火器的预备（临时）射击阵地；在装甲组集结地区构筑掩蔽部（掩体）；在营防御地区建立并完善战斗使用和日常使用的堑壕交通壕体系；补充构筑指挥观察所、医疗所；构筑技术检查站和连救护所（伤员集结位置）；为人员建造掩蔽部和避弹所，为武器装备、导弹、弹药和其他物资器材建造掩体；完善反坦克分队、装甲组展开地线和火力伏击位置；增加工程障碍，并提高其在前沿前、在支撑点之间的间隙和翼侧的密度；发展分队机动的道路网；构筑假支撑点（目标），建立假堑壕体系。

然后，在营防御地区范围内发展堑壕和交通壕体系；增强工程障碍配系；补充发展机动道路网、前运和后送道路网；全员实施工程伪装措施。

工程构筑在防御地区全纵深（支撑点）按一定次序同时进行，该次序能保证分队时刻准备抗击敌进攻，并提高他们对敌所有杀伤兵器的防护能力。营（连）所有分队都参与工程构筑，其中也包括技术保障和后勤分队。配属的工程部队完成最复杂的任务。

阵地、地线、集结（部署）地区和工程设施的伪装要不间断实施。构筑真目标的同时要构筑假目标，要在构筑真目标所需的时间内完成，有时甚至可以提前完成。

104.检查对赋予的任务的执行情况，除了通常的问题外，还包括检查：分队占领支撑点的及时性和准确性，以及他们战斗实施的准备程度，特别是在夜间和其他能见度受限的情况下；炮兵战斗实施的准备程度；火力配系的准备程度；第二梯队（合成预备队）向指定方向的机动准备，以及装甲组和用来实施火力伏击的分队（组）的行动准备；战斗警戒分队完成赋予的任务的准备情况；工程障碍、支撑点筑城工事的准备程度和伪装水平；指挥体系的准备情况。

105.为了保障分队时刻准备抗击敌进攻和实施长期防御，营（连）长要补充明确（确定）：在分队中特别是在观察所值班的方法；消灭发现的敌独立小组及其火器的方法；侦察机构通过前沿和返回的通路，同时接收投诚者；上级和友邻的人员进入分队的行动方法；在防御地区（支撑点）的行进路径和方法；白天行动转向夜间行动和夜间行动转向白天行动的方法；导弹和每种武器的弹药数量，以及它们在分队中的储备；开饭的时间和方法；实施卫生保健措施的方法；实施全面保障和所有人员进行军事训练的方法。

三、防御实施

106.在敌人进攻开始前，值班火器位于预备或临时射击阵地，时刻准备消灭试图进行侦察、在工程障碍物中开辟通路或向防御纵深渗透的敌独立小组，时刻准备向低空飞行的飞机和直升机开火。除此之外，他们要能阻止敌在支撑点上转移，并阻止其进行工程作业。狙击手要消灭敌军官、狙击手、观察员、火器小组和其他目标。其他分队时刻保持抗击敌攻击准备，完善阵地的工程构筑，进行军事训练，对武器装备进行技术保养，以及落实提高所有人员的士气的措施。

连长根据情况和营长指示组织全体人员休息。休息的人员部署在堑壕和火器附近的掩体（掩蔽部）内，时刻准备在警报响起时占领自己的位置。掩体附近要派出观察员，按照规定的信号通报所有休息人员，催促他们进入阵地。

107.当敌人从纵深行进间转入进攻时，抗击敌进攻从保障地带（先遣阵地）的防御开始。实施战斗侦察的敌分队的攻击，由先遣阵地防御的分队进行抗击。当敌向保障地带（先遣阵地）接近时，开始抗击敌进攻的火力准备。

在保障地带（先遣阵地）行动的分队在该方向上防御分队的掩护下，通过在防御前沿前的工程障碍中保留的通路。引领分队进入指定地区，并按派出他们的指挥员的指示行动。然后关闭工程障碍中的通路。

108.当敌从直接接触的位置转入进攻时，营（连）长在亲自观察和侦察资料的基础上及时查明敌进攻准备、敌人的行进和展开，并向上级报告，确定建制和配属分队的任务，使他们全面准备抗击敌攻击。

109.使用战斗警戒分队和第一梯队分队抗击敌先遣分队的攻击。使用炮兵火力从临时射击阵地支援分队行动。

使用战斗警戒的突然火力消灭敌小股兵力和侦察分队。实施坚守战斗警戒阵地战斗时，营长向前推进自己的指挥观察所，将其配置在第一梯队连的一个支撑点，并领导战斗警戒的战斗，使用建制、配属和支援的炮兵火力从临时射击阵地对其进行支援。

敌大股兵力接近战斗警戒阵地时，不仅使用建制内指定的排的火器的火力，还要使用在防御前沿行动的摩步（坦克）连专门派出的火器对其进行毁伤。战斗警戒与指定的火器相协同，主要消灭自己战线上的敌坦克和装甲车辆。用营派出的坦克、反坦克火器、迫击炮和支援炮兵，以及上级的值班火器来消灭试图迂回战斗警戒并向一翼和后方行进的敌坦克和步兵。敌人在营防御正面前展开自己的主力和火器时，营长在上级允许的情况下给执行战斗警戒的指挥员下达撤出战斗并撤离的命令，之后，转移指挥观察所。排在炮兵火力、指定的第一梯队连火器的火力掩护下，利用地形褶皱、工程障碍和烟幕，采用交互跃进的方式撤离。撤离的战斗警戒的排占领连支撑点阵地或转为营预备队。

110.当抗敌火力侦察和先遣分队攻击时，暴露的火器和炮兵分队要变换阵地。敌人在我们的工程障碍中开辟的通路要立即关闭，假如无法实现，要对通路进行炮兵和其他火器的射击准备。

111.当敌进攻火力准备开始时，所有人员躲避在装甲目标、堑壕和其他掩体内，时刻准备抗敌冲击。值班火器随时准备开火。分队指挥员和观察员留在自己的位置，对敌人和己方分队的行动进行观察。

营（连）长实施不间断的观察，进一步明确分队、炮兵和其他火器关于杀伤出现的敌高精度武器，炮兵，坦克，其他装甲车辆，以及行进中或准备好冲击的敌步兵的任务。同时，他要采取措施关闭战斗队形中的缺口，恢复指挥、火力和协同体系。

为关闭出现的缺口和在有威胁的方向上集中炮兵火力，装甲组、第二梯队（合成预备队）全员或部分兵力前出。

112.当敌人转入冲击时，开始对防御部队进行火力支援。各种火器和炮兵采取单个目标射击、集中射击、移动和不动拦阻射击对敌坦克和其他装甲车辆以及战斗队形混乱的敌分队进行毁伤，为使用坦克、步战车（装甲输送车）、反坦克导弹和榴弹发射器从极限射程发挥的火力消灭它们创造有利条件。

在己方航空兵对冲击之敌行动期间，炮兵毁伤敌防空火器，而标志哨、标志点按分队指挥员的指令（信号）标识己方部队。

113.随着敌向防御前沿接近，营（连）所有火器的火力达到最高强度。炮兵对冲击之敌以及对其进行支援的火器、指挥所和其他重要目标实施毁伤。

防御分队使用所有火器消灭敌坦克和其他装甲战斗车辆，切断步兵与坦克的联系，并用火力消灭它们，而对冲入分队支撑点前沿的步兵——用点射、手榴弹和白刃战消灭他们。每一道堑壕都要进行战斗。为禁止敌沿堑壕和交通壕扩张，要迅速设置提前准备好的铁丝网、拒马和其他便携式障碍物。必要时，编入装甲组的坦克和步战车（装甲输送车）可在烟幕的掩护下或利用隐蔽道路前出，占领己方支撑点阵地。

没有与地面之敌进行战斗的合成分队，要抗击敌低空飞行的飞机和直升机。

指挥员要不间断地判断情况，修订自己的决心和分队（火器）的任务。必要时营长要前出到连战斗队形中去。

114.当敌人楔入防御地区（支撑点）时，营（连）长应利用所有火器的火力和装甲组的行动阻止敌沿正面和向纵深扩张，在楔入地段上巩固自己的两翼，并用火力压制敌人。除此之外，在楔入的地方，营（连）长可抽出第二梯队坦克（步战车）到射击地线，而反坦克分队到该方向已准备好的展开地线。

随着突破之敌的接近，火力伏击按营（连）长的指令或自行突然开火，首先消灭指挥车、坦克和其他装甲车辆，逼迫幸存的敌坦克和步兵在不利的方向上进攻或向预先准备好的地雷爆炸性障碍物行进。

115.为消灭楔入防御之敌，并恢复前沿态势，组织营第二梯队（合成预备队）与第一梯队分队协同实施反冲击。

反冲击由营长亲自组织，并向一翼和后方突破之敌实施。营长要向上级报告定下的实施反冲击的决心。

当敌向第一梯队连支撑点纵深突入时，反冲击通常与旅（团）第二梯队共同实施；当向第一梯队连的排支撑点纵深突入的敌兵力不多时，反冲击由第一梯队独自实施。

在敌优势兵力突入的方向上，营不要进行反冲击，而要顽强防御。

对在与友邻的营（连）结合部突入的敌人，要使用所有火器的火力与友邻协同消灭他们，而当形势条件有利时，采用决定性的反冲击消灭他们。

实施反冲击时，应使用上级的航空兵打击、炮兵火力、区域远程布雷工具（在实施反冲击期间）阻止敌最近的预备队，要阻止突入防御之敌并用火力可靠压制。实施反冲击直至完全消灭敌人，并恢复前沿态势。实施反冲击后，营（连）长要立即采取措施恢复防御，并重新组织火力配系。第一梯队连有重大损失时，要使用实施反冲击的分队组织前沿防御，而第一梯队分队转为预备队。

116.抗敌冲击后，营（连）长采取措施迅速恢复火力配系，补充导弹和弹药储备，恢复损坏的筑城工事和工程障碍，组织修复损坏的武器和军事装备，准备后送伤病员和战俘，以及受到严重的战斗精神创伤的战士，并向上级报告战斗结果。

117.假如敌人迂回包抄防御地区（支撑点），营（连）要组织环形防御并继续坚守占领的阵地。部分火器向有威胁的方向转移。

118.第二梯队的营（连）长要时刻了解情况，关注形势变化，与第一梯队的营（连）长和支援炮兵保持不断的联系。

当坚守指定地区（支撑点）或到达射击地线时，营（连）用火力对敌实施毁伤，从而为兵团（部队）第二梯队反冲击创造条件。

在敌突破集群的两翼实施战斗的分队，坚守占领的阵地，不允许敌向两翼方向发展突破，保障实施反冲击的兵团（部队）第二梯队的到达和展开。

119.收到参与实施反冲击的命令后，营（连）长为分队和火器确定任务。在炮兵火力掩护下，营（连）迅速向规定方向行进，使用战车和其他火器的火力对敌实施毁伤，打乱其战斗队形，与友邻分队协同主要向一侧或后方对敌实施决定性反冲击。

旅（团、营）第一梯队营（连）用火力支援反冲击或按上级命令以部分兵力参与反冲击，消灭楔入防御之敌，并恢复态势。

120.作为兵团（部队）反空降预备队的营（连）长，判明敌空降兵机降开始或受领消灭他们的任务时，派出兵力补充侦察，为分队和配属的火器确定（部署）任务。营（连）要迅速向空降兵机降地区前出，在行进中展开战斗队形，用所有火器的火力对敌实施毁伤，并以决定性的攻击消灭敌人。

如果敌空降兵顺利机降，集结并开始向攻击目标行进，营（连）要迅速向敌人推进，用火力伏击和行军警戒行动牵制敌人，并对其实施毁伤，使用主力以遭遇战形式消灭敌空降兵。在此情况下，当在行进中消灭敌空降兵不顺利时，营（连）要用积极的行动牵制他们，使用所有火器的火力对其实施毁伤，短暂准备后再次攻击敌人并消灭他们，或将空降兵封锁在他们占领的地区，并确保使用上级火器对其进行歼灭。

消灭敌空降兵后，营（连）向指定地区行进，准备消灭新的空降之敌或完成其他任务。

121.实施防御的营（连）可用其他分队接替。营（连）的接替通常在夜间以及在其他能见度受限的条件下实施。接替要严密组织，隐蔽实施，严格遵守规定，使分队转入防御。部队的接替准备在白昼进行。

为了有组织地向防御地区开进，要为接替的分队指定出发地区，为被接替的分队指定集结地区。这些地区应该隐蔽，避免地面和空中侦察；应该被掩护，避免遭空中打击；有隐蔽的进出路，保障分队的分散部署。

接替和被接替分队的指挥员共同实施现地勘察，协调接替时间和方法；协调组织指挥和通信联络；协调所属指挥员关于组织接替的联合作业的时限和方法。

在现地勘察过程中，接替分队的指挥员要研究敌情，了解移交防御的分队的部署情况和他们的行动方法，了解组织火力配系、防御地区（支撑点）的工程构筑和障碍物，以及辐射、化学和生物情况；明确通往接替地区的隐蔽的行进路径、调整哨的位置和到达的分队与向导相遇的位置，以及接替方法。

移交防御地区（支撑点）的营（连）长要向接替分队的指挥员提供营防御地区（连支撑点）示意图，以及所有现有的敌情资料，并向所属指挥员指明：移交防御地区（支撑点）的方法；接替后的集结地区；掩护接替的措施和伪装措施；向何处派出向导以便找到并护送接替分队；在何处布置调整哨；接替开始和结束的时间；敌人运用大规模杀伤武器时的行动方法和接替中敌人转入进攻时的行动方法。

122.向指定的地区接替时，首先前出的是摩步分队，然后是坦克和炮兵分队。防御先遣阵地的分队或战斗警戒分队最后接替。接替的营的侦察机构，在敌后行动时，临时（在完成先前分配给他们的任务期间）转隶被接替的营。

被接替部队的炮兵，在新到达的合成分队进行接替、占领他们自己的阵地并组织火力配系和组织指挥后，离开占领的射击阵地地区。

有线通信线路通常转交给接替分队，接替分队为被接替的部队返还同等的通信器材。

接替期间以及在此期间抗击敌开始的进攻时，对接替的掩护和分队的指挥赋予被接替的营（连）长。所有前来接替的分队和火器转隶被接替的营（连）长。

接替时，必要的文书要转交给接管防御的分队。在营一级的接替要以交接书的形式办理手续。接替结束时，接替分队指挥员向自己的直接领导报告接替情况。

移交防御的营（连）长隐蔽带领分队到达指定集结地区，然后根据受领的任务行动。

123.在夜间和其他能见度受限的情况下，营（连）防御的基本要求是时刻准备抗击敌人的突然攻击。

为此，必须：在前沿保持大部分占领支撑点的分队和火器，时刻处于战备状态；在天还没黑时，做好所有火器、合成预备队、装甲组和火力伏击在夜间行动的准备；加大对敌和防御前沿前工程障碍物侦察和观察的力度；组织灯光保障，利用夜视器材、窃听装备和雷达监视敌人；加强战斗警戒和直接警戒，以及防卫两翼和结合部；定期照亮己方防御前沿前的区域；部署在支撑点纵深的火器准备好占领前沿的临时射击阵地；指明对前沿前哪些地段、在分队之间的间隙和两翼准备实施补充射击；明确夜间能见度较好的方位物、己方部队的识别信号和判定方位的方法；为分队部署消灭敌人和迷惑敌夜视器材的任务；给防御分队保障曳光弹、子弹（曳光子弹）和地域照明器材。假如在防御地区（支撑点）进行工程作业，营（连）长还要组织对作业分队的防卫，并为他们规定集合点以抗击敌突然进攻。

当没有与敌直接接触，战斗警戒没有从第一梯队连派出时，晚上（能见度受限的条件下）可向前方障碍物方向派出观察哨。

124.营第二梯队摩步分队部署在防御纵深的火器、反坦克火器、实施直瞄射击的炮兵的火炮，晚上行进至靠近防御前沿的临时射击阵地。

分队和火器在天黑之前准备好夜间对敌可能集中的地线和地点进行射击的诸元。

配属给摩步分队的喷火分队，向第一梯队连支撑点的前沿推进，主要是向两翼和结合部推进。

坦克用来实施火力伏击行动，以及从临时射击阵地对预先准备好的地段（地线）进行集中射击。

为保障第二梯队（预备队）机动，提前构筑并标识行进路径，标定最有可能行动的方向。

白天规定的伪装措施，特别是防敌技术侦察器材和制导（自动寻的制导）弹药的伪装措施，包括在防御纵深，要继续保持。

125.组织协同时，营（连）长补充协调：火力毁伤问题、灯光保障问题和分队的行动，并要考虑夜间条件的影响；阻止敌渗透和消灭渗透之敌时的分队行动；由昼间行动转入夜间行动和由夜间行动转入昼间行动的方法，以及其他问题。

组织灯光保障时，营（连）长规定：为侦察前沿前和纵深的敌人所需照明的区域地段；为运用航空兵打击、炮兵和实施直瞄射击的火器的火力毁伤敌对象和目标而实施照明的方法；抗敌冲击和敌楔入防御时的照明方法。

126.使用值班火器从临时射击阵地发射的火力阻止敌人渗透并通过防御前沿的企图。使用炮兵和其他火器的火力在敌渗透分队的集结地区消灭他们，当他们向夺取的目标推进时，运用值班分队消灭他们。

发现敌人转入冲击时，在战斗警戒阵地防御的分队以及炮兵、迫击炮和值班火器都要对敌开火。首先摧毁对我防御部队实施照明和迷盲的敌武器。

炮兵按照营（连）长的命令对预先准备好的地段、地线和侦察好的敌对象（目标）实施射击。

抗敌冲击通常在能保障利用夜视器材有效实施射击的距离上，以及能人工照亮敌战斗队形时进行。当敌人接近至防御前沿300—400米时，由第一梯队连照明哨实施照明。借助于照明弹、烟幕弹（地雷）和导弹，迷盲冲击之敌。坦克、步战车和炮兵对单个目标实施直瞄射击，以及从临时射击阵地对冲击之敌实施集中射击。

127.当敌楔入时，采取补充措施保障两翼，并禁止敌向防御纵深渗透。营（连）利用炮兵和迫击炮的集中射击，坦克、步战车和反坦克分队的侧射火力对楔入之敌实施毁伤，并阻止其行进。

夜间反冲击应按企图简单行事，快速、突然地对敌实施。夜间实施反冲击时，要特别注意保障分队到达展开地线，提前准备炮兵火力并对敌照明。照明器材的运用要避免照亮反冲击部队。

当从夜间行动转入昼间行动时，分队和火器在晚上转移至临时射击阵地，拂晓前按营（连）长的命令隐蔽占领自己的基本阵地。

四、实施机动防御的特点

128.营（连）可独自或在兵团（部队、分队）编成内实施机动防御。

当营在保障地带（先遣阵地）行动、连在先遣阵地行动时，可独自实施机动防御。除此之外，营作为后卫行动时，可独自实施机动防御。

129.为在保障地带（作为后卫行动时）实施机动防御的营指定若干条地线。在每条地线（先遣阵地）上，营占领防御地区，并建立独立的连（排）支撑点，准备好实施环形防御，切断敌最有可能的进攻方向，并能保障在指挥员明确的时间内坚守有利地段。第一梯队的分队要立即占领在第一条指定地线（先遣阵地）上的连（排）支撑点，战斗过程中，撤退（机动）后，他们会在其他地线上转入支撑点防御。

130.营战斗队形的部署要能保障在比阵地防御更广阔的正面上实施战斗，保障分队以交替掩护的形式实施后续行动，保障分队行动高度的机动性和自主性。

营战斗队形通常配置成一个梯队，并成立强大的合成预备队；连战斗队形配置成一个梯队，并派出装甲组。

营合成预备队（连装甲组）部署在集结地域，该地域有良好的伪装和防护特性，时刻准备在几个方向上行动，在指定地线转入防御，占领射击地线，实施反冲击。

为保障分队必要的独立自主性，大部分炮兵和火器配属给连。在营防御前沿前可派出战斗警戒，派遣战斗侦察队，在敌可能的行进方向上设置工程障碍物，并组织火力伏击。

131.坚守每条地线时都要进行抗敌进攻的火力准备和对防御部队的火力支援。大部分炮兵和火器与和敌直接接触的连队一起行动，任务是当敌行进、展开及其对占领的地线攻击时使敌遭受最大的损失。剩余直属营长的炮兵和火器用来在敌主要打击方向上毁伤敌人，对敌造成损失，并阻止敌先遣分队侵入各连两条地线之间的机动路径。

营（连）长组织火力配系，其应该能在坦克威胁的主要方向上以极限距离运用建制、配属和支援火器的火力毁伤敌人，并能保持各连（排）与友邻分队之间的火力联系。要特别注意组织好反坦克火力。在每条地线战斗时组织火力配系与阵地防御时一样。

火器的部署使之有可能运用正面前从极限距离发出的火力来毁伤敌人；火力控制与相邻的防御地区（支撑点）之间的间隙；运用掩护分队和预先向纵深转移的先遣分队的火力掩护第一梯队分队撤出战斗和实施机动。

在敌最有可能向先遣阵地行进的方向上，以及在支撑点的间隙和两翼准备好炮兵、坦克、步战车、榴弹发射器和其他火器的火力，组织火力伏击，设置工程障碍和实施破坏。

132.定下决心时，营（连）长在企图中，除了通常的问题外，还要明确：行动的中间地线；在指定和选定的地线上的分队的支撑点及其构筑，参与的兵力兵器的编成；建立火袋的地区；在防御中，当兵力向各顺序地线转移时机动的路径和方法；对抗敌迂回和包围的措施；在最后一条地线转入防御（后续行动）的方法。

为战斗队形各要素（分队）部署战斗任务时，补充指明：

为第一梯队连（排）指明——在每条指定地线上的支撑点；退出战斗的方法，营（连）集结地区和向后续地线机动的路径；最后的防御地线（集结地域）。必要时，指明实施防御的中间地线。

为炮兵分队（分队）[1]指明——退出战斗和向后续地线机动时，运用第一梯队连（排）火力实施支援的任务；向预备射击阵地实施机动的方法。

组织协同时，在每条地线防御、退出战斗和向后续地线机动时，营（连）长应额外协调各分队、火力毁伤武器的行动，以及保障行动；在战斗各阶段对敌火力毁伤的问题；当建立火袋并在其中毁伤敌人时，明确和协调分队的行动方法；转入后续行动的方法。当在保障地带实施战斗时，补充协调营与在后续地线上防御的分队之间的行动。

133.防御地区（支撑点）的工程构筑顺序与阵地防御一样，并在短期内进行。考虑到敌人快速接近的可能，也特别注意坦克、步战车（装甲输送车）、反坦克导弹装置和炮兵时刻处于开火准备状态，并对他们进行伪装。

134.当在保障地带（作为后卫）实施战斗时，随着敌人的接近，营以战斗警戒、火力伏击行动，然后使用各种火器的火力对敌实施毁伤，逼迫其展开主力并在不利的方向上实施进攻。

通过预备队（装甲组）在有威胁方向上为占领射击阵地而实施的机动或实施突然短时的反冲击，以及炮兵和其他火器的火力机动，来阻止敌试图迂回包抄防御地区（支撑点）。

坚守每个支撑点的战斗应英勇顽强，坚韧不拔，目的是尽可能长时间地遏制进攻之敌，消耗敌兵力，给其造成巨大损失。

营（连）长要熟练进行火力和分队的机动，利用好障碍物和破坏行动，决不允许敌人在行进中夺取第一梯队连支撑点。

135.通常，在抗击敌先遣分队行进间冲击后，在上级的批准下，分队从地线实施撤退（机动）。他们通常在此之前撤出战斗。

1　俄文此处有单复数区别。

撤退（机动）前或实施撤退期间，营可运用预备队和分队，首先是从未被攻击的阵地上撤回的坦克分队，对敌实施反冲击，目的是阻止其在最有威胁的方向上推进。

为对抗突破之敌对实施机动的营的包围、迂回和打击，派遣后方尖兵、侧方尖兵，并布置火力伏击。利用在机动路径上预先构建的障碍物，尖兵和伏兵利用从原地发出的火力和行进间火力拦阻敌人行进，直至营长规定的时间。对在机动路径上机降的敌空降兵（空中机动部队）实施消灭或封锁后迂回。

营实施撤退（机动），通常经过旅（团）的其他分队占领的地线，前往顺次地线，在那儿采取措施恢复战斗力，占领防御，并准备好抗敌冲击。

从一条地线向另一条地线的机动由上级来领导实施。实施时要与友邻协同，不允许敌包抄所属分队和友邻分队的两翼。

机动防御的最后一条地线可以是第一条防御地线前沿前的战斗警戒阵地的地线。营在此地线上转入预先准备好的、非战斗警戒占领的支撑点防御，并与战斗警戒协同进行战斗。

136.在先遣阵地实施战斗时，营（连）用火力消灭敌小股兵力，或将其俘虏。对敌大量兵力，运用所有火器的火力，从极限距离上开始对其实施毁伤，逼迫其提前展开自己的主力。

炮兵分队消灭敌人，不允许其从两翼和后方迂回包抄和包围营（连）分队。使用上级部分炮兵从临时射击阵地，以及运用武装直升机支援营（连）战斗。

在先遣阵地的战斗过程中，营（连）长要明确敌兵力、编成、行动方向和特点，将此向上级报告，组织抓捕俘虏，并保证立即将其送达上级。

营（连）从先遣阵地的撤退按照上级命令交替掩护进行，并利用好中间地线。

137.营（连）指挥观察所展开距前沿的距离比阵地防御时的距离大。

分队从一条地线向另一条地线撤退（机动）时，指挥观察所转移到指挥员能更方便地指挥分队的地方，当实施反冲击时，部署在实施反冲击的分队后面。

五、在设防地区的防御

138.设防地区（地线）——在工程方面专门构筑的地带（地段、地区），准备用来实施长时间的顽强防御，甚至是在被敌人完全包围的情况下实施。建立设防地带用以掩护和防御沿国境线敌最有可能且最易接近的方向、海岸目标和岛屿，以及特别重要的纵深地区（地线）。

139.机炮营（机枪连、坦克火力点连）既可以在机炮团（设防地区）第一梯队也可在其第二梯队防御。

炮兵分队通常直属营长，用于梯次配置反坦克防御，以及可全员或以排为单位配属给机枪连，并在他们的支撑点上构筑射击阵地。

混合炮兵排通常部署在机枪连（坦克火力点连）支撑点内构筑好的射击阵地上，并为其完成射击任务。

高炮分队通常直属营长，部署在第一梯队连支撑点内和营指挥观察所地区，以保障稳定的掩护分队免于空中打击。

摩步营（连）用来加强机炮营、坦克火力点分队或第二梯队（一般搜索预备队或反空降预备队）。搭乘步战车的摩步营可以用作在保障地带防御的先遣支队。

机炮部（分）队第二梯队（合成部队）的摩步（坦克）营（连）通常在第二道阵地占领阵地，在那儿利用提前布置好的装配式机枪工事和其他工事，时刻准备实施反冲击，消灭封锁永备工事的敌突击和迂回支队（组），与敌空降兵（空中机动兵力）、破坏侦察组和渗透组做斗争。

机枪连摩步排以班为单位配属给第一梯队机炮排，并在其前沿支撑点上或在永备射击工事之间的间隙占领阵地。

坦克排通常配属给机枪连，部署在第二梯队连的支撑点，同时在两翼和支撑点之间的结合部准备预备射击阵地，目的是截断坦克最有可能通行的方向，并建立环形防御体系。除此之外，他们还可用于火力伏击行动。

140.营防御地区（机枪连、排支撑点、坦克火力点连射击阵地）的正面和纵深要根据地形条件、分队的编成和配套程度来确定，具体根据上级的决心来明确。

机炮营防御地区正面为8—12千米，机枪连支撑点为3—4千米，机枪排可达1.5千米，坦克火力点连射击阵地可达2千米，坦克火力点排可达800米。机炮营防御地区纵深可达4千米，机枪连（坦克火力点连）可达1.5千米，机枪排（坦克火力点排）可达500米。

141.机炮营战斗队形通常成两个梯队配置。除此之外，还包括：炮兵分队、坦克炮塔碉堡连、坦克火力点连、高炮分队、2—3个打破永备射击工事封锁的小组和合成预备队。

打破封锁小组依托建制和配属的摩步（坦克）分队组建，部署在营防御地区纵深支撑点内，准备完成消灭封锁永备射击工事的敌分队的任务。

机枪连战斗队形成一个或两个梯队配置。

摩步（坦克）营（连）的战斗队形按常规进行配置，可额外包括打破永备射击工事封锁的小组。

142.机炮营支撑点和射击阵地体系包括：按统一的射击和障碍体系构筑，沿正面和纵深相互联系的机枪连（排）支撑点；坦克火力点分队、炮兵（其中包括坦克炮塔碉堡炮兵连）、坦克、步战车（装甲输送车）、反坦克导弹系统和其他建制和配属火器的射击阵地；堑壕和交通壕。除此之外，还包括战斗警戒阵地、第二梯队（合成预备队）的坦克分队和搭乘步战车的摩步分队的射击地线。

支撑点和射击阵地体系以永备射击工事和其他筑城工事、巧妙有组织的火力配系和工程障碍体系为支撑，根据定下的决心、营（连）战斗能力、现有时间和地形特点提前准备。在永备射击工事周围及其之间构筑射击阵地、堑壕和交通壕，用于配属的摩步分队和防御永备射击（筑城）工事的分队的行动。

143.机炮营防御地区要构筑3—4道堑壕，根据战斗任务和组织编制结构，可由机枪连、摩步（坦克）连支撑点，坦克支撑点连射击阵地，炮兵分队射击阵地，直属营长的火器的基本、预备和临时射击阵地，高炮分队阵地，反坦克分队、合成预备队的射击地线，以及打破封锁组的集结地域（地点）组成。

连（排）支撑点的部署，要能通过自己的部署和火力截断敌最有可能进攻的方向。连支撑点之间的间隙可比通常情况下更大，应处于不间断的观察之下，能受到所有火器特别是反坦克火器的侧射火力、交叉火力和短兵火力的控制，以及运用火力伏击、炮兵火力和工程障碍进行掩护。

机枪连支撑点构筑两道堑壕，由机枪排支撑点、永备和野战筑城工事、配属分队的火器阵地组成。

坦克火力点连的射击阵地通常部署在坦克能通行的方向上，构筑永备或野战筑城工事，并在其中配置坦克炮塔、摩步排阵地、彼此之间连接起来的交通壕。

摩步（坦克）连支撑点的构筑要考虑到永备射击工事和野战筑城工事，以及机枪连支撑点的部署。

144.火力配系的布置要与工程障碍相结合，要能保障在正面、两翼和结合部对敌稳定地毁伤，排除在永备射击（野战筑城）工事前面的死角。摩步（坦克）分队火力配系的配置要考虑到机炮部队的分队提前建立的火力配系，应对其进行补充和加强。

145.在设防地区的防御准备包括提前准备和直前准备。

提前准备通常在隐蔽建立设防地区时进行，尽可能解决所有问题，包括后续将任务部署至班长（坦克炮塔指挥员）。指挥员在现地开展大部分组织防御工作。

提前准备过程中组织战斗工作可按下列顺序进行：研究和理解受领的任务；判断情况并听取副职的建议，制订战斗企图；向副职（在部队一级，相关人员）通报已向上级报告并获得批准的战斗企图，下达关于后续定下决心的工作的指示；审查并批准副职（营通信主任、营长炮兵助理）关于所属分队运用和战斗的全面保障的企图；定下决心［明确战斗队形各要素（分队）的战斗任务，协同、全面保障和指挥的原则］；向上级报告决心，并得到批准；向副职通报决心；为战斗队形各要素（所属分队）部署任务；审查和批准副职关于所属分队运用和完成分配任务的全面保障的决心；审查和批准所属分队指挥员的构想和决心；制订战斗计划；审查和批准计划文书；组织协同，下达关于全面保障和指挥的指示；关于分队指挥员和分队完成分配任务的准备的实际工作，检查执行情况并给予帮助。除此之外，在上级命令的基础上组织作战值班。

146.判断情况时，营（连）长现地补充确定：敌突击和迂回支队（组）、空降兵可能的行动特点；永备射击（野战筑城）工事的部署位置和状态；前运和后送的路径；指挥所位置及其防护。

147.在构想中，除了通常的问题外，还要明确抗击敌突击和迂回支队（组）冲击、禁止封锁永备射击（野战筑城）工事及它们打破封锁时的行动方式。

在协同的主要问题中，指挥员要补充明确战术任务，按照任务必须协调战斗队形各要素（分队、区分的兵力兵器）和边防部队分队的力量。

在全面保障和指挥的主要问题中，明确在提前和直前准备过程中的问题和采取的措施，并明确主力集中地区（方向）、主要任务、其完成的顺序和时限，以及参与的兵力兵器。

148.为战斗队形各要素（分队）部署任务时，要额外指明：

为第一（第二）梯队连（排）指明——与敌突击和迂回支队（组）斗争的方法、永备射击（野战筑城）工事的编号，及阻止敌封锁工事的任务；

为打破封锁组指明——编成，确定加强的兵器及它们转隶的方法；支撑点及占领的方法；堑壕的数量及轮廓；主力的集中方向（按执行任务的各阶段）；抗击敌进攻，消灭楔入防御之敌和打破永备射击（野战筑城）工事封锁的任务；射击地带、补充射界和集中射击地段；保障两翼、结合部、间隙的兵力兵器及责任人。

为高炮分队指明——任务、发射（射击）阵地地区、准备的时间和程度等级。

为合成预备队指明——除了通常的问题外，还有打破永备射击（野战筑城）工事封锁的任务。

149.组织协同时，营（连）长要额外协同战斗警戒分队、第一和第二梯队分队、炮兵分队在与边防部队分队共同执行任务时的行动，第一和第二梯队分队、炮兵分队、打破封锁组和合成预备队在阻止封锁永备射击（野战筑城）工事及打破封锁时的行动。

制订战斗计划就是对决心进行详细的说明和设计，要详细到单件火器。

150.在受领抗击敌进攻的战斗任务前，要根据永备射击工事的实际状态来修订定下的决心。

为此，要对现有永备工事进行现地勘察，明确其状态，确认地形的变化、现地工事的特点，按用途使用它们的可能性。在现地勘察过程中，进行测量，按照其结果构筑（补充构筑）炮兵分队和高炮分队、火器的射击阵地，准备行进路线和分队的展开。

在建制和配属分队指挥员参与下，营（连）长在现地确定决心。在新武器、军事装备和永备射击工事的新构件补充到分队，设防地区工程构筑出现变化、相邻部队行动战术发生变化时，决心和计划文书要立即确定。同时，采取措施改善防御地区（支撑点、射击阵地）工程构筑，局部设置非爆炸性工程障碍，并明确地雷爆炸性障碍装置的位置。对工事进行伪装（检查伪装质量）。

151.要特别注意与边防部队确定协同的问题。保障协同要：相互了解任务，在不同形势条件下理解和协调共同行动的方案；制订协同文书，并时刻修订文书；组织和保持不间断的通信联络，时刻保持情况信息共享；协调相互识别、警报和目标指示问题；完成赋予的任务时，时刻检查拟定的协调行动按顺序完成的情况。

与边防部队确定协同的措施一年不少于一次，当边界形势复杂化时要及时修订。

当国境线形势复杂化时，营（连）为保卫国境线要：使用作战值班分队，积极进行肉眼观察和无线电技术侦察；在维护边防秩序、查明并拘留通缉的人员等方面对边防部队的分队提供帮助；按照上级决心参与封锁地区（地线），搜索、拘留（消灭）偷越国境者；参与抗击敌破坏侦察组和非法武装对国家领土的武装干涉，参与制止挑衅行为。

152.在设防地区的直接防御准备包括：确定组织战斗的所有问题〔先前定下的决心，分队（兵力兵器）的战斗任务、火力、协同、全面保障和指挥〕；占领设防地区，永备射击（野战筑城）工事进入战备状态；建立火力配系；防御地区（支撑点）工程构筑，营（连）长、其副职和营司令部在分队中的实际工作和其他措施。

153.要根据上级的命令占领设防地区。分队短时间内在防御地区（支撑点）、阵地上展开，启封并使用永备射击（野战筑城）工事，对防御地区（支撑点）和阵地进行补充工程构筑，肃清射界。此时，分队要时刻准备抗击敌攻击、敌航空兵打击，消灭敌空降兵和破坏侦察组。

154.检查对赋予的任务的完成情况，除了通常的问题外，还包括：永备射击（野战筑城）工事、工程障碍和防御地区（支撑点）筑城设备的状态和准备等级；高炮分队抗击空中之敌打击的准备程度。

155.当敌人突然攻击时，设防地区的防御可由担负作战值班的分队与边防部队分队协同行动。

在任何形势条件下，营（连）长都应采取各种措施迅速让分队进至指定地区（支撑点），启用永备射击（野战筑城）工事，建立火力配系、工程障碍体系，提高所属分队、兵力兵器抗击敌进攻的准备程度。

156.运用炮兵、坦克、坦克火力点、营（连）其他火器火力对敌实施毁伤，从极限距离开始，目的是不允许敌人行进间攻击第一道阵地。

在对防御部队火力支援过程中，炮兵对坦克、其他装甲目标和步兵进行毁伤，打乱敌分队的战斗队形，为使用永备射击（野战筑城）工事的火力完全消灭敌人创造条件。

抗击敌坦克和步兵冲击时，要广泛运用喷火燃烧器材、交叉火力和轻武器短兵火力。

运用部署在支撑点纵深和两翼的炮兵和反坦克兵器的火力消灭突破的坦克。使用其他射击工事的火力，以及工事外已准备好的阵地上的火力消灭向防御纵深［不在永备射击（野战筑城）工事射界范围内］渗入的敌小股兵力。

运用炮兵、坦克、相邻的永备射击（野战筑城）工事的火力和工事外已准备就绪的阵地上的火力，以及运用打破封锁组和第二梯队（合成预备队）的反冲击来消灭封锁永备射击（野战筑城）工事的敌突击支队（组）。

157.当敌楔入防御时，营（连）长采取措施阻止其向纵深和两翼方向进一步推进，运用继续在楔入地段防御的炮兵、坦克和永备射击（野战筑城）工事的火力，以及未被攻击地段上的分队和炮兵火力给敌造成最大限度的损失，为后续上级兵力反冲击消灭敌人提供保障。

永备射击（野战筑城）工事的驻防军、留在进攻之敌后方的个别分队继续在包围中进行战斗，顽强坚守占领阵地。

158.抗敌冲击后，营（连）长采取措施迅速恢复火力配系，补充导弹和弹药储备，恢复永备射击（野战筑城）工事、工程障碍，组织修复损坏的武器和军事装备，准备后送伤病员、战俘以及有严重战争精神创伤的士兵。此时，采取措施肃清堵塞的射孔和工事外的射击阵地，关闭敌人在掩护永备射击（野战筑城）工事的障碍物中开辟的通路；更换或组织修理武器装备和永备射击工事的内部设备，为后续战斗做好准备。

159.抗击敌进攻且军团转入进攻后，机炮营（机枪连、坦克火力点连）可完成保障进攻集群两翼的任务，以及完成其他不需要部队高机动性的任务。

六、江河防御

160.营（连）江河防御通常在一侧岸边组织。集中营（连）主力坚守可以强渡的地段，并在该地段上建立最绵密的火力配系和工程障碍。

防御前沿根据地形条件和工程构筑的可能性，直接在水边线附近或在距其确定的距离上沿有利的地线指定。

161.为了坚守在江河上夺取的桥梁、渡口和利于强渡的地段，营（连）可独立或与其他分队协同在对岸进行防御。在此情况下，为提高防御的稳定性，暴露的一侧（两翼）应紧挨着江河，并用障碍物进行掩护。在分队建立导弹、弹药、给养和药品的补充储备。在对岸防御时，分队的行动必须特别坚定和持久。

162.营（连）战斗队形编成两个或一个梯队。当战斗队形编成一个梯队时，要派出合成预备队。

第二梯队（合成预备队）的部署地区，其能保障向利于强渡的地段、向空降兵可能机降的地区、向有威胁的方向上快速隐蔽机动，能保障对敌渡河（楔入）分队实施反冲击，直至他们在夺取的一岸固守为止。

163.火力配系的建立，要能利用侧射和交叉火力，对江河的接近路、水面、利于强渡的浅滩和地段进行射击。

在利于强渡，特别是坦克涉水和水下的地段上，增加火力密度，保障对在水中之敌稳定的毁伤，并组织好火力伏击。

为运用直瞄火力消灭敌人，部分坦克、步战车、反坦克导弹系统装置和其他火器要尽可能靠近岸边行进。

164.组织江河防御时，营（连）长除了通常的问题外，还要考虑到江河两岸的状况，江河的宽度、深度、流速和河底特性，敌人可能强渡的浅滩和地段的数量。

在企图中，补充明确消灭对岸之敌的方法，以及强渡江河时对敌渡河登陆器材、浮渡（泅渡）和沿浅滩徒涉来强渡江河的作战装备和人员实施毁伤的方法。

组织协同时，要额外协调在对岸保障地带（先遣阵地）行动的分队渡河时第一和第二梯队（合成预备队）分队、炮兵分队、榴弹发射器和反坦克分队的行动。

在我岸要收集所有就便渡河器材（小船、木筏、门桥），并置于我保护之下，不能保护时就将其销毁。

165.为侦察敌人，在营（连）一级组织不间断的观察，特别是对利于强渡的地段及通往它们的接近路。没有与敌直接接触时，在江河的对岸派遣侦察（战斗侦察）巡逻队和加强的战斗警戒。

166.在敌人强渡江河前，各种火器都不能暴露。运用专门派出的火器从临时阵地消灭敌侦察分队，俘获或消灭敌渡河的小组。

敌人强渡江河时，要运用所有火器的火力消灭渡河器材、有生力量、武器和装备。

敌向河岸机降时，要立即使用所有火器的集中射击消灭他们。如果条件有利，则实施反冲击消灭他们。反冲击比通常情况下实施得早，这样就杜绝了敌人在夺取的一岸进行固防的可能性。

七、居民地防御

167.在通往居民地的接近路上和居民地建立防御。在居民地，营通常防御一个或几个街区，连——一个街区或几栋建筑物，排——1—2栋建筑物。根据建筑物目标特性，分队防御的目标数量可以不同。可为营防御指定规模不大的居民地。

168.居民地的防御部署依据其规模和规划实施。

在居民地，支撑点体系和射击阵地的基础是连（排）支撑点，掩护居民地最重要的干线和目标，他们连接成一个防御枢纽（营防御地区）。支撑点应准备成环形防御，相互之间要有火力联系。在分队建立导弹、弹药、给养、饮用水、药品和其他物资器材的补充储备。支撑点相互之间用交通壕相连。

为建立支撑点，首先要利用特别坚固的拐角上的建筑物，以及能保障对街道和广场进行射击的半地下、地下场所。

在支撑点之间的间隙和街道上设置街垒、障碍、破坏和鹿砦，在通往它们的接近路上进行布雷，并准备使用侧射和交叉火力进行射击。破坏掉妨碍观察和实施射击的轻型建筑物。严禁破坏（摧毁）平民生活所必需的设施。

为了分队在街区内部机动，要设置通路，并利用好地下设施和地沟。在不能用来机动的地下设施中设置障碍物，在每个出口准备好火力。

用来进行直瞄射击的战车和火炮的射击阵地通常准备在石质的围墙和墙壁后，在墙壁上要开射孔并进行严密伪装。

反坦克导弹系统和榴弹发射器的射击阵地选择的位置，要能保证沿街道和广场进行射击。

配属给摩步分队的喷火分队的射击阵地设置在障碍物后的建筑物中，首选在街道的十字路口。

169.营（连）火力配系的基础是轻武器、用来进行直瞄射击的坦克和其他火器的侧射和交叉火力的结合、炮兵火力和各种障碍物的结合。

要特别注意沿街道在十字路口、通往桥梁和高架桥的通路和通往江河的接近路、广场出口，以及在建筑物之间间隙的所有火器的火力。部分坦克用于火力伏击行动，并在防御支撑点的分队的编成内。派出部分炮兵进行直瞄（间瞄）射击。反坦克分队用于居民地建筑较少的地区。

在多层建筑物占领防御的分队，在若干层组织火力，这样所有通往支撑点

（建筑物）的接近路都在控制之下。此时，大部分火器，其中包括单独的火炮，部署在建筑物的下层或半地下室内。

170.营（连）指挥观察所要靠近分队，部署的地方能保证对防御地区（支撑点）有最好的视界。

在战斗过程中要广泛运用有线通信和通信员，利用现有的地下交通。在高层建筑物内组织设立观察所。

171.定下居民地防御决心时，营（连）长除了通常的问题外，还要明确：必须集中主力坚守的居民地的关键目标（建筑物）；对抗敌人包围、迂回的方法和实施坑道地雷战的方法；创造破坏和设置鹿砦的地段；掩护间隙的方法；消防措施，指挥所、技术保障分队和后勤分队的防卫和防御措施。

组织协同时，营（连）长要特别注意协调分队、兵力兵器实施反冲击时的行动，以及分队在无法联络和被完全包围情况下的行动。分队相互识别的信号要传达到所有人员。

172.当准备利用建筑物防御时，门窗要用砖头或沙袋（土袋）堵塞，并留出射孔，在顶楼和层间楼板开设入口，在石质建筑物的地下室内构筑掩蔽所，所有房间要清除易燃物，木质结构的场地要用沙（土）铺满，准备好灭火器材。

173.在居民地本身的战斗通常具有策源地的特性，要坚守每一个支撑点和建筑物。防御它们的分队要顽强坚守每栋建筑物甚至在被包围的情况下也是如此。

使用不大的兵力实施反冲击，目的是收回敌人夺取的独立建筑物和支撑点。

八、海岸线抗登陆防御和岛屿防御

174.在敌海军陆战队和空降兵可能登陆或空降的海岸线地段上，建立反空降或抗登陆防御。营防御地区正面宽可达10千米，包括2—3个便于登陆（空降）的地段；连支撑点正面宽度可达3千米。营防御地区（连支撑点）纵深可以比通常情况下更大。

岛屿防御时，营可防御岛屿的一部分或一个面积不大的岛屿。岛屿防御通常成环形防御。营进行岛屿防御可以独立或与机炮分队和边防部队共同实施。

海岸线抗登陆防御（岛屿防御）通常与海军兵团（部队）协同实施。

175.在最重要的方向上，营（连）战斗队形配置成两个梯队，在其他方向上成一个梯队并建立强大的高机动合成预备队。要最顽强地坚守便于敌登陆部队登陆的海岸地段。在其余方向上组织观察和巡逻，设置埋伏。

176.前沿的选择要尽可能靠近水边线，而在较低的岸边可向纵深方向选择更有利的地线。在被列入前沿的地段上，可向纵深派出战斗警戒，并在上面构筑独立的排支撑点和假支撑点。在敌水陆两栖坦克和步战车（装甲输送车）登陆通行的地点设置工程障碍和火力伏击，指定第二梯队（合成预备队）的展开地线和射击地线。

在较高的岸边登陆部队便于登陆的地点，可挖掘洞穴以部署坦克和步战车（装甲输送车）、反坦克火器、机枪和喷火器。

在连（排）支撑点之间的间隙和营防御地区的两翼设置工程障碍，准备独立的排支撑点，以便分队在这些方向（地段）出现登陆部队登陆威胁时占领这些排支撑点。

177.直接部署在岸边和岛屿沿岸准备好的阵地，可在敌人的意图暴露前仅用部分兵力占领。此时，营主力部署在纵深指定的疏散地区，时刻准备占领阵地并消灭敌登陆部队。

178.海岸线（岛屿）防御时，营（连）火力配系要与海军沿海部队的炮兵部（分）队的火力毁伤体系相协同。在敌登陆部队主力预期登陆的方向上要最大密度地准备火力配系。营火力配系额外包括在登陆部队登陆通行的地区前面以及防御纵深坦克、反坦克火器和其他火器的射击区。

实施直瞄射击的火器应时刻准备向岸边提前准备好的射击阵地前出，在敌渡河登陆器材、两栖坦克和步战车（装甲输送车）向岸边接近并到达岸边时消灭它们。

为在远方要冲杀伤敌登陆部队，炮兵要尽可能靠近水边线准备临时射击阵地。

179.工程障碍体系，除了通常的要素外，还包括：直接在防御沿岸和在岸边的水中抗登陆障碍，在敌可能登陆的地段上的防坦克和防步兵障碍。在水中的抗登陆障碍深度如果超过5米，要使用海军力量设置；设置深度稍小时，使用上级工程分队。

执行防御地区（支撑点）工程构筑任务时，要考虑到海岸线特点、潮汐涨落和水下核爆炸导致工事被大水淹没的可能。

180.判断情况时，营（连）长要最详尽地判断敌登陆部队可能的登陆地区。

定下海岸线（岛屿）防御决心时，营（连）长除了通常的问题外，还要明确：在登陆敌军和登岸车辆向海岸移动时，采取何种手段将其摧毁；在岸边（岛屿）歼灭登陆部队的行动方法；在岸边进行战斗的方法；破坏登陆部队撤退并消灭登陆部队的行动方法；参与完成这些任务的分队（兵力兵器）。

组织防御时，要规定（预见到）在距离己岸尽可能远的地方消灭登陆部队。

抗击登陆和在岸边行动时，要按照敌海军陆战队登陆可能的方向、地区和地段、反冲击方向以及与登陆部队战斗的各阶段来组织协同。此时要特别注意与海军和空军分队（兵力）相协同。

181.收到敌登陆部队向可能登陆的地区接近的情报时，要加强各种类型的侦察和观察。用于在威胁方向上行动的分队和火器向预先准备好的阵地前出。

使用营（连）火器对敌毁伤的行动从敌舰艇和运输工具进入火器的射程时开始。当敌登陆部队向岸边接近时，集中所有火器的火力对登陆工具、两栖坦克和步战车（装甲输送车）进行射击，不允许它们向岸边接近、登陆及在岸边巩固阵地。

向海岸线（岛屿）机降（登陆）的空降兵（海军陆战队），在机降（登陆）地区使用第一梯队连（排）并与营第二梯队（合成预备队）协同消灭他们。

当敌登陆部队夺取海岸线（岛屿）地段时，营（连）分队要阻止其向纵深推进、巩固和合并夺取的登陆场、联合海军陆战队和空降兵。

运用营（连）所有火器、上级力量、海军力量的打击和决定性的反冲击毁伤登陆之敌，实施时通常从接近的地线开始，直到完全消灭敌人或禁止敌向纵深和两翼方向推进，并为后续使用旅（团）反冲击实施歼灭创造条件。

182.营（连）指挥观察所展开的地点，能保障对在最有可能登陆的地段上的海面和沿岸进行观察，能保障与所属和协同的分队的通信联络保持稳定。

与海军部队的联络要通过兵团（部队）司令部，通过到达指挥观察所并携带通信工具的海军参谋或使用海军和岸导部（分）队的无线电网络来实现。

九、退出战斗和撤退

183.组织和实施营（连）撤退，目的是分队脱离敌优势兵力打击，为后续行动占领更有利的位置，抽出部分兵力用于其他方向。撤退只按命令或上级的批准实施，应严密准备，有序隐蔽进行，营（连）以能战的状态及时到达指定地区或占领指定防御地区（支撑点）。

184.撤退可以是被迫的或预先考虑好的。

被迫撤退通常出现在现有的兵力兵器不可能坚守占领的防御地区（支撑点），防御分队有被包围和消灭的现实威胁的时候。

组织预先考虑好的撤退，目的是为后续行动创造有利条件。

在与敌直接接触的情况下，撤退之前分队退出战斗。

185.营（连）通常在兵团（部队）编成内进行撤退。营可被指定为旅（团）后卫，任务是保障主力与敌人脱离并有组织地撤退。如果旅（团）沿两条路线撤离，连可被指定为后方尖兵。除此之外，营（连）还可在掩护分队编成内行动，任务是保障主力退出战斗。

在兵团（部队）编成内进行撤退，通常以行军队形立刻撤退至最后的撤退地线（集中地区）。为保障营退出战斗，指定掩护分队（坦克或摩步连、排）及加强火器。

为了撤退，通常为营指定撤退方向（路线）、最后的撤退地线（集中地区）、集结地区和到达时间。

186.定下撤退决心时，营（连）长在企图中要额外明确：主力撤退的目的、方向（路线）；退出战斗并与敌脱离时的行动方法；撤退的最后地线（集结地域）、分队行进方法和占领地线的时间；行军队形的部署。除此之外，营长还要明确纵队编队的地区。

187.给战斗队形各要素（分队）部署战斗任务时，指明：

主力分队——撤退的目的、任务，退出战斗的方法，纵队编队地区和到达的时间，撤退的方向或路线，出发点，调整点和通过时间，撤退的最后地线（集中地区）和需要准备好什么样的行动。为炮兵分队指明支援掩护分队战斗时的火力毁伤任务。

掩护分队——编成、任务、撤退的信号（在什么时间之前他们要坚守占领的阵地）和后续行动方法。

警戒分队——编成和任务。

除此之外，营长还要指明技术保障和后勤分队撤退的方法及后送伤病员的方法。

组织协同时，营长要额外协调掩护分队、主力和炮兵退出战斗并与敌脱离时的行动。要特别注意两翼。

188.在敌积极行动的情况下撤退时，营（连）要使用所有火器的火力对敌进行毁伤，必要时可用部分兵力或全员实施突然的反冲击，以阻止敌人，然后开始退出战斗。

营（连）开始退出战斗时，掩护分队留在占领的阵地上，直到规定的信号出现或到规定的时间，在退出战斗之前实施战斗行动，不容许敌向主力进行突破。由副营长（一个连长）指挥这些分队。

营主力在派出的分队、炮兵和榴弹发射器火力、障碍和烟幕的掩护下迅速退出战斗，并向指定的集结地区撤退。在集结地区，营（连）长为各连（排）及加强火器确定撤退的任务，并组织侦察和警戒。

所有掩护分队通常同时突然撤退。如果敌人发现他们撤退，并开始追击，掩护分队要迟滞敌行进，从一条地线向另一条地线撤退，破坏桥梁（渡口）和路段，在敌行进方向上设置地雷爆炸性障碍物和其他障碍物。

营（连）通过兵团（部队）后卫占领的地线后，在其掩护下收缩行军队形，撤退至最后的撤退地线（集中地区），并向行进路线上派出行军警戒。

189.撤退时，营（连）的警戒由后方尖兵实施，必要时还有侧方尖兵，以行进间和停止间的火力，以及火力伏击行动迟滞敌人行进，直到营长规定的时间。尖兵按照营长的命令可破坏桥梁（渡口）、路段，设置地雷爆炸性障碍物和其他障碍物。

十、特殊条件下的防御

190.在北方地区和冬季准备及实施防御时，要考虑：地形难以通达的特性；部队伪装困难；恶劣且变化无常的气候、漫长的冬天，以及长时间的极昼和极夜；大多数地区缺乏燃料，前送物资器材困难。鉴于此，要扩大构筑地区、地线、阵地的各项措施的规模和范围，要采取措施专门为所有人员供给必需品，并为其配备越野装备，建立更高规格的物资器材储备。

在这样的条件下，在宽大的正面上组织防御，通常配置准备成环形防御的独立的支撑点，切断敌人行动可通行的方向。支撑点之间的间隙可以比通常条件下大，在间隙后面安排不间断的观察。除此之外，还要用工程障碍、炮兵和其他火器的火力掩护支撑点。在间隙内组织火力伏击。

集中营（连）主力坚守道路交叉口及其邻近的高地、居民地、隘口、江河的渡口和其他重要目标。

191.在上级主力集中的方向上，转入防御的营（连）战斗队形编成两个梯队，在其他方向上编成一个梯队。

第二梯队（合成预备队）靠近道路十字路口分散部署，准备占领准备好的支撑点，实施反冲击，消灭敌迂回分队、空降（空中机动）兵和破坏侦察组。

火力配系按敌部队行动可能的方向建立，特别注意在居民地、道路的十字路口、迂回支队的行进路线上和空降兵机降的地点组织火力，并注意掩护两翼和间隙。

防御地区（支撑点）工程构筑时，要考虑在多石土壤、冻土和沼泽地阵地准备的困难；规定建造土壤、雪和冰堆积类型的筑城工事，准备破坏江河上的冰层，建造人员取暖点。

192.组织防御时，营（连）长除了通常的问题外，还要明确：地形、自然地理条件对防御部署的影响；利于敌坦克和摩步分队行动的方向；取暖点的数量和其他预防人员冻伤和体温过低的措施；武器装备和个人防护器材在低温条件下的使用方法，以及为武器装备喷涂与地形背景一致的迷彩，为分队保障伪装衣。

在防御决心中，营（连）长除了通常的问题外，还要明确：消灭敌迂回分队和破坏侦察组的兵力兵器；破坏的地点（地段），并设置鹿砦；保障部队在夜间、暴风雪、大雾、严寒和道路泥泞时行动的措施。

193.抗击敌进攻时要考虑在纵深梯次部署战斗队形，并广泛运用迂回支队。沿道路实施反冲击。

194.在丛林沼泽地准备和实施防御时，要考虑：交通不便，地形封闭，存在大片沼泽地；供分队行进（机动）的道路不足；判定方位、运送物资器材和指挥分队的困难；隐蔽部署和机动能力，广泛使用障碍物、鹿砦和放火的可能性；毒剂停滞的时间；对土质特点、季节、天气状况和其他条件的依赖。

在这样的条件下，在宽大正面上组织防御，为建立环形防御并切断道路、林间通道，以及湖与沼泽之间的隘口的独立支撑点做好准备。支撑点之间的间隙用火力伏击和障碍物来掩护。

集中主力防御受坦克威胁的方向、道路交叉口和重要目标。

根据情况在树林边缘前或相对纵深指定防御前沿。在后一种情况下，在林边派出战斗警戒，而部队清理树林以便提高观察和实施战斗的条件，此时，不能暴露自己的阵地。树林的凸出部分用来建立火袋。

195.营（连）建立战斗队形通常成一个梯队，派出合成预备队，以向有威胁的方向机动，对抗敌包围和迂回，与敌破坏侦察组和非正规武装部队作战。

合成预备队通常部署在能快速向有威胁的方向实施机动的地区。

大部分火器配属给连和排。坦克、火炮、榴弹发射器和反坦克制导火箭系统占领射击阵地，阵地位置能保障沿道路、林间通道对林中旷地和稀疏的树林地段实施射击。它们的射击阵地由摩步分队和工程障碍进行掩护。指定部分步兵、狙击手和机枪手从树上进行射击。

组织火力配系，以便所有障碍物、道路、林间通道、浸满水的地段中的通道、林中旷地和林中砍空地带能用各种火器的火力掩护，而道路枢纽和林中通道的交叉口能用交叉火力进行控制。在敌可能进攻的方向上准备集中射击。好好组织的迫击炮火力特别重要。

防御地区（支撑点）工程构筑要考虑到方向的重要性和可达性，以及在浸满水的土质条件下构筑阵地和建造筑城工事的困难性。通常不建造连续的防御阵地。在敌人通向防御部队一侧和后方的路上和十字路口设置鹿砦。

196.营（连）长定下在树林中的防御决心时，除了通常的问题外，还要明确抵御森林火灾的措施。

197.由于能见度受限，在丛林沼泽地域的战斗应在近距离实施。此时，要广泛运用小股兵力伏击行动和短兵火力，向进攻之敌一侧和后方机动。反冲击的突然性和快速性具有重大意义，通常用少量兵力实施。

198.在山地地区准备和实施防御时，要考虑：起伏很大的地形；路网不发达；敌进攻可到达方向的容量有限并与外界隔绝；河流水位急剧变化的可能性；山崩和堵塞形成的可能性；大部分是多石土壤，地域的工程构筑困难；在峡谷、深谷毒剂长期停滞和山地的屏蔽作用；昼夜温差大和空气稀薄；使用较少的兵力建立防御的可能性；部队沿正面和纵深机动困难。

通常，山地地区防御建立在宽大正面上，切断敌最可能到达的方向，并为建立形成环形防御且相互之间有火力联系的独立支撑点做好准备。支撑点之间的间隙用火力伏击和障碍物来掩护。分配一定数量的兵力兵器在难以到达的方向上进行防御。

集中主力防御受坦克威胁的方向、山口、道路枢纽、制高点和重要目标。

前沿通常选择在山脉、高地和山的支脉的斜面，这样能保障良好的视界，对通往前沿的接近路实施射击。

199.通常，战斗队形成两个梯队。第一梯队由摩步分队防御。第二梯队（合成预备队）靠近在最重要方向上的第一梯队分队部署，分散配置，部署地区能保证快速向有威胁的方向机动。

配属给摩步营的坦克、反坦克火炮和反坦克制导火箭系统用于在最重要方向上防御的连支撑点。它们占领射击阵地，阵地位置能保障在极限距离上进行射击。使用最大密度的各种火力，并与障碍物相结合，来掩护道路、隧道、山谷、峡谷及其出口、便利的河流渡口和深沟通道，以及可被敌用来迂回的方向。

防御地区（支撑点）的工程构筑要考虑到方向的可到达性、地域的防护和伪装特性，以及阵地构筑和筑城工事建造的困难性。进行支撑点工程构筑时，多石土壤筑城工事多利用被上层土壤掩盖的石头以及装土的口袋建成半埋入和堆积型。工程构筑要广泛运用爆破装药。在营防御地区广泛使用天然障碍，建立石头鹿砦，而在山地丛林地形建立树木鹿砦；准备好实施破坏的道路（小路）地段和人造工事，在道路上设置地雷等爆炸性障碍物。

建立火力配系要考虑在遥远的接近路上、制高点、反斜面、峡谷、山口、谷地和隘口有效地毁伤敌人，能用火力可靠地掩护支撑点及其之间的间隙。建立火力配系，在前沿前，两翼和支撑点之间的间隙不应有死角和隐蔽的接近路。为此，各种火器要层层部署，既可部署在高地的斜面上，反斜面面向敌人，又可部署在反斜面上，保障建立多层侧射、交叉和短兵火力，还要考虑到实施机动的可能性。

200.在防御决心中，营（连）长除了通常的问题外，还要明确：消灭敌迂回分队、破坏侦察组和非正规武装部队的兵力兵器。组织防御时，他应考虑气象条件的突然变化、山崩、雪崩、洪流、泥石流、强降雨和雪融化时淹没干枯的河床的可能性。

在狭窄的山谷（峡谷）组织防御时，火器应部署在邻接的山地斜面上，这样可保障利用交叉火力对山谷（峡谷）射击。构成山谷（峡谷）入口的高地要最顽强地固守。通往制高点的接近路要用炮兵分队和榴弹发射器分队以及反坦克火器的火力掩护。此时，要广泛运用炮兵进行直瞄射击。

组织防御隘口时，集中主力坚守通往隘口的接近路上的高地。营（连）部分兵力直接在隘口占领防御。在接近隘口的道路及其两侧设置障碍物，通往障碍物的接近路要在邻接高地的交叉火力的控制之下。

隘口、道路、山路和峡谷不能指定为连支撑点的边界。

201.在遥远的接近路上杀伤进攻之敌，首先应当在敌通过道路枢纽以及狭窄的山谷、隘口、通道或在渡口上时，在峡谷和深沟中实施。

使用所有火器并广泛运用手榴弹抗击敌冲击。当敌坦克上坡时，特别是在蜿蜒的上坡路上时，消灭它们最合理。

使用炮兵和其他火器的火力，以及第二梯队（预备队）分队或营（连）装甲组的决定性行动消灭迂回之敌。

在敌向营（连）防御纵深突破时，甚至当他们完全被包围时，要顽强坚守制高点和其他重要目标，逼迫敌人向预先准备好的火袋和阵地方向进攻，使用所有火器的火力杀伤敌人，不允许敌预备队接近，从而帮助兵团（部队）第二梯队顺利实施反冲击。

条件有利时，使用营第二梯队（合成预备队）的反冲击消灭楔入之敌。实施反冲击时，由于机动困难，特别是在夜间，尽可能在预先准备好的地线上提前展开第二梯队。反冲击自上而下，沿山岭、山谷、道路合理实施，并广泛运用迂回和包围。

202.在沙漠地区准备和实施防御时，要考虑到：部（分）队行动可通行方向的有限性；缺乏天然的遮蔽，伪装困难；判定方位困难；保障部队饮水、燃料和建筑物资困难；沙尘对武器和军事装备的影响；温度的急剧下降；地面和低空核爆炸时可能形成大面积放射性沾染区域。

在沙漠地区，营（连）在宽大正面上使用独立的连（排）支撑点建立防御。在支撑点之间的间隙准备好射击地线，并布置火力伏击和障碍物，在支撑点内进行不间断的观察，并进行巡逻。

根据敌部队行动的地域的可通行性，营战斗队形可成两个或一个梯队。依靠配属的坦克分队的加强，第二梯队（合成预备队）要建立得更加强大有力，部署比通常条件下更大的纵深，部署的地区能保障向任何有威胁的方向机动。

组织火力配系要考虑平原地区的有利条件，允许在极限距离上使用直瞄火力杀伤敌人。火力配系建立在广泛的火器机动及沿正面和纵深的火力机动的基础上。所有火器要准备好在沙尘暴条件下进行射击。要特别注意用火力掩护分队没有占领的间隙和暴露的两翼。为指挥火力可设置人造方位物。

在砂石土壤中进行防御地区（支撑点）工程构筑时，掩体和掩蔽部的崖壁要用柴束、沙袋和现有的就便器材进行加固。

为构造掩蔽的筑城工事，要运用沙袋、曲线配筋外壳、波纹钢部件、工业制造的织物框架结构和其他结构。

机动路径要用易于看见、稳定的标志来标识。地雷场要定期检查。当沙土深埋雷场或伪装暴露时，要设置新的地雷场或重新布置现有雷场。

203.在营（连）长防御决心中，除了通常的问题外，还要明确：保障两翼和结合部的措施，以及对抗敌向后方渗透的措施；当气象条件急剧变化，以及形成放射性沾染和含尘率高的广阔地区时，保障分队进行战斗的措施；在比通常更大的纵深地域实施侦察，同时侦察水源。

为组织和保持精确的协同，要用带统一代号的地图（示意图）来保障所属指挥员，这些代号代表高地、土堆、低地、盐碱地、泉水、水井、绿洲和其他地物，它们可用作方位物。

组织全面保障时，采取措施建立饮水、燃料储备，检查它们的消耗情况，并遵守饮水规定。

第四章
进攻

一、概论

204.实施进攻的目的是击溃反抗之敌并夺占指定地线或地区，为实施后续行动创造条件。包括使用所有现有兵器杀伤敌人，展开决定性冲击，部队快速向敌部署的纵深推进，消灭和俘虏有生力量，夺取武器和装备、各种目标和预定地区（地线）。击溃就是给敌以能降低敌反抗能力的损失。

在各种情况下，无论白天还是晚上，进攻应高速、不停地实施，并迅速向纵深转移力量，从正面、翼侧和后方给敌以同时的打击，在敌后灵活地建立战线。

205.根据形势和赋予的任务，可对防御之敌、进攻之敌或撤退之敌实施进攻。对进攻之敌的进攻通过遭遇战实施，对撤退之敌通过对其追击实施。

根据敌防御准备和对其火力杀伤程度，营（连）的进攻可从纵深行进间发起或从与敌直接接触的位置发起。

如果敌人有足够的时间准备防御，对敌进攻通常从突破防御开始，包括在狭窄地段冲击以撬开敌防御，建立缺口并随后向两翼和后方扩张。突破预有准备的纵深梯次部署的防御通常从与敌直接接触的位置发起。

当敌防御中存在缺口、间隙和暴露的翼侧时，部队可全线转入进攻，结合摩步分队和坦克分队的机动以到达敌一侧和后方，对防御最薄弱的地段实施打击。

206.营（连）进攻包括连续完成一系列战术任务，其中主要是：火力杀伤敌人；占领进攻初始位置；战斗队形各要素的行进与展开，接敌；攻击敌防御前沿；在第一梯队连（排）支撑点消灭敌人；第二梯队（合成预备队）投入战斗；抗敌反冲击，击溃敌第二梯队（预备队）；击溃敌留在进攻部队后方的分队和其他任务。

207.摩步（坦克）营可在旅（团）第一梯队内进攻，可作为旅（团）第二梯队或合成预备队，可作为前卫、先遣支队、袭击支队、特种支队、迂回支队、战术空降兵（海军陆战队）行动，也可以是突击支队的主体。

摩步（坦克）连可在营第一梯队内进攻，可以是营第二梯队或预备队，可作为前方警戒、迂回支队、特种支队行动。

坦克团的摩步营和摩步旅（团）的坦克营在进攻开始时通常配属给第一梯队坦克（摩步）营。在纵深发展进攻时，他们可以独自或全员与其他营协同完成任务。

配属给坦克营的摩步连通常以排为单位配属给坦克连。

配属给摩步营的坦克连通常以整建制行动，而在居民地、丛林、沼泽地带、山区进攻，在突破设防地区时，可以排为单位配属给摩步连。

摩步营的迫击炮连和榴弹发射器分队直属营长，并以整建制行动，以支援在营主力方向上的进攻分队。有时，迫击炮连以排为单位、榴弹发射器分队以班为单位配属给第一梯队连。

营（连）的反坦克分队（反坦克班）通常直属营（连）长，并以整建制行动。

208.第一梯队摩步（坦克）营进攻正面可达2千米，摩步（坦克）连可达1千米，摩步（坦克）排可达300米。在突破地段上，营进攻正面可达1千米，连可达500米。

209.进攻中，给第一梯队营赋予当前任务和后续任务，并明确后续进攻方向。

给连以及第二梯队营指明当前任务和后续进攻方向。

第一梯队营当前任务通常是在自己的进攻正面上歼灭在第一梯队连支撑点上的敌人，并夺占该地域。

第一梯队营后续任务可以是发展进攻，在防御地区纵深与友邻的营协同歼灭敌人，并夺占第一道阵地。明确后续进攻的方向，使其能保障完成旅（团）的后续任务。

第一梯队连（其中包括配属给摩步营的坦克连）的当前任务是歼灭在第一梯队排支撑点上的敌人，并夺占该地域。明确后续进攻方向，使其能保障完成营的当前任务。

当投入战斗时，第二梯队营的当前任务是发展进攻，与第一梯队营一起完成歼灭敌旅（团）预备队并夺占他们的地线的任务。

当投入战斗时，第二梯队连当前任务可以是与第一梯队连一起，完成消灭在防御纵深支撑点上的敌人，并夺占第一道阵地。

明确第二梯队营（连）后续进攻方向，使其能保障完成旅（团、营）的后续任务。

通过保障地带后突破敌防御时，营（连）战斗任务的纵深可以比正常情况下小。

210.集中主力的方向由上级指明，或由营（连）长明确进攻全纵深或仅当前任务纵深，在进攻过程中可以变化。

在集中主力的方向上运用最有战斗力、准备最充分的分队，建立并时刻保持对敌兵力兵器至少2—3倍的优势。

通常，主力集中在敌防御最弱的地方，在那儿可结合正面进攻向一侧和后方实施攻击。个别情况下，这种攻击适合从正面直接实施，以便分割敌分队，并分批将其歼灭。

主力集中的方向应能保障：行动的突然性，分队集中和展开的有利条件；迅速到达夺占地区并破坏敌防御的稳定性；包围并连续歼灭敌分队；在尽可能短的时间内完成赋予的任务。

211.为实施进攻，要建立营（连）战斗队形、火力配系和指挥体系。

营战斗队形通常包括：第一、第二梯队，炮兵分队，直属营长的分队和火器。当战斗队形成一个梯队部署时，要派出合成预备队。

连战斗队形通常包括：第一梯队，炮兵分队，直属连长的分队和火器。在某些形势条件下，战斗队形也包括合成预备队。

在进攻过程中，连（排）在营（连）战斗队形中的位置可以成一线队形、前三角队形、后三角队形、右梯队形和左梯队形。

根据战斗任务和完成任务的条件，营（连）战斗队形可以为另外的样式。突破敌防御以保障增大营战斗队形的力量，通常建立两个梯队；连成一个梯队及合成预备队。

第一梯队用来击溃反抗之敌，完成当前任务，与第二梯队（合成预备队）一起向战斗任务全纵深发展进攻。在它的编成内可以有2—3个连（排）及加强力量。第一梯队分队可加强炮兵分队、喷火分队、工兵分队，使用指挥员直属的炮兵分队大部分对其支援。摩步（坦克）分队务必用坦克（摩步）分队加强。

第二梯队用来发展第一梯队的战果；与其一起完成当前和后续任务；接替或加强遭受重大损失的第一梯队分队；抗敌反冲击，歼灭敌预备队；消灭留在第一梯队翼侧和后方的敌人；固守夺占的地线和完成其他任务。在营一级，它的编成可达一个连。当第二梯队的分队投入战斗时，要为其加强兵器。第二梯队部署的距离和方法，根据形势条件，应能保障及时地投入战斗，少受敌炮兵火力打击和航空兵打击。在进攻开始前，它通常部署在指定地区，进攻过程中在第一梯队分队后1.5—2千米推进。

合成预备队用来完成突然出现的任务；增强第一梯队力量或在第一梯队分队战斗力损失的情况下接替他们；抗敌反冲击并完成歼灭敌留在进攻部队翼侧和后方的兵力，以及完成赋予第二梯队的其他任务。合成预备队的编成可以为：在营里可达一个连，而在连里可达一个排。

炮兵分队为了第一梯队分队执行任务，支援第一梯队：杀伤在阵地上、集结地区和行进路线上的迫击炮，坦克和其他装甲目标，指挥所，有生力量，反坦克火器和其他火器，破坏敌筑城工事，保障夜间部队战斗行动的灯光，施放烟幕和完成其他任务。

212.从纵深行进间进攻通常针对匆忙转入防御之敌实施，从出发地区以分队连续展开的方式从行进间展开成临战队形和冲击的战斗队形。出发地区由上级指定。

为营（连）指定向敌防御前沿行进的路线。为保障分队有组织地行进并同时攻击，要指定出发点，展开成营纵队、连纵队、排纵队的地线，转入冲击地线。而当摩步分队以徒步队形冲击时，除此之外，还要指定下车线。

指定出发点是为了及时从初始区域开始推进。它的距离应能保证营纵队及加强火器从占领地区全部被带出，并达到规定的速度，离出发地区外边缘可为5—10千米。

展开成营纵队的地线被指定在敌炮兵大部分有效射击区域之外，距敌防御前沿12—15千米。

展开成连纵队的地线被指定在敌直射火炮、坦克和反坦克导弹系统的射程以外，距敌防御前沿4—6千米。

出发点、展开成营连纵队的地线通常由上级指定。

展开成排纵队的地线尽可能被指定在地形褶皱之后，距敌防御前沿2—3千米。

选择转入冲击地线，它的距离能保证坦克和摩步分队的主要武器实施有效射击，允许他们不停地以最大速度在指定时间（"ч"）到达敌防御前沿。它可以被指定在离敌防御前沿约600米的距离上，有时更远。

根据形势和地形特点，这些地线的距离可以不一样。

指定下车线要尽量接近敌防御前沿，通常在避免近战的机枪和反坦克火器射击的地方。有时它可以与转入冲击地线相一致。

为协调摩步（坦克）分队和从掩盖射击阵地实施射击的炮兵分队，以及榴弹发射器分队的行动，要指定己方炮弹和地雷（手榴弹）爆炸的安全距离线。对于以徒步队形攻击的摩步分队，安全距离为400米，对于搭乘步战车（装甲输送车）攻击的摩步分队为300米，对于坦克分队为200米。

在运用核武器的情况下，要指定安全距离线。接近它时，部队要采取必要的防护措施。

要为乘坐汽车的摩步分队在离敌防御前沿2—4千米的距离上允许隐蔽迅速登车的地点指定载员换乘坦克的登车线。此时，为营和连的汽车指定集结点。

213.营（连）以先前建立的战斗队形从占领的初始位置，经过在防御位置进行必要的重组或替换防御部队后，开始从与敌直接接触的位置对防御之敌发起进攻。通常沿第一道堑壕指定转入冲击地线。

占领进攻初始位置以完成进攻准备，应保障分队的隐蔽部署及抗敌冲击时的稳定性，最大限度避免敌各种武器的打击，也为转入进攻保障有利条件。它通常被指定：第一梯队营——在第一道阵地以内；第二梯队营——在第二道阵地以内。在初始位置建立摩步连和坦克连的出发阵地，包括堑壕、与之紧邻的交通壕、步战车（装甲输送车）的射击阵地和配属火器的阵地；炮兵、坦克和实施直瞄射击的火器的射击阵地；指挥和观察所，保障在进攻部队战斗队形前的路径和地线隐蔽接近与快速行进。在初始位置，分队随时准备抗击敌人可能发动的进攻。

在进攻初始位置为坦克营指定待机阵地，距敌防御前沿5—7千米，为配属给第一梯队摩步营的坦克分队，以及为第一梯队分队的坦克和步战车指定初始阵地，距敌防御前沿2—4千米。

榴弹发射器分队在第一梯队各连后约300米占领发射阵地，反坦克分队在距离第一梯队各连约100米处占领阵地。连反坦克班通常在连主力集中方向上的堑壕内占领发射阵地。

迫击炮连发射阵地部署在第一梯队连后约500米的距离上。配属的炮兵营（连）部署在离前沿2—4千米的距离上。

214.在与敌直接接触的位置，防御的营（连）重新编组，目的是建立进攻战斗队形。它应该仅是按照企图在较短时间内履行保障部队行动隐蔽性、迷惑敌人的措施，以加强防御的名义主要在夜间实施，并严格遵守此处防御部队的活动规定。第二梯队在自己进攻地带内占领防御的分队，通常在占领地区从行进间转入进攻。

在第一梯队支撑点处于防御的坦克分队留在原地，用来实施直瞄射击，随后与摩步分队一起转入冲击。摩步分队在进攻前一夜占领初始位置。这时，用来参与进攻火力准备的建制和配属的炮兵分队及用来实施直瞄射击的火炮、坦克和其他火器以及榴弹发射器占领预有准备的发射阵地。如果这不可行，则在进攻火力准备开始时占领射击阵地。

215.占领进攻初始位置及替换防御部队在进攻前1—2个夜间结合替换计划实施。当占领进攻初始位置及替换防御部队时，第一梯队摩步分队替换防御部队，其步战车（装甲输送车）和配属的坦克分队占领初始位置。摩步兵团（部队）的坦克营占领待机地域。

规定侦察分队和炮兵向射击阵地的准备地区、部署地点的行进，在部队开始替换前准备好实施射击，并掩护第一梯队部队占领初始位置。实施直瞄射击的火炮、坦克和其他火器以及摩步分队在进攻前一昼夜或进攻前的夜里占领进攻初始位置。坦克分队在进攻前的夜里或在进攻火力准备期间占领待机地域（阵地）。

216.重组（替换）开始前，营连的指挥观察所应该展开。在替换开始前，指挥员应掌握关于敌人及其阵地和地形的所有必要的情报。

当自己的部队发现敌人向防御纵深转移时，营长立即向前派出侦察，不失去与他的联系，组织占领敌人留下的阵地，并同时向旅（团）长报告。

217.对防御之敌的攻击要与坦克和摩步分队密切协同实施。坦克分队成一线攻击，而摩步分队以徒步队形紧跟在坦克后，或搭乘步战车（装甲输送车），人员不下车。攻击要迅速、快速、持续地向敌第一梯队旅（团）防御全纵深实施。

当突破敌预有准备的防御、设防地区，以及在坦克和步战车（装甲输送车）难以到达的地形上时，摩步分队使用徒步队形攻击。此时摩步分队所有人员在坦克战线后攻击敌人，与战线的距离要能保证人员不受敌人炮弹的袭击，并能保证使用轻武器火力支援坦克。在此情况下，步战车（装甲输送车）利用地形褶皱，从一条地线向另一条地线转移，在己方分队后行动，与其距离能保证所有己方武器的火力对攻击的坦克和摩步分队提供稳定的支援，或直接在己方分队的战斗队形内。搭乘汽车的摩步分队通常以徒步队形攻击敌人。某些情况下（在泥泞道路上、存在很厚的积雪层时，以及其他情况），在个别地段上，摩步兵可以以坦克载员的形式攻击敌人。汽车在人员下车后向指定的集结地点转移，并以连为单位或以营为单位部署在距敌防御前沿2—4千米的地方。营长或者得到营长批准的连长召唤它们向自己的分队前进。

在坦克和步战车（装甲输送车）能到达的地形上，在对匆忙占领防御之敌发起进攻、敌缺乏有组织的抵抗、可靠压制敌防御，以及敌反坦克火器大部被消灭时，摩步分队搭乘步战车（装甲输送车）攻击。此时，坦克随着己方炮兵炮弹的爆炸发起攻击，而摩步分队搭乘步战车（装甲输送车）在坦克后100—200米组成一条战线攻击，使用自己所有的火器实施射击。

218.营火力配系包括摩步连和坦克连火力配系，建制内、配属和支援的炮兵火力配系，用于实施直瞄射击的营火器的火力配系，榴弹发射器分队、反坦克分队、配属的喷火分队的火力配系。

连火力配系以摩步排和坦克排火力为基础构建，包括配属的、支援的炮兵和配属给连的火器的火力。

219.为保障指挥分队，营指挥观察所展开的距离应能保障最好地对敌人和地形、己方分队行动进行观察，保障对他们不间断地指挥，并保持与友邻分队的协同，通常离战线约300米。

连长乘战车在自己分队战斗（战前、行军）队形中行动。当摩步分队以徒步队形进攻时，摩步连连长通常要下车。

二、进攻准备

220.营（连）进攻准备包括：组织进攻（定下决心，现地勘察，给分队部署任务，制订进攻计划，组织火力、协同、全面保障、指挥）；指挥部、营司令部和分队的进攻准备；展开并占领出发地区（进攻位置）；实际工作和其他措施。

通常，在图上组织从纵深行进间发起进攻，当有时间时，实施现地勘察；组织从与敌直接接触的位置发起进攻时，大部分工作在现地实施。

221.收到进攻战斗命令、战斗（预先战斗）号令后，营（连）长理解受领的任务，计算时间，判断情况，定下决心，在决心中明确：战斗企图，战斗队形各要素（分队）的任务，协同、全面保障和指挥的主要问题。组织进攻后，营（连）长领导军官们进行关于所属指挥员、分队和完成受领任务的兵力兵器的直接准备工作。

在企图中，按完成赋予的任务的各阶段明确：主力集中的方向——如果上级没有指定［其中包括集中主力消灭的对象（目标）］；完成战斗任务的方式方法（选择的转入进攻的方案、机动类型、哪些敌人、在哪儿、以什么顺序和如何歼灭、火力毁伤的方法）；兵力兵器的分配（战斗队形的部署）；在战斗准备和战斗过程中保证隐蔽性。特别是指挥员要明确欺敌的想法，且只能传达给部分人员。企图由上级批准。

根据转入进攻的条件，营（连）长在战斗意图中明确展开成排纵队的地线和向其行进的路线，以及下车线、安全距离线、初始（待机）阵地（排的初始位置）；搭乘汽车的摩步营营长要额外明确坦克载员登车的地点。除此之外，他还要明确出发点、展开成连纵队的地线及向其行进的路线、转入冲击地线和配备滚轮式排雷工具的坦克的地点——如果上级没有为他们指定的话。

当给战斗队形各要素（分队）明确任务时，指挥员通常指明：他们的战斗编成、加强的兵力兵器和他们转隶的方法；初始（待机）阵地（排初始位置）；主力集中方向（按完成赋予任务的各阶段）；要完成的战术任务及确认转入进攻和进攻开始的方式；分配的导弹和弹药的数量；准备时间。

对第一梯队分队要额外明确进攻方向、当前任务和后续进攻方向；对第二梯队分队（合成预备队）要明确在战斗过程中转移的方向、投入战斗可能的地线、当前任务和继续进攻的方向。

在协同的主要问题中，指挥员按阶段（任务和地线）明确协调战斗队形各要素（分队）之间，与友邻、完成营（连）任务的上级兵力兵器之间的关系的方法。

在全面保障的主要问题中，指挥员通常明确战斗保障、精神心理保障、技术保障和后勤保障的主要措施，这些措施在进攻准备阶段和进攻过程中实施。此时，明确主力的集结地域（方向）、主要任务、完成的顺序和时限、参与的兵力兵器，以及指挥他们的方法。

在指挥的主要问题中，指挥员明确（确认）指挥观察所展开的地点和时间（指挥车在战斗队形中的位置），及它转移的方向和方法；指挥观察所发生故障时移交指挥的方法；确保可持续指挥和检查任务完成情况的措施。

222.在实施现地勘察过程中，营（连）长要确认：

敌防御前沿，接近路，障碍的数量和性质，支撑点，火器特别是反坦克火器、预备队的部署，敌展开的可能地线和武装直升机的打击方向，暴露的翼侧和间隙，敌防御中的强点和弱点，以及敌人可能的行动；

主力集中的方向，进攻的正面和进攻（转移）的方向，连（排）和配属的兵力兵器的战斗任务；

火力杀伤的敌目标，其中包括在营（连）进攻方向上上级火器杀伤的目标；

战斗队形各要素、指挥观察所、技术保障和后勤分队（机构）的部署位置，以及其工程构筑的时限；

初始阵地和待机阵地，转入攻击地线、下车线和安全距离线，在前沿前敌障碍物中通路的数量——其中包括在敌用远程布雷工具设置的障碍中的通路数量，配备滚轮式扫雷器的坦克的位置，而搭乘汽车的摩步分队指挥员还要确认搭乘坦克的分队的登车地点和汽车的集结地点；

航空兵行动方向，以及武装直升机的打击地线。

当从与敌直接接触的位置进攻时，摩步营（连）长额外确认坦克通行地点和标识。

在侦察的往返过程中，或按上级计划在独立的现地勘察组编成内的军官工作期间，都要明确行进路线、展开地线，以及它们的准备措施，其中包括为保护部队免受敌人高精度武器的攻击的措施。

参与现地勘察的有连（排）长、独立分队的指挥员，以及配属和支援分队的指挥员。

223.当给战斗队形各要素（分队）部署战斗任务时，营长指明：

第一梯队连——加强的兵器及其转隶的方法；进攻方向；按完成战斗任务各阶段主力集中的方向（集中主力消灭的对象和目标）；当前任务和后续进攻方向；用于战斗的弹药数量；为了连（排）而由上级火器完成的任务；友邻任务；指挥观察所的位置和转移方向；准备时间。除此之外，还可指明：行进路线、展开地线、转入冲击线（初始阵地），以及到达（占领）时间。

第二梯队连——加强的兵器及其转隶的方法；进攻开始前的位置；行进路线，在进攻过程中转移的方向和方法；投入战斗可能的地线；当前任务和后续进攻方向；指挥观察所的位置和转移方向，准备时间。除此之外，还可指明：用于战斗的导弹和弹药的数量；在上级分队和兵器行动之前完成的为保障连投入战斗的任务，消灭留在支撑点的敌人的任务，以及歼灭反冲击之敌的任务和其他问题。

合成预备队——战斗编成；初始阵地；进攻过程中转移的路线、方向和方法；必须准备完成可能的任务；指挥观察所转移的方向。

炮兵分队（分队）——在进攻的火力准备和对进攻分队的火力支援期间完成的射击任务（杀伤目标）；在战斗的什么阶段支援谁；支援第二梯队（合成预备队）投入战斗的方法，抗敌反冲击的方法；发射阵地的地区；行进和展开路线的方法；弹药的消耗与分配；指挥观察所的位置和准备好开火的时间。

反坦克火器分队和榴弹发射器分队、配属的喷火分队——在战斗队形中的位置、射击阵地（地线），及占领的时间和方法；在战斗过程中转移的方向和方法；在进攻火力准备期间和攻击开始时杀伤的目标；准备要完成的任务，和可能的展开地线；协同方法；准备好开火的时间。

实施直瞄射击的火器——在进攻火力准备期间要杀伤的目标；射击阵地和占领它们的时间；完成任务后的行动方法。

配属的工兵分队——在障碍中开辟通路的地点和时间；在敌防御前沿前设置通过障碍的通道的地点和时间；在战斗过程中转移的方向和在敌防御纵深障碍中开辟通路的方法。

当给战斗队形各要素（分队）部署战斗任务时，连长指明：

排——加强的火器、攻击的目标和后续进攻方向。

配属的炮兵分队——在进攻火力准备和对进攻部队火力支援期间要完成的射击任务（杀伤目标）；射击阵地地区；行进和展开的路线、方法；指挥观察所的地点和准备好开火的时间。必要时，确认弹药消耗和分配。

反坦克班和配属的火器——对敌防御前沿攻击时要杀伤的目标，在战斗队形中的位置和转移方法。

摩步（坦克）分队——还可指明：作为坦克载员的登车地点（搭乘汽车的分队的登车地点）、安全距离线、以徒步队形攻击的摩步连（排）的下车线。

224.营（连）长在定下的决心和上级赋予的任务的基础上组织火力。

营里配属的炮兵分队和迫击炮连，不参加上级计划的火力急袭，他们的火力只计划在那些没有列入上级计划的火力急袭。

实施直瞄射击的火器的火力，在炮兵的进攻准备期间，由旅（团）炮兵科长制订计划，在分队之间分配任务，并将任务部署给受领任务的指挥员，这些指挥员为每门火炮（反坦克导弹系统、坦克、榴弹发射器）选择射击阵地，在火器之间分配任务，必要时指定射击扇面、射击的初始目标和其他情报。

组织火力时，营（连）长明确：营（连）火器按照上级计划参与完成火力杀伤任务的方法；按完成赋予的任务的各阶段，集中主力杀伤敌人的对象和目标；当对敌前沿攻击时，当夺取敌目标、进行防御阵地战斗时，当抗敌反冲击、第二梯队投入战斗和完成其他战术任务时，完成连（排）射击任务的方法。

225.按任务、方向、时间、地线和执行任务的方法在进攻的全纵深组织协同。在当前任务的纵深组织协同时要更加详细。

组织协同时，营（连）长：

当分队行进和展开成战斗队形［重组（替换）］时，当敌人实施航空和导弹打击（其中包括核打击）时，当实施反准备和对行进路线、展开地线远程布雷时，协调分队的行动。

当完成进攻火力准备任务时，协调炮兵分队、实施直瞄射击的火器、榴弹发射器分队和反坦克火器分队的行动。

当坦克（步战车、装甲输送车）通过摩步分队战斗队形时，协调第一梯队分队的行动。

当在敌防御前沿前、防御纵深障碍物（包括使用远程布雷工具突然布设的障碍物）中开辟通路时，当在天然障碍中设置通路及选择标识它们的方法时，协调第一梯队分队、炮兵分队和工兵分队的行动。

当转入攻击、接敌、在克服敌防御前沿前障碍时，当攻击敌前沿，消灭第一道阵地和防御纵深支撑点内的敌人，抗敌反冲击时，协调第一梯队分队、炮兵分队、实施直瞄射击的火器的分队、榴弹发射器分队和反坦克火器分队、配属的喷火分队的行动。

当行进和展开［重组（替换）］时，当转入攻击、接敌、克服敌防御前沿前障碍物时，当攻击敌前沿，消灭第一道阵地和防御纵深支撑点内的敌人，抗敌反冲击时，协调第一梯队分队和协同分队的行动。

当第二梯队（合成预备队）行进和投入战斗，增强力量以歼灭反抗之敌时，当消灭留在进攻部队后方小股敌人时，当加强火器转隶时，协调第一梯队、第二梯队（合成预备队）、炮兵分队的行动。

当前方航空兵和武装直升机实施打击时（防止对己方分队打击的措施，传达目标指示与识别的信号，保障战斗队形上方航空兵飞行安全），协调第一梯队、第二梯队（合成预备队）、炮兵分队的行动。

当敌运用核、化学和高精度武器时，协同分队的行动。

除此之外，营（连）长要传达……定的警报、目标指示、指挥信号、方位物的总体示意图、目标的统一……同分队之间的识别方法和保持通信联络的方法。

在战术空降兵战斗行动地……空降兵行动地区，支援空降兵的行动，组织会合的协调、与空……联合行动时，营（连）长补充协调：第一梯队分队和炮兵分队（分……动方法，传达相互识别的信号和通信的无线电资料。

组织协同时也可协调其他问题。

226.进攻初始位置（初始和待机阵地）的准备包括检查地域地雷数量，并进行排雷；构筑工事（补充构筑替换分队的阵地）；构筑火器的射击阵地（包括直瞄射击火器的阵地）、技术保障分队和后勤分队的部署地点；实施伪装和给水保障措施。

227.检查部署任务的完成情况，除了通常的问题，还要检查：分队占领初始和待机阵地（排的初始位置）的及时性；炮兵完成火力毁伤任务的准备、火器的射击准备、分队在障碍物中开辟通路的准备、第一梯队分队指挥员对通路位置的了解的情况。

在指定的时间，营（连）长向建制和加强分队的指挥员宣布火力准备开始的时间，以及时间"ч"。

三、进攻实施

228.按照上级的信号，对防御之敌的进攻以实施进攻火力准备开始。

进攻开始前，在己方地雷场中开辟通路。在形势有利时，彻底解除己方地雷场。通常，在进攻火力准备过程中在敌前沿前工程障碍中开辟通路。此时，装备了扫雷器的坦克和步战车冲击时，在敌地雷场中开辟的通路按每个冲击的连队1—2条计算，目的是让没有扫雷器的装备沿通路通过。在其他情况下，按一个冲击的排开辟一条通路计算。

229.在进攻火力准备过程中，没有参与按照上级计划执行射击任务的营火器消灭发现的敌火器，首先要消灭的是在前沿和浅近纵深的反坦克火器和装甲目标。

营（连）长观察射击结果，对分队和火器部署消灭幸存的和新出现的敌目标的补充任务，检查在工程障碍中开辟通路、配属（协同）的坦克推进的及时性，并向上级报告冲击准备情况。

配备滚轮式扫雷器的坦克以旅（团）长规定的序列进至指定位置。

与敌直接接触的分队使用自己的火力消灭和压制敌在第一道阵地支撑点上的火器和有生力量。当敌实施反准备时，除观察员和值班火器组外的所有人员按指挥员的指令在堑壕和其他掩体中隐蔽。

230.从纵深行进间进攻时，分队在规定的时间或按上级信号从出发地区开始行进。行进以最快速度进行。第一梯队营（连）通常与配属的加强火器一起行进。随着对敌防御的接近，他们依次展开成临战队形，并继续以最大速度向转入冲击线行进。

搭乘汽车行进的摩步分队和向坦克载员登车地点前出的坦克分队停下来，摩步兵迅速转乘坦克。此后，坦克及其载员继续向转入冲击线行进，而摩步连的汽车在规定的集结地点集结。

侦察机构如果没有预先前去侦察在前沿的敌人，则在营纵队前方行进，并侦察行进路线。到达己方部队前沿后，组织对敌侦察。

榴弹发射器分队和反坦克分队，如果在进攻火力准备期间没有参与消灭敌人的话，与营第二梯队（预备队）在到达展开成连纵队的地线前在第一梯队连后行进。

掩护营的高射分队通常沿营纵队分散行进，行进间或短停时以火力抗击敌空袭武器的打击。

当向转入冲击线行进时，应严格遵守指挥员规定的对敌高精度武器的防护措施，其中包括灯火管制、声音管制和无线电伪装措施。

在敌人实施密集火力打击的情况下向转入冲击线行进时，战斗力尚存的分队迅速从杀伤地区撤出，并继续遂行赋予的任务。

为替换战斗力损失的分队，营长使用第二梯队（预备队）。

敌使用远程布雷工具布设的地雷场，沿上级运动保障队或营排障组和连非建制的排雷组开辟的通路通过。

当敌人运用燃烧武器时，分队迅速从纵火地区撤出，扑灭在武器装备上的火源，继续完成赋予的任务。

231.在进攻火力准备期间，从与敌直接接触的位置（待机地区、阵地上）转入进攻的坦克分队，按照上级的信号行进，为转入冲击而展开成战斗队形。在坦克后边行进的是与其在待机阵地一起部署的第一梯队摩步分队的步战车（装甲输送车）。

摩步分队所有人员当以徒步队形冲击时，随着坦克的接近，准备从堑壕（战壕）中撤出，连长下达口令："准备冲击！"当坦克经过初始阵地时，连长下达口令："冲击前进！"所有人员从堑壕（战壕）中跳出，紧跟坦克向敌冲击。此时，摩步兵要尽可能地靠近坦克前进，不给敌人机会切断自己和坦克，并掩护坦克免受敌反坦克火器的火力打击。步战车（装甲输送车）向自己的分队行进，并紧跟在他们后边进攻，或直接在战斗队形内，从一个掩蔽处向另一个掩蔽处前进，并用火力支援坦克和摩步兵冲击。

当搭乘步战车（装甲输送车）冲击时，与敌直接接触的摩步分队，人员在进攻火力准备期间登上步战车（装甲输送车）。

此时，部署在自己分队后面的步战车（装甲输送车），按营（连）长的指令（信号）隐蔽地向自己的分队靠近，利用地形褶皱，停车，以便人员登车。所有人员按所属指挥员的口令实施登车，并准备射击。坦克进至第一梯队摩步连（第一道堑壕）后，转入冲击。

随着冲击开始，炮兵转为对进攻分队的火力支援。实施直瞄射击的火炮、反坦克导弹系统、榴弹发射器和步战车（装甲输送车），继续以火力消灭在己方分队之间的间隙和来自两翼幸存的和新出现的敌目标。

232.坦克和步战车通常在扫雷具的协助下自行通过地雷场,而没有扫雷具的坦克和步战车沿开辟的通路通过,以徒步队形行动的摩步分队的人员紧随坦克之后,沿坦克车辙和通路通过。

如果摩步分队搭乘配备扫雷具的步战车冲击,那么坦克和步战车不用收拢战斗队形,直接通过敌地雷场。

遇到敌使用远程布雷工具在进攻部队前面布设的地雷场,绕过,或沿工兵分队、配备悬挂设备的坦克(步战车)或营排障组(连排雷组)开辟的通路,以连或排纵队(班成一线)形式通过,尔后展开成战斗队形。

在此情况下,独立的步战车(装甲输送车)和坦克向由摩步班(坦克车组)利用制式便携的排雷套装和其他方法排雷而开辟的通路的出口前进。

坦克和摩步分队在炮兵火力以及营反坦克分队和榴弹发射器分队(连反坦克班)掩护下克服地雷场。

233.当第一梯队营在规定的时间以战斗队形到达转入冲击线时,冲击开始。

当冲击分队向己方炮弹和地雷(榴弹)爆炸的安全距离线接近时,炮兵(榴弹发射器手)按团(营)长的口令(信号)向下一条地线转移射击。

合成分队在规定的时间("ч")准时向敌前沿突破,消灭其有生力量和火器,夺占支撑点,并迅速向纵深推进。

使用炮兵火力和航空兵打击,不间断地支援冲击行动。冲击要迅猛、高速、不停地实施。冲击开始时,建制和配属的炮兵不间断地压制和消灭阻碍坦克分队和摩步分队进攻的敌人,按营长的指令(信号)或自行向新出现的目标特别是反坦克目标转移火力,以保障对进攻部队不间断的火力支援。对进攻部队实施炮兵支援时,使用连续集中射击、集中射击和对单个目标射击的方法。火力召唤和转移的指令,除了对进攻部队火力支援开始的指令外,可由营长下达。

234.进攻开始时,营(连)长:观察分队战斗的结果,评估和预测形势发展,指挥火力,保障分队及时、有组织地投入战斗;明确并采取措施增强第一梯队力量,必要时修订分队的战斗任务,保持协同、战斗的全面保障和指挥。

235.当旅(团)进攻时,在整个地带,营(连)利用火力毁伤结果、敌防御中存在的中断处和缺口进行分队的机动，并立刻向防御纵深渗透。由第二梯队（合成预备队）或指定的分队消灭留在进攻部队后方支撑点、反抗核心处的敌人。

236. 没有在突破地段行动的营，在进攻火力准备期间，根据坦克分队的行进，加强各种武器的火力，并压制支撑点上的敌人。

当发现敌部分兵力迁移以及撤退时，在炮兵的火力支援下，营的分队从占领的阵地按上级信号或自行攻击在战线狭窄地段上的敌人，消灭与突破地段毗连的支撑点上的敌人，并与旅（团）主力协同向纵深发展进攻。当敌人坚守防御前沿时，营第二梯队（预备队）通过突破地段实施机动，利用在此地段行动的分队的战果，向防御之敌的一侧和后方实施打击，并与从正面行动的营第一梯队协同，扩大突破地段，并向纵深发展进攻。

237. 如果行进间向防御纵深突破不顺利，敌人顽强抵抗，营以正面分队的行动杀伤防御之敌，分配分队实施机动，通过防御中的间隙和中断处。然后，实施从正面和翼侧的联合冲击歼灭敌人，并向纵深发展进攻。

238. 在战斗过程中，在第一梯队连（排）完成后续任务（夺占攻击目标）前，营（连）长在侦察机构情报的基础上部署新的战斗任务。它们通常与原来的任务纵深一致。部署任务应这样完成：随着向敌后续支撑点的推进，所有的分队指挥员和所有人员都知道赋予的任务。部署任务应从马上就要继续行动的分队开始。营部军官和司令部军官参与传达任务，连队由副连长参加。营（连）长亲自给完成最重要任务的分队部署任务。

239. 夺占敌第一梯队连支撑点后，进攻的分队不能耽搁，向两翼方向和纵深发展突破，连续消灭反抗之敌及其预备队，在最短的时间内夺占敌炮兵的发射阵地，夺取敌防御纵深内的重要地线和地区。以徒步队形攻击的摩步分队，消灭在第一梯队营防御地区之敌后，登上步战车（装甲输送车、坦克载员），紧随坦克继续迅猛进攻。

240. 为了增强力量，营长将第二梯队（合成预备队）投入战斗，必要时为其确认地线，指挥火力毁伤及其推进和展开。

营第二梯队（合成预备队）通常距离第一梯队分队1.5—2千米，利用地形的防护和伪装特性从一条地线向另一条地线推进。

完成当前任务时或完成任务后，它根据形势投入战斗。通常，在各连之间的间隙或从翼侧，有时以交替跃进的方式通过战斗队形投入战斗。直接在投入战斗前为第二梯队确认任务，而为合成预备队部署任务。

当为第二梯队（合成预备队）确认（部署）任务时，营长要指明：在投入战斗的地线前的敌人的位置、编成和行动特点；战斗任务、投入战斗的地线及到达时间。另外，营长要指明：行动分队和上级兵器以后要完成的保障预备队投入战斗的任务；加强兵器转隶的方法；谁进行支援，以及其他资料。

第二梯队（合成预备队）连（排）长，确认（定下）决心后，在行进中给各排（班、坦克）确认（部署）任务。此时，连（排）长在现地指明敌人及其火器的位置、投入战斗的地线、攻击目标和后续进攻方向，并组织协同。

第二梯队（合成预备队）用最大速度以临战队形向投入战斗的地线推进。当接近地线时，分队展开成战斗队形，在所有兵器的火力支援下，在行进间对敌迅猛冲击，并完成先前赋予的任务。第二梯队（预备队）在炮兵、反坦克分队和榴弹发射器分队的火力支援下投入战斗。第二梯队（合成预备队）的行进、展开和投入战斗可用烟幕进行掩护。

随着第二梯队（合成预备队）投入战斗，第一梯队分队在明确的方向上继续进攻，部分兵力转为合成预备队。

当第一梯队分队转为第二梯队（预备队）时，营（连）长指明：撤出战斗的方法、集结地区和后续行动的方法。必要时，营（连）部分兵力兵器可用来在原地支援旅（团、营）进攻分队。

241.为顺利发展进攻，营（连）长应：对敌侦察；使用炮兵和所有火器的火力压制阻碍分队前进的敌人的有生力量和火器；及时为分队确认战斗任务；利用敌战斗队形中的缺口和间隙向前行进，广泛实施分队和火力机动；阻止敌从占领的阵地向后续地线有组织地撤退；及时恢复第二梯队（预备队）。

为保障结合部和暴露的翼侧，预先实施：合成预备队、榴弹发射器分队和反坦克分队的机动，以及炮兵火力机动；根据向前行进的情况，逐次向有威胁的方向派出战斗警戒并撤回。

从营（连）派出作为战斗警戒的分队，收到战斗任务后向指定地线行进，转入防御，准备好射击以抗击留在后方之敌可能的攻击，并防止其小组行动。以炮兵火力支援战斗警戒的行动，可能时设置障碍。根据营（连）主力和友邻的推进情况，战斗警戒按营（连）长的指令向新的地线转移。

242.建制和配属的炮兵按营长的指示进行转移。转移的实施方式是，炮兵的大部分使用自己的火力直接支援第一梯队分队的进攻。

榴弹发射器分队通常在第一梯队连战斗队形后约300米处以及在他们之间的间隙或营的一侧行动。必要时，它直接在摩步分队战斗队形内行进。与配置在步战车（装甲输送车）上的榴弹发射器一起的分队通常在摩步分队战斗队形内行动。榴弹发射器分队使用榴弹发射器和步战车（装甲输送车）的火力从逐次占领的发射阵地上对摩步分队的攻击进行支援。

营反坦克分队通常在第一梯队的一个连后转移，准备抗敌坦克反冲击和完成营长赋予的其他任务。

连反坦克班通常在摩步排战斗队形内、他们之间的间隙或连的一侧进攻，从逐次占领的射击阵地消灭阻碍连进攻的敌坦克和其他装甲车辆。

配属给连的喷火分队在连战斗队形内进攻，按连长指令或自行实施射击。

营排障组在第一梯队分队后行进，准备在障碍中开辟通路。非建制的连排雷组，完成战斗任务后，准备在敌雷场中开辟通路，首要目标是敌使用远程布雷工具布设的雷场。

243.集中主力在旅（团）主要打击方向上的同时，使用所有火器对敌不间断的火力进行杀伤，继续在敌防御纵深实施进攻。

在敌人被可靠压制的方向上和敌人无法实施有组织的反抗的方向上行动的营（连），以临战队形实施进攻。必要时，为消灭剩余的敌人，指定的分队可展开成战斗队形。防御之敌被分割，并用向纵深和两翼的猛烈进攻来分批消灭他们。

营侦察（战斗侦察）巡逻队，有时是连战斗侦察巡逻队，在第一梯队分队火力支援下，前出并在自己的方向上实施侦察。

在坦克难以到达的地段上，摩步分队下车，可超越坦克，在坦克火力和步战车（装甲输送车）火力掩护下进攻。

在战斗过程中，分队绕过障碍或由工兵分队开辟通路，或运用坦克和步战车配备的悬挂装置，利用排障（排雷）组自行开辟通路。

244.使用第一梯队分队、榴弹发射器分队和反坦克分队抗敌反冲击。

坦克和步战车（装甲输送车）在最近的掩体后占领发射阵地，摩步分队全体人员搭乘步战车（装甲输送车）或作为坦克载员进攻时，下车并占领能消灭敌人、与坦克协同的有利阵地。

榴弹发射器分队通常在摩步连战斗队形内在敌最大数量步兵行动的方向上占领射击阵地。它使用自身火力切断敌步兵和坦克，并将其消灭。营（连）使用分队所有火器的密集火力在极限距离上开始杀伤敌人。随着敌人的接近，兵力和火力强度要不断加大，达到最高强度。

反坦克分队在坦克威胁方向上的有利地线、摩步连（排）之间的间隙和翼侧占领射击阵地。

迫击炮（炮兵）连要尽可能靠近第一梯队连占领射击阵地，并消灭营长指定的目标。配属给营的炮兵可使用直瞄火力参与消灭敌坦克和其他装甲车辆。

抗击敌反冲击时，营自行或与友邻分队协同以决定性冲击消灭敌人。

245.在敌防御纵深夺占的有重要意义的地线或独立目标可指定分队坚守，这些分队应立即开挖战壕，并准备好射击以抗击敌可能的冲击。使用战斗警戒和炮兵火力掩护结合部和暴露的翼侧。同时规定预备队向有威胁的方向机动。

246.假如营（连）进攻被阻止，营（连）长应利用所有现有的兵力兵器组织对敌火力杀伤。当友邻进攻顺利时，第一梯队部分分队利用机动，从一侧对敌实施打击，与营（连）主力一起恢复进攻。

247.在第二梯队或作为旅（团、营）合成预备队行动的营（连），通常以临战队形在第一梯队营（连）后，从一条地线向另一条地线隐蔽转移，并利用地形的防护和伪装特性，准备发展战果，向一侧扩大突破，抗击反冲击，替换第一梯队分队，以及准备消灭留在进攻分队后方的敌人。

248.在旅（团、营）编成内的营（连）可参与包围防御之敌，无论敌人在包围圈的内圈还是外圈，或者参与消灭被包围的敌人。

实施对敌包围的营（连），向指定地线推进，占领，必要时夺取有利地段，在宽大正面上转入防御，构建火力配系和障碍配系。在内圈行动或在外圈向敌主力突破时，阻止敌撤出包围圈。

使用指定的兵力兵器，与实施包围的分队协同，或直接与在内包围圈行动的分队协同，消灭被包围的敌人。组织歼灭被包围的敌人时，营（连）长除了通常的问题外，还指明：与在会合方向上行动的分队的会合地线；相互识别的信号和方法；实施射击的地界；分割敌战斗队形的方法、到达敌翼侧和后方的方法，以及分批消灭敌人的方法。

249.敌实施核打击或大规模火力打击时，保存战斗力的营（连）继续完成战斗任务，并采取措施恢复战斗力。在实施对等核打击的方向上，第一梯队沿独立的方向以临战队形通过敌防御上的缺口向纵深发展进攻。在这些敌阻止营转入进攻的方向上，可用有限兵力组织防御。

250.坦克（摩步）营营长使用营的各分队来加强摩步（坦克）分队时，通常位于所配属的营指挥观察所。他应该：组织营完成所赋予的任务的准备；保证分队及时到达指定地区并进行进攻准备；在进攻时，掌握情况和分队的状态，组织不间断的导弹、弹药、油料的补充，以及恢复损坏的车辆，并按旅（团）长的命令迅速集合全营人员完成战斗任务。

摩步营营长作为迫击炮（炮兵）连、榴弹发射器分队和反坦克分队直属营营长时，亲自指挥他们的行动，保证对与坦克营一起在旅（团）主要打击方向行动的摩步分队不间断的支援和掩护。

配属给摩步营的坦克连连长，当突破敌防御时，与摩步营营长在一起或在其附近，后续以自己连队的战斗队形或在摩步营后转移。

配属给坦克营的摩步连连长，通常位于坦克营的指挥观察所。有时，他可以在自己连队主力后转移。

251.夜间进攻可以在突破敌防御时开始，也可以是昼间战斗的继续。

夜间进攻时给营（连）部署的战斗任务纵深与白天进攻时一样。可为第一梯队营额外规定拂晓前应夺占的地线。根据分队使用能避免复杂机动的最短路径向预定目标行进的情况来选择进攻方向。

战斗队形通常成两个梯队。第一梯队兵力兵器的数量要能保证在不投入第二梯队（合成预备队）的情况下完成赋予的夜间战斗任务。摩步分队通常以徒步队形对敌冲击。

252.通常提前组织夜间进攻。在定下决心时，营（连）长除了通常的问题外，还要明确：基准连（排）；压制敌夜视器材和摧毁敌雷达设备、照明器材的任务；己方位置的标识方法，夜视器材和光学伪装设备的使用方法，对地域的照明方法和障碍物中通路的标识方法；对核爆炸光辐射人员的防护措施；向部队提供照明和信号设备、曳光弹的方法；从夜间行动转入白天行动的方法。

当为建制、配属和支援的炮兵分队部署任务时，营（连）长要额外指明在敌防御内对地域和目标（对象）的照明任务、迷惑敌观察所和火器的任务。

当组织协同时，营（连）长要额外协调：按照任务、地线和时间实施照明保障的方法；所有人员对核爆炸光辐射的防护行动；拂晓前巩固指定地线的方法和从夜间行动转入白天行动的方法。

在白昼进行现地勘察。在勘察过程中，指挥员除了通常的问题外，还要确认：夜间可见的方位物（地物）、进攻方向的方位角。

253.夜间进攻通常在实施进攻火力准备时开始，在进攻过程中，除完成通常的任务外，还要压制敌照明器材，迷惑敌观察所和火器，对地域和对象（目标）实施照明。有时为了达到突然性，冲击可在无进攻火力准备时开始。营（连）长下达射击转移和停止的信号。

在战斗过程中用灯标（导标）标识进攻方向，而分队到达的地线使用信号弹或其他清楚可见的信号来标识。

在指定的时间，第一梯队合成分队对敌迅猛冲击，并向纵深发展进攻。在前沿，对地域和对象（目标）的照明通常在没有足够数量的夜视器材或夜视器材效果不好时实施。在任何情况下，照明都要与分队的推进相一致。

254.从夜间行动转入白天行动时，指挥员要加强侦察，确认分队的战斗任务，集结炮兵并集中指挥其射击，采取措施保障翼侧，巩固重要地线，部队分散配置并准备抗击敌可能的反冲击，必要时第二梯队（合成预备队）投入战斗。

四、突破固防地区

255.行进中，固防地区不能顺利夺取或绕过时，要进行突破。只使用常规武器行动时，在全面准备后，通过在狭窄地段上实施突破，来夺占固防地区。此时，广泛运用高精度武器、加强了威力的弹药、大规模爆破的弹药和重型喷火系统。可为营（连）指定更狭窄的进攻正面，部署更短纵深的任务。

256.使用摩步分队实施突破，坦克分队可用来迂回并封锁在固防地区的敌人，也可用来加强摩步连。

当夺占固防地区时，摩步营（连）可以是突击支队（突击群）的主体。坦克连以排为单位配属给作为突击群行动的摩步连。

突击支队——战斗队形的组成部分，被建立用来封锁和消灭敌大型综合（大型的）设施、重要目标和支撑点。通常在加强摩步营编成内建立突击支队，根据在敌支撑点应该摧毁的永备设施的数量，分成几个突击群，其编成可达一个加强摩步连。使用手榴弹的补充储备、爆破装药、烟幕和燃烧器材来保障突击支队和突击群。突击群通常分成分群：火力分群、排障分群（爆破分群）和夺取分群。

257.为突击支队（突击群）指明当前任务和后续进攻方向。

突击支队的当前任务通常有夺取并摧毁敌第一梯队连支撑点上的永备射击工事和其他重要工事，明确后续进攻方向，使其能保障夺取并摧毁敌第一道阵地纵深内的永备射击工事和其他工事。

突击群当前任务是夺取或摧毁在进攻方向上的永备射击工事或其他工事，明确后续进攻方向，使其能保障夺取并摧毁敌后续的永备射击工事或其他工事。

258.在决心中，营长除通常问题外，还应明确：突击群编成，他们的初始阵地，战斗任务和行动方法，协同方法，以及预先查明，如有必要提前破坏永备射击工事和其他重要工事的方法，克服障碍的方法。

组织协同时，营长补充协调：在地雷爆炸性障碍和其他障碍中开辟通路的时间和地点、在前沿前和防御纵深通过通路的方法、迷盲永备射击工事和其他工事的方法、用火力封锁它们的方法和突击组与第一梯队进攻分队联合摧毁它们的方法，以及固守夺取的地线和目标的方法。

259.所有人员夺占永备射击工事行动的训练，在后方设置有敌障碍和各类型设施模型的地段上进行。要特别注意突击支队和突击群在整体战斗队形中的培训和协同，炮兵对永备射击工事射击方法的训练。

要预先向连长（突击群群长）及以下的分队指挥员提供大比例尺地图（示意图）及关于永备工事的所在地、类型和防护性等资料。

260.突击支队（突击群）占领初始位置（初始阵地），以及射击火器——包括坦克、步战车、参与直瞄射击的反坦克导弹系统通常在进攻前一夜占领预有准备的射击阵地，如果无法实现，则在冲击火力准备开始时实施。

突破固防地区通常在持续的大威力火力准备后开始，在火力准备过程中要特别划分破坏的阶段。在火力准备过程中，破坏、迷盲和压制在进攻部队地带和翼侧的永备射击工事，并完成其他火力杀伤敌人的任务，以及在障碍物中开辟通路。在个别情况下，在火力准备前可实施预先火力切开，并使用高精度弹药和侵彻弹药破坏永备射击工事。

为了破坏永备射击工事和其他工事并消灭它们的驻防军，航空兵、大口径火炮、重型喷火系统和坦克可参与其中，而为了对射孔射击——反坦克导弹系统和突击群编成内的喷火器可参与其中。为迷盲永备射击工事，广泛运用喷火分队和发烟器材。对进攻部队的火力支援与通常条件下一样。

261.第一梯队突击支队（突击群）、坦克分队和摩步分队对固守地区的冲击同时开始。

突击支队和突击群在不间断的火力支援下摧毁或封锁前沿的永备射击工事和其他工事。在敌第一梯队分队的间隙实施突破，并立即向敌防御纵深推进，不给敌巩固斜切阵地和中间阵地的可能，以部分兵力消灭敌反封锁组。然后，分队向两翼扩大突破，坚决向敌防御纵深推进。绕过或封锁继续反抗的单独支撑点。使用航空兵打击、使用炮兵火力杀伤其中的敌人。

五、强渡江河

262.进攻实施过程中，在很多情况下和在进攻开始时，营（连）可能强渡江河（河流、湖、水库、海峡）。

营（连）通常在旅（团、营）主力编成内强渡江河；作为先遣支队、袭击支队或前卫（前方尖兵）行动时自行实施渡河。

渡过江河可徒涉，或搭乘两栖战车、渡河登陆工具和门桥。还可利用机械化桥和钢架桥。当有足够数量的舟桥器材时，可架设浮（复合）桥。

在洪水时期和水库排水时，搭乘两栖战车、自行渡河器材和门桥，以及利用河流驳船和舰艇渡河。可使用直升机将分队送到对岸。

263.强渡应在不降低进攻速度的情况下实施。为此，必须：在向江河前出之前要制订计划并严密进行强渡准备，提前对江河和在江河上的防御之敌实施侦察；在宽大正面上突然并迅速地强渡江河；灵活指挥在渡口的分队。

通常在行进中强渡江河，在分队接近江河之前还要进行渡河准备。在此条件下，以营（连）实施进攻的战斗队形渡河。

行进中渡河中断时，实施强渡要在主力在江河附近展开并经过大约8个小时的短期补充准备或全面准备后进行。根据形势条件，强渡可从与敌直接接触的位置或从纵深行进间进行。

264.从行进间强渡江河时，营可以被指定为兵团（部队）的先遣支队或前卫行动。

先遣支队用来赶在敌人之前到达江河，夺取并坚守桥梁、利于渡河地段的渡口和桥头堡，夺占距离江河2—4千米处的地线，目的是保障架设桥梁，并使敌不能从地面观察所对渡口实施观察。

作为前卫行动的营的任务通常是在通往江河的接近路上消灭敌人，保障主力向江河无障碍通行，与兵团的先遣支队协同歼灭在对岸的敌人，并坚守地线。

作为先遣支队前方尖兵行动的连的任务是在通往江河的接近路上消灭敌人，从纵深行进间强渡江河，消灭在对岸排支撑点上的敌人，并夺占保障先遣支队（前卫）主力从纵深行进间强渡江河的地线。

作为先遣支队（前卫）行动的营，除了通常的兵力兵器外，还可配属自行渡河登陆工具。

265.在旅（团）主力编成内行动的营，当强渡江河时，为其指定强渡地段，包括基本和预备渡口；为连指定渡口（基本和预备的）。当强渡随着旅（团）主力在江河附近展开时，直接在江河附近或一定距离上为营指定渡河初始地区。营（连）在主力编成内行动时，按上级计划构筑渡河地段（渡口）。

在强渡地段组织轻舟渡、轮渡、坦克徒涉或水下渡河。根据渡河器材的数量、江河的特点和规定的营（连）渡河序列来明确渡口的数量和种类。

为有组织地强渡江河，要为营（连）指定：（一般情况下）在1—2千米处的强渡出发地线；而在江河边占领出发地区时，出发地线距水边线100—300米。渡河登陆工具的乘载（装载）地区和坦克密封地区，在距江河5—6千米的隐蔽处；而当占领强渡出发地区时，直接在江河边或更近的地方渡河。

为在营渡河地段保持规定的渡河序列，在渡口，要从工兵分队指挥员中指定渡口指挥长；在坦克水下渡河的渡口、徒涉渡口和分队搭乘两栖战车的渡口，要从渡河分队军官中指定指挥长。

直接在江河附近准备坦克、步战车、炮兵和实施直瞄射8击的反坦克火器的阵地。

渡河开始时间（"Ч"）从两栖战车、第一梯队渡河分队入水时算起。

266.强渡江河时，对敌实施火力毁伤分以下几个阶段：渡河和部队进攻的火力准备；渡河和部队进攻的火力支援。

渡河和进攻的火力准备在规定的时间开始。火力准备的持续时间和部署要考虑到对敌毁伤的射击任务的总体完成情况，并根据江河附近部队展开所需的时间、江河的宽度，及对岸敌防御前沿到水边线的距离来明确。

渡河和进攻的火力支援开始于：强渡狭窄的江河时，分队到达渡河初始地线时；强渡中等和大型江河时，强渡开始的时间（"Ч"）。在独立地段上，强渡大型江河时，敌防御前沿被推到距水边线很远时，渡河火力支援、进攻火力准备和对进攻部队火力支援可单独计划和实施，并在敌防御部署的全纵深实施。

267.组织进攻时，从行进中定下强渡江河的决心。接近江河时，依据当前情况，在侦察情报和战斗警戒分队及第一梯队分队战斗结果的基础上修订决心。

在渡河决心中，营（连）长除了共同的问题外，还要明确：歼灭在通往江河的接近路上和对岸的敌人的方法；剩下的分队的渡河方法和序列；向江河行进的路线和方法；武器和技术装备准备的方法。在主力编成内强渡时，额外确认旅（团）渡口构筑的地点和准备时间。

268.部署进攻战斗任务及强渡江河时，额外指明：

连（排）——接近江河、渡河期间和渡到对岸后的任务，基本和预备渡口的地点，坦克密封地区，自行渡河登陆工具装载人员和武器的地点，渡河初始地线和通过时间。

炮兵、榴弹发射器和反坦克分队——强渡江河和在对岸战斗时支援各分队的任务，以及射击阵地、开火的准备时间和渡河序列。

配属的工兵分队——对渡口位置的工程侦察，构筑和维护渡口，向渡口行进路径的准备，以及向江河行进时渡河登陆工具的位置。

269.按照任务、地线、时间和执行任务的方法，在进攻的全纵深组织协同。

进攻时强渡江河，组织协同，营长除了通常的问题外，还要协调：

对江河侦察及渡向对岸时，侦察机构、战斗警戒分队和炮兵分队的行动；

向江河行进时，歼灭在通往江河的接近路上和对岸的敌人时，第一梯队、第二梯队（合成预备队）和炮兵分队的行动，其中包括搭载第一和后续航次渡河登陆工具的地点和时间；

技术保障分队和后勤分队向对岸渡河的方法。

特别注意不允许在渡口前积聚分队。

270.为组织强渡江河，营司令部依据营兵力兵器按渡口的分配情况制订渡河计划表。

当营（连）准备强渡江河时，除了通常的措施外，还要进行战斗装备以及人员水下渡河和漂浮渡河的准备。准备强渡大型河流时，如果时间充裕，分队所有人员要进行驾驶战车漂浮的训练。

271.营侦察机构在向江河行进时要查明敌在对岸的占领情况、桥梁渡口和徒涉场的数量和状态，以及构筑登陆渡口、轮渡口和坦克徒涉及水下渡口最便利的地点。没有敌人时，他们自行向对岸渡河。根据侦察情报，营长确认渡河地点和使用配属的渡河器材的方法。

战斗警戒分队向江河行进时，在己岸占领有利地线，并以行动保障主力向江河推进。

272.作为先遣支队行动的营，不卷入在通往江河接近路上的战斗，急速向江河推进，与战术空降兵协同或自行夺取桥梁、渡口和渡河的有利地段。

在到达江河前，两栖战车进行渡河准备。此时，要特别注意舱口盖、射孔、门封闭的紧密性，以及排水泵的完好性、溢水塞的数量和封闭的紧密性。车内人员穿上救生衣。坦克水下渡河准备在渡河出发地区进行，并在坦克密封地区完成。

先遣支队和前卫的炮兵占领发射阵地，保障部队行进，并进行先遣支队、前卫渡河和进攻的炮火准备与支援。使用航空兵打击和炮兵火力以及直瞄射击的火器的火力消灭在对岸的敌人。

第一梯队所有兵力同时在选定的地段开始强渡江河。

首批搭乘渡河登陆工具渡河的分队，武器和技术装备的装载及人员的乘载在隐蔽的地点进行，从那里可急速向江河前出，并向对岸渡河。后续航次的武器和技术装备的装载及人员的乘载在水上进行。

强渡江河时，坦克利用徒涉场、桥梁、门桥或在水下渡河。坦克的水下渡河在摩步分队夺占对岸并对江河详细侦察后进行。渡过江河后，坦克分队急速向自己的方向前出，并完成赋予的任务。

配属给营的炮兵和高射分队，以及迫击炮（炮兵）连、反坦克和榴弹发射器分队搭乘水陆两栖车辆和渡河登陆工具渡河，其能保障支援和掩护在对岸的营的进攻的连续性。此时，首先渡河的是反坦克兵器和自行炮兵。

搭乘两栖战车和渡河登陆工具夺取桥梁的先遣支队，使用航空兵打击、使用炮兵火力强渡江河，夺取在对岸的地线，并坚守到主力到来。如果在先遣支队行动方向上机降了战术空降兵，则营应迅速与其联系，并与空降兵协同完成赋予的任务。

作为前卫（前方尖兵）行动的营（连）消灭掩护通往江河接近路的敌人，并向江河行进，条件有利时，从纵深行进间强渡江河，并在对岸发展进攻。如果从纵深行进间强渡江河不顺利，则前卫（前方尖兵）使用自己的火力杀伤敌人，并用主力保障其强渡。

273.武器和技术装备搭乘渡河工具的次序、两栖战车和坦克水下渡河的渡口由渡河分队指挥员明确。

连长从部署在出发岸或直接在分队战斗队形后转移的指挥观察所指挥两栖战车渡河。

营长从位于出发岸的指挥观察所指挥坦克沿深的徒涉场渡河，或水下渡河。

274.在旅（团）主力编成内行动的营，利用先遣支队（前卫）和战术空降兵的战果，沿他们夺取的徒涉场或搭乘渡河登陆工具（摩步分队还搭乘步战车、装甲输送车；坦克分队在水下渡河）接近并立即强渡江河，从纵深行进间对敌冲击，向纵深发展进攻，并与旅（团）其他分队协同消灭敌人。

在先遣支队（前卫）没有行动的地段上执行任务的营，通常在渡河和进攻火力准备后，在坦克和从己岸实施直瞄射击的其他火器的火力的支援下，从纵深行进间强渡江河。

275.兵团（部队）第二梯队（合成预备队）的营（连）按上级信号开始向江河行进，并在规定时间向对岸渡河。

276.在主力直接在江河附近展开的同时实施渡河时，在旅（团）第一梯队编成内行动的营（连）在隐蔽的地点登上步战车（装甲输送车）、自行渡河登陆工具，并在渡河和进攻火力准备期间向江河行进。根据渡河开始的时间（"ч"）和从装载点到水边线所需的时间，营长下达开始行进的信号。分队急速向江河行进，在炮兵和其他火器的火力支援下在规定时间渡河，一刻不停地向敌防御纵深发展进攻。

277.冬季，可在冰封的渡口强渡江河。如果冰的厚度不允许坦克、步战车（装甲输送车）和其他重型装备在冰上通过江河，那么摩步分队以徒步队形最先渡河。武器装备在冰层加强后或沿在未结冻的水面设置的渡轮、轻舟渡，以及沿夺取的桥梁向对岸渡河。除此之外，当条件有利时，坦克可沿深的徒涉场渡河，有时在水下强渡江河。

在剧烈的流冰时期，通常沿夺取的桥梁渡过江河，分队通过空中运输。

278.营技术保障和后勤分队，以及摩步分队的汽车搭乘渡河登陆工具、门桥及沿桥梁在炮兵分队后渡河。

伤病员渡向己岸，使用卸载分队后返回的渡河登陆工具渡河，必要时可专门为此派出渡河工具。

六、夺占居民地

279.通常，在行进间夺占居民地。在居民地方向上行动的营（连），从纵深行进间消灭在通往居民地接近路上防御的敌人，突入居民地，不停地向纵深发展进攻。如果从行进间夺取居民地不顺利，则由上级组织对其包围（封锁），并在全面准备后攻陷它。

280.在居民地，营通常在旅（团）编成内沿1—2条主要街道及毗邻的街区进攻，正面可达1千米。连沿一条街道或在街区内进攻。

在居民地进攻时，营（连）战斗任务纵深可以比通常条件下更小。当突击居民地时，营当前任务是夺取支撑点或1个（有时2—3个）街区。后续任务是在敌防御纵深夺占重要目标（街区）。

连当前任务是在敌支撑点内夺占建筑物（大型建筑物的一部分或几个不大的建筑物）。

在居民地进攻时，榴弹发射器和反坦克排（连反坦克班）、迫击炮连、炮兵营（连）、坦克、喷火分队大部分配属给连（排）。

在居民地进攻时，营（连）战斗队形通常成两个梯队。为夺取准备防御的居民地大型设施或重要目标，当有兵力兵器时，在营战斗队形中可建立突击群，编成可达一个加强摩步连。

281.营长提前在大比例尺地图（计划、照片）上研究居民地、敌防御特点，并组织侦察。

当定下在居民地进攻的决心时，营（连）长除了通常的问题外，还要明确最重要的地区、首先要夺占的目标（建筑物）、突击组编成，根据建筑物、设施和其他目标的建造特点明确火力杀伤敌人的方法。

给战斗队形各要素（分队）部署任务时，除了通常的问题外，还要指明：

第一梯队分队——首先必须夺占的目标；当有敌反冲击威胁和敌留在其后方的兵力行动威胁时应当巩固的目标。

第二梯队分队（合成预备队）——肃清敌人和巩固夺取的建筑物（目标）及掩护翼侧、消灭留在第一梯队分队后方的敌人的方法，派出的兵力。

炮兵分队——派出火炮到突击群的编成，破坏建筑物、石制围墙和街垒的任务。

当给突击群部署战斗任务时，营长指明：加强的火器及其转隶的方法；攻击目标；按突击目标的各阶段集中主力的方向；第一梯队、第二梯队分队和由上级火器完成的突击群任务；准备时间。除此之外，还可指明：攻击的行进路线和突击的初始位置；配属给突击组的分队、兵力兵器的使用方法。

组织协同时，营长要最周密地协调第一梯队、第二梯队分队、炮兵和突击群的行动。

282.当分队向居民地接近时，炮兵压制和消灭在支撑点上、通往居民地的接近路上和居民地郊区的敌人。在分队向居民地郊区前出时，炮兵对在支撑点纵深的建筑物和其他设施转移火力，并阻止敌预备队向攻击目标靠近。

营（连）利用敌防御的间隙和占领的薄弱地段，以及火力杀伤结果，从纵深行进间向居民地突入，沿街道进攻，连续夺占建筑物和街区（重要目标）。

坦克和喷火手通常在摩步分队战斗队形内或在其后行动，并以自己的火力首先消灭在地下室、建筑物低层和其他掩蔽所的敌人。步战车（装甲输送车）紧随坦克由一个掩体向另一个掩体转移，使用火炮和机枪的火力消灭阻止坦克和己方分队行进的敌人。

为了掩护翼侧、抗敌反冲击，以及封锁独立固守的建筑物，营（连）长可派出警戒哨，而主力继续发展进攻。

283.营技术保障和后勤分队通常部署在居民地之外或居民区周边。武器、军事装备的后送，修理工具，装有必需数量的导弹、弹药和油料的运输工具，以及营医疗所可向居民地转移。技术观察所在尽量靠近第一梯队进攻的连的街道上展开。为寻找和搬出（运出）伤员，除建制内的兵力兵器外，还可建立卫生担架兵组。

284.当使用突击手段夺占居民地时，营（连）可作为突击支队行动。可为突击支队加强坦克、火炮、迫击炮、反坦克导弹系统、榴弹发射器、喷火器，以及工兵分队和辐射、化学、生物防护分队，提供其爆破装药、发烟器材和喷火燃烧器材。突击支队指挥机构编成内可以包含前线航空兵引导员。

突击支队战斗队形通常包括2—3个突击群、预备队、掩护组、火力支援组、排障组。为破坏特别坚固的目标（建筑物），可建立破坏组。

突击群夺占攻击目标或部分目标。通常，它编成为一个加强摩步连（排）。

预备队用来加强突击群或掩护组，发展战果，以及完成其他突然出现的任务。可指定约一个排作为突击支队预备队。

掩护组用来固防夺取的目标，掩护突击支队的翼侧和后方。其编成可达一个连。

火力支援组以火力支援突击组行动。在其编成内可以有炮兵分队、坦克分队、高射分队，及榴弹发射器手、机枪手、狙击手和喷火手。

排障组用来在敌防御前沿前障碍物中开辟通路，爆破突击目标的围墙，对目标排雷，及完成其他任务。其编成包含配属的工兵分队。

突击群战斗队形可包括以下小组：夺取小组、指挥和火力支援小组。

夺取小组以摩步排（班）为基础组建，用来消灭在突击目标内的敌人，并夺取目标。其编成内可包含喷火手。

指挥和火力支援小组包含步战车（装甲输送车）、坦克、火炮、迫击炮，以及榴弹发射器分队、反坦克分队、喷火分队，用来指挥夺取小组的行动，对掩护攻击目标、目标内的敌火器和有生力量实施射击。

285.突击支队（突击群）指挥员在组织行动时，要仔细研究敌防御特点，特别是火力配系和从相邻建筑物对分队的翼侧实施射击的可能性、最有利的接近路、障碍的数量和特点，制订意图，定下决心，部署战斗任务和组织协同。

在意图中，按照完成赋予的任务的各阶段，明确：集中主力的方向；执行任务的方式方法（接敌、克服障碍、夺取和固防攻击目标的方式方法；在通往目标的接近路上、在目标内部火力杀伤敌人的方法；禁止敌人从其他方向向目标突破的指示，其中包括利用地下管线）；兵力兵器的分配（战斗队形的配置）；在战斗准备和战斗过程中保障隐蔽性。

286.部署战斗任务时，突击支队（突击群）指挥员指明：

突击群（夺取小组）——加强的兵器和它们转隶的方法；攻击目标；按照行动的各阶段集中主力的方向；掩护组、火力支援组、排障组和上级火器完成的任务；准备时间。除此之外，还可指明：向攻击目标的行进路线和突击的初始位置。

预备队——编成；初始阵地；必须准备完成的可能的任务；准备时间。

掩护组——编成；固防夺取的目标和禁止敌预备队向目标突破的任务，其中包括利用地下管线；初始位置；准备时间。

火力支援组（小组）——编成；支援突击组（夺取小组）、掩护组和排障组行动的任务；初始位置和射击阵地（射击地线）位置；准备时间。

排障组——编成；在攻击目标前障碍物中开辟通路的位置和时间；爆破目标围墙（结构要素）和排雷的任务；初始位置；准备时间。

287.组织协同时，营（连）长协调：分队向攻击目标行进的方法，其中包括利用隐蔽的接近路和地下管线；当攻击（突击）目标和在目标内战斗时的分队行动；与友邻协同的方法、禁止敌预备队接近和实施反冲击的措施；保障突击群（夺取小组）翼侧；在分队后方与敌破坏侦察组斗争的方法；识别己方部队的方法，在被攻击目标内部标记己方位置的信号和其他问题。

288.在突击目标前，突击支队所有火器参与对目标进行火力杀伤。突击支队（突击群）此时占领初始位置，尽量靠近攻击目标，并在规定时间转入攻击。

火力支援组（小组）的火器消灭在攻击目标和相邻目标内的敌人，而突击群（夺取小组）利用墙上的豁口、地下管线、交通壕、通道、建筑物的突出部，向目标行进，并在规定的时间在所有火器火力和烟幕的掩护下突入目标。通过建筑物内的窗户，用手榴弹对火力点、有生力量进行急速攻击。

突入建筑物后，突击群（夺取小组）夺取并固防楼梯护栏和楼梯台，肃清邻近房间的敌人，竭力切断敌兵力，使敌分队丧失相互之间联络和帮助的可能性。

在摩步分队突入攻击目标前实施火力支援，然后火力向其他目标转移，以隔绝被攻击的目标。大型建筑物内的战斗在各楼层被分成孤立的战斗。

突击支队编成内的工兵分队在墙壁和层间楼板打通通道，必要时对夺取的建筑物排雷。

营（连）夺取建筑物或街区后，继续对后续建筑物和街区进行战斗，完成赋予的任务。使用掩护组和预备队消灭单独的反抗源和小股敌人。对特别坚固的永备射击工事，要与防御它们的驻防军一起实施封锁并爆破。使用掩护组固防夺取的重要建筑物和街道交叉口。要守卫或破坏地下管线的出口。

七、在海军陆战队内的行动

289.营（连）可在海军陆战队第一（第二、后续）梯队编成内行动。配备两栖战车的摩步营通常被派到第一梯队，还可以作为先遣支队行动。

除此之外，配备两栖战车的摩步营可以在海军陆战队内自行行动以协助沿海岸进攻的部队。

先遣支队用来夺取登陆点，并保障海军陆战队第一梯队投入战斗，目的是建立登陆基地。先遣支队建立的登陆点应确保敌人不能对登陆工具进行炮兵的直瞄射击，通常正面应不小于2—3千米，纵深不小于3—5千米。

海军陆战队第一梯队用来夺占海岸地段，夺取并固防海岸登陆场，向纵深发展进攻，保障第二（后续）梯队的登陆和展开。第一梯队建立的登陆场，应排除敌对搭载第二梯队部（分）队的登陆工具的直瞄炮兵射击，通常正面应不小于6—10千米，纵深不小于10—15千米。

陆战队第二（后续）梯队用来增强第一梯队力量，从而达到海军陆战队登陆的最终目标。

290.为了在海军陆战队内登陆，为营指定：基本和预备乘载（转载）点，登陆（卸载）点宽约2千米。

为在先遣支队内行动的营指明当前和后续任务，以及后续进攻方向；为陆战队第一（第二、后续）梯队营（连）、登陆突击组指明当前任务和后续进攻方向。

在先遣支队内行动的营的当前任务是消灭第一梯队连支撑点内的敌人，并夺占支撑点；后续任务是与战术空降兵协同在营防御地区纵深歼灭敌人，保障陆战队第一梯队登陆和投入战斗。

指定后续进攻方向，与第一梯队协同能保障完成夺占登陆基地的任务。

陆战队第一梯队营当前任务是与先遣支队、战术空降兵和友邻协同夺取并固防登陆基地，歼灭在防御纵深内的敌人。指定后续进攻方向，使其能保障完成旅（团）的后续任务。

陆战队第二梯队营的当前任务是与第一梯队协同在抗登陆防御的纵深歼灭敌人，并夺占能保障完成旅（团）后续任务的地线。指定后续进攻方向，使其能达到陆战队最终的登陆目标。

登陆突击组当前任务是消灭在登陆点的敌人，夺占能阻止敌人对先遣支队主力实施轻武器瞄准射击的地段，并保障主力登陆。指定后续进攻方向，使其能保障完成先遣支队的当前任务。

为协助沿海岸进攻的部队而登陆的营，其当前任务是消灭在登陆点的敌人，夺占沿岸目标（地线）并坚守，直到沿海岸行动的部队到来。

291.当在海军陆战队内行动时，营（连）的战斗队形通常成一个梯队。从在先遣支队内行动的营中派出登陆突击组，编成可达一个加强连。

292.海军陆战队通常在无装卸设备的海岸登陆，有时直接在敌港口登陆。登陆可采用"岸岸"方式（部队无须从运输工具向登陆工具转载）、"舰岸"方式（部队从运输工具向登陆工具转载），以及混合方式（陆战队第一梯队采用"岸岸"方式使用登陆舰登陆，而第二梯队和后续梯队采用"舰岸"方式）。

第一梯队摩步分队及加强分队通常乘登陆舰登陆，其余的搭乘登陆舰、运输舰，有时搭乘战斗舰艇航渡至登陆地区。配备两栖战车和个人漂浮器材的分队以及接受过海上行动训练的分队，当气象水文条件有利时可自行渡过不大的海域。

293.陆战队在海岸登陆和实施战斗行动时，火力杀伤包括在海岸对登陆的火力准备和对陆战队行动的火力支援。按照上级决心，预先准备好从登陆舰上实施射击的营火器可参与登陆的火力准备。

294.营（连）长受领在海军陆战队内行动的任务后，确认海军陆战队和已方分队的任务，上级意图，登陆和夺取登陆场战斗时使用火器杀伤的对象（目标），行动方向上战术空降兵的情况及与其协同、与航空兵、上级兵力兵器协同的方法，以及保障登陆的方法、乘载（装载）的准备时间。

如果营为了沿海岸进攻的部队而实施登陆，营长另外还要确认与海军陆战队联合的部队的任务，及与其协同的方法。

判断情况时，指挥员除了通常的问题外，还要明确：敌抗登陆防御的特点和登陆点地区的地形特点及当前行动的特点，在水中和岸边的障碍情况，克服障碍的方法。除此之外，确认营乘载（装载）的地点和方法，为掩护登陆点而实施战斗的方法和登陆顺序；研究渡海和登陆时的情况。

295.定下在海军陆战队内行动的决心时，营（连）长除了通常的问题外，还要明确：分队在登陆点和岸边指定地区消灭敌人的任务，建制分队和加强兵器登陆工具的分配，以及乘载（装载）和登陆（卸载）顺序。

296.当为战斗队形各要素（分队）部署战斗任务时，指明：

登陆突击组——加强的兵器和它们转隶的方法，在登陆点和后续行动时消灭敌人的任务，登陆（卸载）点，渡海登陆工具，乘载（装载）和登陆（卸载）顺序。

第一梯队连（排）——加强兵器和它们转隶的方法，在第一梯队连支撑点消灭敌人，夺占支撑点，以及后续行动时的任务，登陆（卸载）点，渡海登陆工具，乘载（装载）和登陆（卸载）顺序。

炮兵分队和其他火器——支援登陆和岸边战斗的任务，搭乘登陆工具的地点，乘载（装载）和登陆（卸载）顺序。

297.组织协同时，营（连）长协调夺取登陆点、登陆、克服抗登陆障碍的行动，如果运用空降兵，还要额外协调分队的行动，进行舰炮射击、航空兵打击和空降兵行动。

营分队在乘载（装载）前部署在待机地区，在那里完成登陆准备。

298.组织指挥时，除了通常的问题，营（连）长还要明确：营指挥观察所的人员和装备、建制和配属的搭乘登陆工具的分队的部署方法；在岸边登陆后他们展开的地点和时间；渡海和登陆开始时保持通信联络的方法。舰炮的校正哨和航行引导员指挥所通常与营长在同一个登陆工具上。

299.营司令部（连长）在组织战斗时，除了通常的问题外，还要进行分队乘载（装载）、登陆（卸载）和物资器材储备的计算。除此之外，在舰长指示的基础上，还要计算保卫舰艇和消除敌运用杀伤武器造成的影响所需的人员。

制订登陆计划时，要依据规定的时间（"ч"）——上级明确的陆战队先遣支队开始上岸的时间来计算时间。

300.营（连）完成战斗任务的准备，除了通常的问题外，还包括：分队乘载（装载）、登陆（卸载）和夺取登陆点的训练；排障组训练；武器装备和物资器材的装卸准备，以及坦克、水陆装备和渡河工具自行渡过水域的准备；研究在舰艇上的行为规范和为舰艇生存性而斗争的准则。

301.根据登陆舰停靠码头的顺序，按指挥员的信号，以分队纵队的形式向乘载（装载）点行进。

分队与加强兵器一起向登陆舰的乘载不破坏组织的完整性。武器装备和物资器材装载到舰艇上的顺序应与它们的卸载顺序相反。此时，装备的部署要根据其优先卸载参加战斗的情况而定。同一种类的货物，包括导弹和弹药，要部署在尽可能多的舰艇上。

从分队收到向登陆工具转载的命令到登陆结束，营（连）长转隶于营（连）渡海时搭乘的舰艇支队的指挥员。

302.渡海时，营（连）长根据新的关于抗登陆防御的侦察情报确认分队的战斗任务，并向分队传达，确认协同方法。登陆地区气象水文发生变化时，还要传达气象水文资料。

303.在通往登陆点的航路上，海上地雷障碍物中的通路和在浅水区抗登陆障碍物中的通路，通常使用上级兵力兵器在登陆火力准备期间开辟。

使用陆战队工兵分队在岸边开辟通路，在防御前沿前在沿岸地带使用上级兵力兵器开辟。

304.海军陆战队在规定的时间"Ч"开始登陆，当先遣分队到达敌岸时，登陆应在短期内以最大速度实施。

登陆舰在舰艇火力、航空火力支援和打击的掩护下，沿开辟的通道开往对岸。

在先遣支队内行动的营长，在登陆运输工具接近登陆点时，确认分队的登陆地点和方法以及在岸上的任务，并确认火器压制抗登陆防御的任务。

登陆突击组利用航空打击和舰炮火力登岸，攻击在登陆点的敌人，并夺占能保障营的分队登陆、展开和攻击的地线。

营各分队在航空兵、舰炮和己方火器火力以及登陆突击组行动的掩护下，搭乘步战车（装甲输送车）、快速登陆工具开往对岸，登岸，展开成战斗队形，转入冲击，消灭敌人并夺取在纵深的能保障陆战队主力登陆的登陆点。然后，营与陆战队第一梯队的分队协同，扩大夺取的地段，并继续完成在岸上的任务。

305.当陆战队以"岸岸"方式登陆时，第一梯队主力直接在先遣支队后登陆。陆战队分队准备登陆，武器装备解除固定，火器做好准备。

两栖战车在登陆舰接近登陆点前可以下水，并自行开往岸边。在此情况下，登陆舰及直接向岸登陆的分队在两栖战车后向登陆点靠近。

假如登陆舰不能紧随其后靠岸，则分队在浅水区下水。坦克、火炮和其他非两栖装备卸载在深度和海底土质允许它们自行向岸边行进的地方。

陆战队第一梯队分队登陆后，不能积聚在沿岸地带，要立即转入冲击，消灭在岸边的敌人，并向纵深发展进攻，保障陆战队剩下的兵力登陆和展开。

在空降兵战斗行动地区方向上进攻的分队，要立即与空降兵联合，并继续共同完成战斗任务。

当形势条件不利时，登陆的陆战队可转入防御，以固防夺取的登陆场及确保补充力量的集中，随后转入进攻。当陆战队登陆不顺利时，按照上级决心，登陆兵力对陆战队的部队进行后送。

306.营（连）指挥观察所与先遣分队一起登陆。营（连）长和司令部确认情况，加强侦察，必要时修订登陆分队的任务和剩余兵力兵器的登陆方法。

登岸后，营（连）长确认情况、分队的任务和协同方法，采取措施迅速发展战果，消灭在第一梯队支撑点上的敌人，并与空降兵确认协同问题。当先前定下的决心变化时，与上级协调，与上级共同确认舰艇火力支援的任务和营（连）分队的任务。

307.海军陆战队在多礁地区的战斗可分为许多营的分队夺占独立岛屿和岩岛边缘的战斗。此时，登陆点比通常情况下要小。在多礁地区的进攻就是从纵深行进间强渡江河，此时，每一个夺占的岛屿可用作夺取下一个岛屿的支撑点。

当不能夺取岛屿时，从夺取的相邻岛屿上使用陆战队火力、使用舰炮和航空打击来封锁在岛上的敌人。利用渡河工具和两栖装备对岛屿实施迂回。要使用专门指定的兵力兵器消灭岛屿驻防部队。

八、追击

308.追击可在进攻发展顺利时、在预计敌撤退的情况下实施，目的是歼灭撤退之敌，阻止敌人在纵深有利地线上有组织地转入防御。

追击可从正面或沿与敌撤退方向平行的路径实施，同时迂回敌人营翼侧，以部（分）队的行动拦截敌撤退路径，也可采取复合方式，同时从正面和沿平行方向实施。

309.在敌撤退开始时，营开始追击敌人，通常按指挥员决心自行实施。连通常在营的编成内追击敌人。营长向旅（团）长报告转入追击的情况，并通报友邻。

310.在追击过程中，根据形势和追击方式，营以战斗队形、临战队形或行军队形行动。此时，要预见性地派出比通常条件下更多的侦察机构和战斗（行军）警戒机构。

搭乘汽车的摩步分队人员以坦克载员的方式追击敌人或搭乘汽车在坦克掩护下追击敌人。

311.营长在发展进攻过程中组织追击敌人。收到敌人准备撤退（开始撤退）的情报时，营长在不停止进攻的情况下，定下追击并打乱敌试图有组织地（实施）撤退的决心。

在追击意图中，营长要明确：集中主力的方向（敌人的哪些分队，为打乱敌有组织的撤退首先在何处歼灭敌人）；追击的方向和方式；歼灭撤退之敌的方式（哪些敌人，何处，以什么样的顺序，如何歼灭，什么样的火力杀伤方法）；兵力兵器的分配［战斗（临战、行军）队形的部署］。

在全面保障的主要问题中，还要补充明确（确认）：侦察机构和战斗（行军）警戒机构行动的方法；克服撤退之敌建立的障碍和破坏的方法。

定下决心后，营长给侦察机构、战斗（行军）警戒机构和分队部署任务，并确认（必要时组织重新开始）协同方法。当给连队部署任务时，营长指明：追击方向，在哪儿消灭什么样的敌人，向哪些地区或哪些地线在什么时间内前出，后续行动的方法。

312.利用战车的高通行能力，营（连）能急速沿平行路线绕过撤退的敌人，到达敌撤退的路径上，并从翼侧和后方以决定性的攻击，结合火力伏击行动，与从其他方向行动的分队协同消灭敌人。

当不能沿撤退之敌平行方向的路径追击敌人时，营（连）消灭掩护分队，向敌主力突破，并在行进间与友邻协同对其冲击。在追击过程中，通常绕过碰到的支撑点和伏兵，通过向一侧和后方的攻击来消灭在其中的防御之敌。

313.如果敌人顺利脱离追击分队并在中间地线组织防御，营长组织行进间或短暂的火力准备后夺取地线。为此，在独立方向行动的分队广泛采用迂回和包围，以从正面、翼侧和后方同时发动攻击，从纵深行进间或在短暂（短期）的准备后，夺占敌支撑点，并不停地继续进攻。

当敌人进行顽强反抗时，营各分队应牵制敌人，开始与其直接接触，并保障旅（团）主力的展开。

九、脱离主力时的行动

314.摩步（坦克）营（连）可在脱离主力时在先遣（奇袭、迂回）支队和前卫内行动，当克服核地雷障碍进攻时，可作为特种支队行动。

315.派遣先遣支队掩护主力的行进并转入进攻；在敌防御纵深内夺取、坚守重要地线（目标），并保障主力行动；夺取登陆场、江河渡口、渡河的有利地段和完成其他任务。

派出前卫掩护旅（团）主力行进并转入进攻，消灭在保障地带（掩护区）防御的分队、撤退之敌、掩护通往江河接近路的敌人，禁止敌实施侦察，及完成保障旅（团）主力行动的其他任务。

316.营长在进攻准备过程中定下在先遣支队（前卫）内掩护主力行进和转入进攻的行动决心，而夺取和坚守重要地线（目标）的决心在发展进攻过程中定下。

先遣支队指挥员在企图中按完成赋予的任务的各阶段明确：集中主力的方向（任务、地线、目标）；执行任务的形式和方法［选定的向指定地线（目标）行进的方案］；兵力兵器的分配［战斗（战前、行军）队形的部署］；准备和执行任务过程中确保隐蔽性。

前卫的指挥员在企图中按完成赋予的任务的各阶段明确：集中主力的方向（任务、地线、目标）；执行任务的形式和方法（哪些敌人，何处，以什么顺序，如何歼灭，按照任务和可能与敌遭遇的地线实施行动的方法）；兵力兵器的分配［战斗（战前）队形的部署］；准备和执行任务过程中保障隐蔽性。

317.进攻开始时，在先遣支队（前卫）行动的营提前向与敌直接接触的战线（在部队行动前占领的阵地）或距防御前沿2—4千米的地线行进，准备抗击敌可能的打击，并完成保障主力有组织地行进、展开和突入战斗的任务。

克服敌保障地带（掩护区）或敌实施机动防御时，先遣支队在航空兵和主力炮兵的支援下，迂回防御之敌的阵地；不能迂回时，对单个的分队实施毁伤，不陷入持久战，经过出现的缺口向敌主要防御地线推进，以从纵深行进间夺取独立的地段。当不能从纵深行进间夺取地段时，营占领有利阵地，坚守直到主力的到来，特别注意翼侧，不给敌对展开和攻击的分队实施瞄准射击的可能。

在前卫行动的营通常以临战队形在先遣支队后行进，消灭迂回的敌掩护部队，并保障旅（团）主力的展开。

第一梯队分队展开成战斗队形后，在先遣支队（前卫）行动的营可作为第二梯队或合成预备队继续进攻，必要时在第一梯队内进攻。

318.发展进攻时，营长收到在先遣支队内行动的战斗任务后立即在行动方向派遣侦察（战斗侦察）巡逻队，尽可能快地制订企图，定下决心，通过通信工具给分队（兵力兵器）部署任务，下达协同、全面保障和指挥的指示。

319.先遣支队利用敌战斗队形中的间隙和对敌火力杀伤结果，迅速在指定方向行进，绕过在路上碰到的单个支撑点，而当不能绕过时，从行进中以冲击的方式消灭敌人。先遣支队行进通常在行军警戒的掩护下以临战队形实施。快速夺取指定地线后，先遣支队坚守到主力到来。炮兵分队在先遣支队向指定地线（目标）接近时按营长的命令占领射击阵地，压制和消灭反抗之敌，保障先遣支队展开并支援其战斗。在指定地线没有敌人时，营经旅（团）长的批准，继续向前行进，在敌人之前夺取后续地线。发现核化攻击武器、察打一体系统地面要素时，营长要在不停止遂行赋予的战斗任务的情况下采取措施立即消灭它们。

320.派遣袭击支队扰乱敌指挥、防空和后勤体系；牵制敌第二梯队（预备队）；封锁有危险的行进路线和可能的撤退路径，破坏交通；使敌兵力兵器放下要完成的主要任务；给予心理帮助。

收到在袭击支队行动的战斗任务时，营长立即在行动方向上派遣侦察（战斗侦察）巡逻队，尽可能快地制订企图，定下决心，给分队部署任务，下达协同、全面保障和指挥的指示。

在企图中，按照完成赋予的任务的各阶段，明确：集中主力的方向（任务、地线、目标）；执行任务的形式和方法［选定的向指定地线（目标）行进的方案，什么样的敌人，何处，以什么顺序，如何歼灭和后续行动方法］；兵力兵器的分配［战斗（战前、行军）队形的部署］；确保准备和执行被赋予的任务期间的隐蔽性。

321.袭击支队要善于运用敌防御中暴露的翼侧、间隙和弱点，快速、隐蔽地向预定地线（目标）行进，以行进间突然、勇猛的冲击消灭敌分队（目标）。袭击行动通常沿不同方向进行，对敌目标实施连续打击。袭击行动可发生在短期的火力准备之前。

在一个方向完成任务后，袭击支队快速、隐蔽地向新的方向为后续打击实施机动。袭击支队以行军队形或临战队形在行军警戒的掩护下向新的方向转移。袭击支队仅为消灭（夺取、损坏）敌目标而展开成战斗队形。

322.派遣迂回支队通过对防御之敌一侧和后方实施打击来协助从正面进攻的主力夺占重要地形地段。

收到在迂回支队行动的战斗任务时，营（连）长立即组织对在行动方向上的敌人和地形以及执行任务的地区实施侦察，不停止进攻，尽可能快地制订企图，定下决心，通过通信工具给分队（兵力兵器）部署任务，下达协同、全面保障和指挥的指示。

在企图中，按照完成赋予的任务的各阶段，明确：集中主力的方向（地线、地形地段）；执行任务的形式和方法（选定的机动种类，向指定地线的行进方案，什么样的敌人，何处，以什么样的顺序和如何歼灭，后续行动方法）；兵力兵器的分配［战斗（战前、行军）队形的部署］；确保准备和执行被赋予的任务期间的隐蔽性。

组织协同时，营（连）长除了通常的问题外，还协调：支队的分队与主力和战术空降兵的行动，与他们相遇的地线，相互识别的信号。

323.迂回支队利用隐蔽的接近路和敌战斗队形中的间隙，向敌防御纵深渗透，在目标地区夺占有利的地形地段，然后自行或与从正面进攻的分队或战术空降兵协同向敌一侧和后方实施冲击，夺占重要的地形地段（地线）。迂回支队的冲击可与主力分队（战术空降兵）的冲击同时或在它之前开始。

324.派遣特种支队消灭敌核化攻击武器和察打一体系统的地面要素。

收到特种支队行动的战斗任务时，营（连）长立即组织在指定目标的方向上对敌和地形实施侦察，不停止进攻，尽可能快地制订企图，定下决心，通过通信工具给分队（兵力兵器）部署任务，下达协同、全面保障和指挥的指示。

在企图中，按照完成赋予的任务的各阶段，明确：集中主力的方向；执行任务的形式和方式（选定的机动种类，向指定目标行进的方案，什么样的敌人，何处，以什么顺序和如何歼灭，后续行动方法）；兵力兵器的分配［战斗（战前、行军）队形的部署］；完成赋予的任务准备时和执行任务过程中保障隐蔽性。

325.营（连）利用敌战斗队形中的裂口、间隙和缺口，以及暴露的翼侧，快速隐蔽地到达指定地区，通常从不同方向以决定性的冲击消灭掩护分队，夺取并毁坏发射装置（火炮）和导弹（弹药）。摧毁敌核化攻击武器、高精度武器系统后，特种支队完成新的任务或到达旅（团）的行动地区。

326.当克服核地雷障碍物进攻时，在企图中，特种支队指挥员除了通常的问题外，还明确：在敌人地雷爆炸的情况下通过障碍区和破坏地区时分队的行动方法，为直接获取和销毁每个地雷的分队的编成、加强、配备情况，在战斗队形中的位置及他们的行动方法。

在分队中执行任务时，建立获取组和销毁组。获取组包括分队的基本编成、带扫雷具和推土装置的坦克，而销毁组包括工兵分队。

用来直接获取和销毁核地雷的分队，除了其他加强的兵力兵器外，还配属使用专门的技术器材的工兵排（班）和辐射、化学、生物侦察班。

当攻击核地雷的掩护阵地和战斗警戒阵地时，用来直接获取和销毁地雷的分队通常在营第一梯队连后行进，或与他们一起行动，攻击敌人。

营（连）利用敌战斗队形中的裂口、间隙和缺口，以及暴露的翼侧，快速隐蔽地到达指定地区，通常从不同的方向以决定性冲击消灭掩护分队，向核地雷配置地点行进，销毁它们并夺占指定地区。消灭核地雷掩护分队和战斗警戒分队后，获取组在障碍物中开辟通路，夺占核地雷的部署地区，到达距地雷设置位置的安全距离并封锁该地区，保障销毁组行动。销毁组对核地雷设置地点实施侦察，使其失效或将其销毁。

在敌人核地雷爆炸的情况下，在分队到达地雷的设置地区前，营长组织对放射性沾染和破坏地区实施侦察，并标识其边界。在侦察情报的基础上，营长定下迂回或通过该地区的决心，为开辟通路派出必要的兵力兵器。

十、特殊条件下的进攻

327.在北方地区和冬天准备和实施进攻时，要考虑到：地形的难到达特性，道路网的不发达；部队判定方位和伪装困难；恶劣的和不稳定的气候，漫长的冬天，极昼和极夜时间长；存在广阔的湖泊沼泽地域；大多数地区燃料短缺，前送物资器材困难。因此，要扩大构筑地区、地线、阵地等措施的规模，要采取措施给所有人员提供特殊装备，给分队配备高通行性的装备，并建立更高的物资器材储备。

328.营（连）可在旅（团、营）编成内进攻或独自在单独的方向进攻，也可用作迂回支队行动。沿可通行方向、沿道路和河流实施进攻。降低进攻速度。

在旅（团、营）编成内进攻的营（连）的战斗任务纵深比通常情况要小，而当在单独的方向进攻时比通常情况要大。

在北方地区通常从与敌直接接触的位置实施进攻。在部队可以行进和展开的地形上，可从纵深行进间实施进攻。此时，进攻初始地区的选择要比通常情况下更接近敌防御。

329.营战斗队形通常成两个梯队，当成一个梯队部署时，要建立预备队。连战斗队形成一个梯队，并建立合成预备队。第二梯队（预备队）的距离可比通常情况下小。

摩步营分队在难通行地形上沿道路或沿独立方向进攻时，迫击炮（炮兵）连以排为单位，而榴弹发射器分队和反坦克分队以班为单位配属给在最重要方向上行动的连（排）。

在难通行地形上行动时，通常将摩步分队和工兵配属给坦克营（连）。

330.当组织进攻时，营（连）长除了通常的问题外，还要明确：敌防御中暴露的翼侧和没有占领的间隙情况，可能伏击的地点；便于坦克和摩步分队行动的方向，进攻方向的方位角和克服难通行地段的方法；预防人员体温过低和冻伤的措施；武器装备和低温条件下个人防护器材的准备方法，以及为武器装备喷涂地形背景下的迷彩，为分队提供伪装（迷彩）服。

当从与敌直接接触的位置进攻时，营（连）长采取措施提前准备好出发地区（初始阵地），特别注意用雪构造战壕和人员取暖的掩蔽所。

在极夜条件下，营（连）长规定详细的指引，并建立照明器材的补充储备。在道路泥泞时期进攻时，采取措施提高车辆的通行能力，提前建立导弹、弹药、油料、干粮和医疗器材的补充储备，以及接收来自直升机和飞机的物资器材。

331.组织协同时，营（连）长要最详细地协调进攻分队、火器和向暴露的翼侧（结合部）的战斗警戒的行动，并协调相互识别、目标指示和判定方位的方法。

332.当沿可通行方向实施进攻时，分队以很大的间隔行动，此时，组织补充侦察和在翼侧的战斗警戒，特别是在极夜时期和其他能见度不良的情况下。

积雪很厚或有其他复杂情况，摩步分队的攻击可以徒步队形实施。此时，坦克在摩步分队战斗队形内或在他们后面进攻。在此情况下，步战车（装甲输送车）在坦克后行动，并以自己武器的火力消灭妨碍分队和坦克行进的敌人。在难以到达的方向上，坦克、步战车（装甲输送车）沿道路行进。

当积雪层很厚时，下车的摩步分队可乘雪橇进攻。此时，与平时相比，人员下车和穿戴雪橇要在更远的距离上进行。搭乘步战车（装甲输送车）攻击可在雪面冰层或在冰间进行。

战斗过程中，在敌防御纵深，摩步营（连）以及搭乘水陆坦克的坦克营，利用暴露的翼侧和湖泊，向敌专门掩护道路、隘口、山隘以及建立在居民地的支撑点的后方行进，并在炮兵和其他来自正面的火器的火力支援下勇猛地攻击敌支撑点。

在迂回支队内行动的营（连），利用敌战斗队形中的间隙和暴露的翼侧，隐蔽向防御纵深渗透，以突然的火力和冲击消灭敌人，夺取指定目标（地线）或以从后方的冲击协助从正面进攻的分队。在湖泊地区行动时，迂回支队向敌后方行进，搭乘水陆车辆强渡江河。

333.在丛林沼泽地带准备和实施进攻时，要考虑到：难以通行，地形封闭，存在大片沼泽地带；可供通行和机动的道路不足；判定方位、前送物资器材和指挥分队困难；毒剂可能长时间停滞，敌可能广泛运用各种障碍、树干鹿砦，还会纵火；土壤特性、季节、天气情况和其他条件的制约。此时，丛林沼泽地形有利于进攻部队的隐蔽接近和展开。

334.营（连）可在主力编成内或独立地作为迂回支队进攻。进攻主要沿道路、林间通道和泽间小径方向，结合迂回、包围和渗透组（以徒步队形行动的摩步分队）的广泛运用进行。进攻速度可以比平时更慢。营（连）战斗任务纵深要小，内容包括夺占重要的地形地段（林间通道、林间道路的交叉口、沟渠、隘口）。

335.为保障暴露的翼侧，要频繁派遣战斗警戒。可从第二梯队分队中派遣分队仔细巡察地形，并消灭伏兵、破坏侦察组和留在后方的敌人。

摩步分队以徒步队形进攻。坦克连以排为单位，而榴弹发射器分队和反坦克分队以班为单位配属给在集中主力方向上进攻的第一梯队摩步连（排）。炮兵营以连为单位配属给第一梯队连，而迫击炮连通常直属营长。

336.组织进攻时，营（连）长要补充明确：第一梯队分队进攻方向的方位角和其他判定方位、部队相互识别和标识到达地线（地区）的措施；克服（迂回）障碍和破坏的方法，以及沼泽地难以通行的地段、被林火和泥岩火包围的地区；消灭从树上射击的敌人和留在进攻部队后方的敌人的方法；沿泽间小径行进的方法，通过林中旷地、林间通道和从树林中出来的行动方法。营长通常在地图上为分队部署战斗任务。

组织协同时，营（连）长要特别详尽地协调正面进攻的分队夺取道路交叉口、林间通道湖间隘口、泽间小径和其他重要目标的行动，迂回支队的行动，以及相互识别、目标指示和判定方位的方法。

337.对在林边防御之敌冲击时，首先夺取树林的凸出部。夺占树林凸出部后，营（连）以决定性的向敌一侧和后方的冲击消灭在林边支撑点的敌人，然后急速向树林渗透，并沿可通行的方向发展进攻，保障自己的翼侧和后方。

在树林深处，营（连）在最窄的正面上从最近的距离上攻击敌人，通常绕过大的林间旷地、采伐迹地、鹿砦和火源。

为绕过和向掩护道路、林间通道、林中旷地和湖间隘口的敌支撑点一侧和后方攻击，营（连）长要派出必要的兵力兵器。

坦克在以徒步队形攻击的摩步分队战斗队形后进攻；步战车（装甲输送车）与坦克一起行动，并以自己武器的火力消灭妨碍坦克和摩步分队行进的敌人。摩步分队所有人员此时为坦克指示目标，消灭敌反坦克火器，并与工兵分队一起保障克服林中鹿砦和其他障碍。

通过派出战斗警戒、对有威胁方向加强观察、以梯形战斗队形部署以及在敌可能的伏击地点对树林进行仔细巡察来保障暴露的翼侧。

连长通常指定狙击手、自动步枪手和机枪手以消灭从树上射击的敌人。

338.夏天，在丛林沼泽地区，摩步分队人员可在与坦克和步战车（装甲输送车）没有火力联系的情况下以徒步队形进攻。在此情况下，坦克在作为搭乘坦克的载员或以徒步队形行动的摩步分队的保护下，步战车（装甲输送车）在己方分队部分人员的保护下，以临战队形沿可通行方向在进攻的摩步分队后或在他们一侧转移。到达战车行动的可通行地形时，迅速展开并以火力支援摩步分队的进攻。

339.在分队从树林出来之前，营长应提前组织对敌和对前方的地形实施侦察，以及为避免敌人突然射击而造成损失，重新部署战斗队形。

在投入战斗前，第二梯队通常以临战队形行进，与第一梯队的距离比平时小。

340.在山地地区准备与实施进攻时，要考虑到：起伏很大的地形；路网不发达；河流水位急剧变化的可能性；敌人建立的梯次防御、多次火力和障碍网；山崩和鹿砦形成的可能性；地域工程难以构筑和扫雷具难以运用的多石土质；在峡谷、深谷中毒剂的长时间停滞和山地的屏蔽作用；昼夜温差非常显著和空气稀薄。

341.营（连）可在主力编成内进攻或作为迂回支队行动。在山地地区沿山脊、峡谷和道路方向组织和实施进攻，并广泛运用迂回支队和战术空降兵。夺取道路枢纽、制高点、山隘和通道具有重要意义。

在山地地区进攻时，使用小股兵力沿独立方向实施打击是营（连）行动的根本。摩步营（连）应灵活运用山地地形的特点，并准备在与旅（团、营）主力脱离的情况下独立行动。对敌迂回和包围并结合从正面的进攻是营（连）在山地最有效的行动。

为在高山地区行动，应为分队保障山地装备。

342.第一梯队营当前任务是消灭在通往隘口（重要目标）的接近路上防御的第一梯队排支撑点上的敌人，并夺占这些支撑点；后续任务是发展进攻，与相邻的营协同消灭在第一梯队连支撑点上的敌人，并夺占他们的地线。对营要指明当前和后续任务，完成当前和后续任务后，需确定接下来的进攻方向。

第一梯队连当前任务是消灭在第一道堑壕防御之敌，并夺占堑壕。对连要指明当前和后续任务，完成当前和后续任务后，需确定接下来的进攻方向。

第二梯队连当前任务是与第一梯队协同消灭在第一梯队连支撑点纵深的敌人。对连要指明当前和后续任务，完成当前和后续任务后，需确定接下来的进攻方向。

第二梯队营当前任务是与第一梯队营协同消灭防御隘口（重要目标）的敌人，并夺占他们的地线。对营要指明当前和后续任务，完成当前和后续任务后，需确定接下来的进攻方向。

如果隘口（重要目标）由有限兵力防御，那么夺占它可以是第一梯队营的后续任务。在此情况下，第一梯队连的战斗任务纵深可增大。

343.当沿狭窄的山谷和隘口（峡谷）进攻时，营（连）战斗队形建立的纵深更大：在营里成2—3个梯队，在连里成2个梯队。战斗队形这样的部署可以用来保持进攻的高速度。要规定炮兵部队提前展开，在营第一梯队进入峡谷前做好开火准备。

第二梯队尽量靠近第一梯队分队实施转移。营（连）指挥观察所，以及营技术保障和后勤分队应靠近第一梯队连战斗队形。

344.根据敌防御的多层部署来实施对敌火力毁伤，组织毁伤在高地的反斜面，在峡谷、山洞、地下设施、狭窄处的目标和对象，按照通常条件下进攻的各阶段实施。

当敌多层防御部署时，同时对各层，特别是对部署在支撑点上邻接道路、进攻方向、隘口以及制高点上的对象和目标实施射击。杀伤低层的防御之敌的主要火器是用于直瞄射击的火器的火力，在第二层则是炮兵、迫击炮、坦克、步战车（装甲输送车）的火力。

炮兵由集中改为分散运用（按照"炮兵连—连"的原则配属给合成分队）。

为召唤航空兵，可向营派出领航员指挥所。

345.在山地地区组织进攻时，营（连）长要额外研究敌各层的火力配系，标出敌伏击的可能地点、有利于己方实施迂回和包围的坦克和摩步分队行动的方向。

在决心中，营（连）长除了通常的问题外，还要明确：夺取隘口、隧道、通道、道路枢纽和其他重要目标的方法；实施迂回（包围）的分队的任务，他们与从正面进攻的分队或与战术空降兵协同的方法；确保克服难以到达的地形地段、掩护翼侧和后方、消灭敌伏兵、与敌破坏侦察组斗争、判定方位并保持方向、保障稳定的通信、标识进攻分队的位置等的措施；

346.组织协同时，营（连）长要补充协调并确认：火力杀伤在隘口（目标）的敌人的方法；实施迂回（包围）的分队和从正面进攻的分队的行动方法，以及夺占隘口（重要目标）时炮兵的行动方法。

347.在难以到达的地段，摩步分队通常以徒步队形攻击敌人。此时，反坦克分队、榴弹发射器分队和高射分队可加强给摩步连。

在难以到达的地形上，坦克在摩步分队战斗队形内或在其后沿可通行方向进攻。步战车（装甲输送车）在坦克后行动，并以自身武器的火力消灭妨碍攻击分队行进的敌目标。在某些情况下，坦克和步战车（装甲输送车）从有利阵地以火力支援进攻分队。摩步分队人员利用坦克和炮兵火力，克服障碍，与工兵分队一起帮助坦克的后续行进。

根据形势，摩步分队可在与坦克和步战车（装甲输送车）没有火力联系的情况下以徒步队形进攻。此时，坦克在作为坦克载员行动或以徒步队形行动的摩步分队的保护下，而步战车（装甲输送车）在己方分队部分人员的保护下，以临战队形沿可通行方向（道路、小路）在进攻的摩步分队后或在其一侧进行转移。到达战车行动可通行的地形时，他们迅速展开，并以自己的火力支援摩步分队的进攻。

348.当沿狭窄的山谷进攻时，营首先夺占相邻的能对山谷进行射击的高地。此时，要特别注意沿山谷和山脊同时推进的分队的协调行动。

攻击部署有多层火器的高地时，随着攻击分队接近高地，炮兵对处于上层的火器转移火力。如果可以迂回高地，那么营（连）部分兵力可从正面攻击，而迂回分队从一侧和后方攻击。对单层火器部署的高地尽可能同时从不同方向实施攻击。

进攻过程中，特别是到达山谷和高原时，分队应时刻准备抗击敌反冲击。

349.从正面进攻的营（连）独自或与迂回支队和战术空降兵协同夺占山谷或峡谷。

夺占山谷或峡谷通常从夺取相邻的高地，并消灭向山谷或峡谷延伸的山坡上的敌人开始。营（连）夺取相邻诸高地后，以部分兵力从夺取的地线牵制直接防御山谷或峡谷的敌人，而主力以向一侧和后方的冲击消灭敌人，并夺占山谷（高地）或峡谷。

坦克和步战车（装甲输送车）沿可通行地形前进，消灭妨碍营（连）和从翼侧迂回敌人的分队行进的敌火器。

夺占山谷或峡谷后，营（连）根据赋予的任务行动。按照营（连）长或上级的决心组织防卫，并防御通往山谷的路径、道路的重要地段、桥梁、隧道和峡谷的出口。

350.强渡山区河流时，渡河的主要类型是徒涉，在可能构筑登陆渡口、轮渡和桥梁渡口的地方实施。使用明显可见的标志标识徒涉场边界；为了人员渡河，要强固绳索。

通常，从行进间沿夺取的通道通过进攻方向上的峡谷。如果夺取通路不顺利，那么摩步分队利用敌没有占领的地段，通过峡谷，到达防御通道的敌人的一侧或后方，在坦克和炮兵火力支援下以突然的冲击夺占它们。如果无法迂回防御通道的敌人，营（连）则要从正面攻击并夺占这些通道。在此情况下，摩步分队在炮兵和坦克火力掩护下首先通过峡谷。坦克和炮兵紧随摩步分队沿现有的或构筑的通道通过峡谷。

351.在山地地区进攻，营（连）长要特别注意实施侦察和保障翼侧。使用比通常条件下更多的侦察（战斗侦察）巡逻队、观察哨和观察员实施侦察。保障营（连）暴露的翼侧以连（排）梯形战斗队形的部署，对敌可能的隐蔽接近方向加强观察和侦察，时刻准备第二梯队（预备队）向两翼或向有威胁的方向机动，以及向其派出战斗警戒来实现。

352.配属给迂回支队的摩步营（连）利用隐蔽的接近路和敌战斗队形中的间隙，大胆向敌防御纵深渗入，夺占山谷（通路）的相邻高地，然后独自或与从正面进攻的营（战术空降兵）协同向一侧和后方攻击敌人，并夺占山谷（通路）。

353.在沙漠地区准备和实施进攻时，要考虑到：分队行动可通行方向的有限性；地形的暴露特性；水、油料和其他物资器材保障困难；判定方位困难；沙地和沙尘对武器装备的影响；温差显著；地面和低空核爆炸时地域形成广阔的放射性沾染区的可能性。

354.营或连可在主力编成内进攻或作为迂回支队行动，营还可在单独的方向行动和作为袭击支队行动。在沙漠地区进攻，通常从纵深行进间在宽大的正面上沿能到达防御重要地区和目标的敌后方实施。

在沙漠地区的进攻通常从纵深行进间沿分散的方向实施，不与相邻的营进行火力联络，广泛运用机动以迂回和包围暴露的翼侧，从后方对敌冲击。

355.对在单独方向进攻的营可部署大纵深的战斗任务。进攻正面要宽得多。在此条件下，第一梯队连战斗任务纵深扩大。

对作为迂回（奇袭）支队行动的营（连），除了通常的任务外，还可对其部署夺取绿洲、道路枢纽、水源和其他重要目标，以及协助从正面进攻的分队包围并消灭敌人等任务。

根据实施独立行动的可能性部署战斗队形，此时，要特别注意保障暴露的翼侧，通过实施侦察、在有威胁方向上加强观察、将第二梯队（合成预备队）推进到有威胁的一侧，以及派出战斗警戒来实现。

356.配属和支援的炮兵，除了完成通常的任务外，还可用来在进攻分队迂回敌单独的支撑点时迷惑敌火器。

357.组织进攻时，营（连）长除了通常问题外，还要明确：进攻方向的方位角；到达转入冲击地线的路线的标识方法；伪装，保障翼侧和后方，沙暴时武器装备的运用准备，以及气象条件急剧变化时人员的防护、预防中暑等措施；保障分队水和燃料的方法；提高轮式车辆通行能力，以及在给水站和人员部署地遵守卫生防疫要求的措施。

组织协同时，特别注意协调进攻分队兵力彼此之间，与迂回（奇袭）支队、战术空降兵之间的行动，并协调相互识别、目标指示和判定方位的方法。

第五章
遭遇战斗

一、概述

358.遭遇战斗——进攻战斗的一种，在战斗中双方使用进攻方式快速完成赋予的任务。遭遇战斗的目的——在短时间内歼灭进攻的敌人，夺取主动权，并为后续行动创造有利条件。

遭遇战斗的特点是：局势和行动瞬息万变，双方迅速接近并从行进间投入战斗；为赢得时间，夺取并保持主动权和对敌火力优势而进行激烈的斗争；双方的战斗队形中都存在着明显的间隙和暴露的翼侧，这些间隙和翼侧允许自由机动。

遭遇战斗的成功，需要通过以下方式达成：在宽正面和大纵深进行不间断的侦察，以便及时查明敌意图和部队编成；先敌展开、开火，先敌占领有利的地线，并转入攻击；主力要发起先发制人的攻击，同时行军（战斗）警戒分队要采取果断的行动，以分割敌战斗队形，并按分割部分将其消灭；在战斗中保持主动权，可靠地保障翼侧和后方；稳固且不间断地指挥，并维持各部（分）队之间的协同。

359.营（连）的遭遇战斗包括连续完成一系列战术任务，其中主要有：营（连）战斗队形各要素的展开；对敌实施火力毁伤；在牵制方向进行战斗；歼灭敌人的掩护（警戒）分队；将合成预备队投入战斗来增强力量；在主力集中的方向上歼灭反抗之敌。

360.营独立实施遭遇战斗，在先遣支队（前卫）内，或者在旅（团）主力编成内，在牵制方向或主要打击方向上行动。连通常在营的编成内实施遭遇战斗，在牵制方向或主力集中的方向上行动。

先遣支队在到达要夺取的地线前，只有在无法或不适宜绕过敌人的情况下，才进行遭遇战斗。前卫［前（侧）方尖兵］应在遭遇战斗中歼灭敌掩护（警戒）分队，牵制敌主要力量，并为旅（团、营）主要力量展开和投入战斗确保有利条件。

独立实施遭遇战斗时，营以部分兵力从正面牵制敌主力，并使用自己的主力对敌人的一侧和后方进行打击。如果敌人处于行军状态，需要用火力对敌实施可靠的压制，而当分队在向敌一侧和后方的机动出现困难时，或者需要相当长的时间时，可以从正面进行打击。

361.在遭遇战斗中，要为营（连）指明当前任务和下一步进攻的方向。

在先遣分队（前卫）或在牵制方向行动的营，其当前任务是夺取并固守有利的防线，为主力机动、展开，及对敌一侧和后方进行打击保障条件；使用各种火器的火力对进攻之敌进行毁伤，不允许其向兵团（部队）的一侧和后方实施打击。此外，还要为前卫部署歼灭敌侦察分队、掩护（警戒）分队的任务。主力转入冲击后，给营部署新的任务。

在营前（侧）方尖兵或在牵制方向行动的连，其当前任务是歼灭在自己方向上的敌侦察和掩护（警戒）分队，夺取有利的地线，为主力机动、展开，以及向敌一侧和后方实施打击保障条件。

在旅（团）主要打击方向（营主力集中的方向）上，在主力编成内行动的营（连），其当前任务是歼灭自己方向上的敌第一梯队的分队并夺占地线，为消灭到来的敌预备队和发展进攻保障有利条件。

营（连）后续进攻方向主要根据以下条件明确：要能够保障歼灭敌人的预备队，并完成旅（团、营）的当前任务。

362.在遭遇战中，为了完成先前部署的任务，营战斗队形建立在战斗（临战、行军）队形的基础上，通常成一个梯队，同时要分配强有力的合成预备队。

战斗队形的配置，应能确保先敌展开、开火，并对敌进行猛烈的先期打击。战斗队形建立时，应避免复杂的队形变换。连战斗队形成一个梯队。为了提前发现敌人，在前方尖兵行进开始前，要派出侦察巡逻队。

当一个营独立进行遭遇战斗时，第一梯队由在牵制方向和主力集中方向上行动的分队组成。

配属给摩托化步兵营的坦克分队，通常运用在主力集中的方向上。

363.遭遇战斗中的火力毁伤通常按两个阶段实施：在牵制方向上——抗击敌

进攻的火力准备和对防御部队的火力支援；在主要打击方向上——进攻的火力准备和对进攻部队的火力支援。

建制内、配属和支援的炮兵分队，根据他们的展开情况，参与火力毁伤；合成分队的火器和航空兵在指定资源范围内参与火力毁伤。

在独立行动的营内，使用营的力量实施火力准备，同时支援的炮兵分队和航空兵在指定资源的范围内也参与其中。

二、遭遇战斗的组织

364.在组织防御时，营（连）指挥官应预见到在实施反冲击和消灭敌空降兵时发生遭遇战的可能；组织进攻时，应预见到在抗击敌反冲击，及与敌行进的预备队接触时发生遭遇战的可能；组织行军时，应预见到当有与敌人接触的威胁时发生遭遇战的可能。

365.在遭遇战斗决心中，营（连）长要明确：

企图——按照完成战斗任务的各个阶段，主力集中的方向；牵制敌主力的地线和机动类型；歼灭行进（进攻）之敌的方式（什么样的敌人，在哪里，以什么顺序以及如何歼灭，并指明对其进行火力毁伤的方法和欺骗的措施）；战斗队形；在准备和执行赋予的任务（按执行任务的各阶段）时确保隐蔽性。此外，营长还要明确用于牵制方向和主要方向的兵力兵器的分配。

战斗队形各要素（分队）的任务——在牵制方向上行动的分队夺取有利地线的任务；第一梯队的分队歼灭敌主力的任务；第一梯队的分队和合成预备队发展战果的任务。

366.受领在遭遇战斗中歼灭敌人的任务后，或者前（侧）方尖兵战斗开始时，营（连）长要理解任务、判断情况、修订先前定下的决心（定下新的决心）、为所属分队（兵力兵器）确定（部署）任务、组织火力、协同、全面保障和指挥。

判断情况是在双方态势不断变化时进行的。在判断情况过程中，营（连）

长要明确：与敌主力遭遇的可能地线和时间，敌行动的可能特点；消灭（延迟行进）最重要的目标，这将促使敌人进攻中断或分割敌战斗队形，并为按分割的部分歼灭敌人创造条件；歼灭敌先遣分队和主力的方法；在哪个方向和哪条线上牵制敌主力，以及主力集中的方向。

367.通常，利用无线电使用简令，为各分队部署任务以及组织协同、指挥和战斗的全面保障。随后，尽可能在现地进一步明确这些问题。

首先，为奉命在牵制方向行动的分队［前（侧）方尖兵］、炮兵和实施侦察的分队部署（进一步明确）任务。

营长向战斗队形各要素（分队）部署战斗任务时，应指明：

在牵制方向行动的分队［前（侧）方尖兵］——编成，行动方向（行进路线），战斗任务，夺占哪条地线、什么时间夺占和主力投入战斗后行动的方法；与营主力和直升机分队协同的方法。

炮兵分队、榴弹发射器分队——支援在牵制方向和主力方向上行动的分队的战斗任务；射击阵地地区，开火准备的时间，转移的方法。

第一梯队连——加强兵器及其转隶方法；转入冲击地线，及向其行进的路线，冲击的时间和方向；当前任务和后续进攻方向；谁实施支援，以及协同的方法。

合成预备队——编成，战斗队形中的位置，转移的方向和方法。

反坦克分队——战斗队形中的位置，掩护翼侧或有坦克威胁的方向的任务，战斗过程中的展开地线和转移方向。

其他加强分队——保障营各分队行进、展开和冲击的方法；战斗队形中的位置，以及转移方法。

连长对战斗队形各要素（分队）部署战斗任务时，应指明：

先头侦察巡逻队——编成，战斗任务，与敌人遭遇时的行动和报告情况的方法。

各排——战斗任务，与敌人遭遇时的行动方法。

加强分队——执行任务要做的准备工作，在连行军队形和战斗队形中的位置。

部署任务时，营（连）长同时下达协同指示。

在旅（团、营）主力编成内行动的营（连）长，在为摩步（坦克）分队部署任务时，应指明：战斗任务，转入冲击的地线和时间，同时下达组织协同的指示。

三、遭遇战斗的实施

368.在与敌侦察或行军警戒遭遇时，战斗侦察巡逻队指挥员要向营长（营参谋长）报告情况。营长应立即向上级报告，并向侦察机构明确任务。

战斗侦察巡逻队不参与战斗，应向敌人主力隐蔽渗透，查明敌主力编成、运动方向、通过重要防线和开始展开的时间；查明指挥所的部署位置、火炮阵地的位置及其开火准备情况，并关注其预备队的接近和行进方向。

369.遭遇战斗从警戒分队的战斗开始。

先头侦察巡逻队消灭小股敌人（单车）并夺占指定的地线。当与敌优势兵力遭遇时，巡逻队占领有利地线，对敌实施毁伤并用战斗牵制敌人。随后，先头侦察巡逻队与前（侧）方尖兵的主力协同，歼灭敌侦察和掩护（警戒）分队。

370.前（侧）方尖兵利用先头侦察巡逻队的战斗结果，并与其协同，使用火力和决定性行动，消灭敌侦察、掩护（警戒）分队，迅速向指定地线推进，并夺取它，对敌实施毁伤，用战斗牵制敌主力，保障营主力的后续行动。随后，前（侧）方尖兵可在牵制方向第一梯队内行动，有时也在主力集中方向上行动。

如果敌人先于前（侧）方尖兵到达指定的地线，前（侧）方尖兵要前出至敌一侧，迅速展开，大胆攻击，夺占地线并完成赋予的任务。当夺取预定地线失败时，前（侧）方尖兵要通过在有利（已到达）地线上的行动来遏制敌人，从而保障主力的行进和展开。

当在战斗行动实施过程中出现遭遇战斗，则遭遇战斗从第一梯队分队的战斗开始。

371.营主力要在牵制方向行动的分队的掩护下，以最快的速度与敌人接近并展开。

在牵制方向行动的营，利用隐藏接近路和烟幕伪装，迅速到达主力集中方向，在行进间展开战斗队形并快速攻击，通常，向敌一侧或后方攻击，消灭敌掩护（警戒）分队。在自己的方向消灭敌人之后，该营迅速夺取指定的地线，并固守直到旅（团）主力的到来，而前卫则向敌主力突破，并以在有利地线上的行动牵制敌主力。

随后，用来在牵制方向行动的营（先遣支队，前卫）通常在兵团（部队）第一梯队编成内行动。

与敌优势力量遭遇，以及敌先于营到达指定的地线时，前卫要及时展开，营（前卫）要以各种火力和在到达的地线上的积极行动，在宽正面上牵制敌人，对敌实施毁伤，并为旅（团）主力展开保障最有利的条件。摩步分队此时下车。坦克和步战车（装甲输送车）占领掩体后的射击阵地，用火力杀伤敌人。汽车则移至隐蔽位置。

如果在营行动的方向上机降战术空降兵，营长要采取各种措施快速与其会合，并用联合行动完成赋予的任务。

372.炮兵分队在战斗开始时就展开成战斗队形，并对敌炮兵和合成分队开火。当敌到达在牵制方向行动的营的炮兵射程的地线时，营炮兵开始抗击敌进攻的炮火准备；而当敌转入冲击时，营炮兵对防御部队提供炮火支援。航空兵根据召唤实施打击。

为了掩护暴露的翼侧和禁止敌到达营（连）一侧和后方，在有威胁和坦克可通行的地段上可派遣反坦克分队、榴弹发射器分队或专门指定的分队。

373.在旅（团、营）主力编成内行动的营（连），沿最短路线向指定的方向隐蔽行进，展开战斗队形，利用航空兵打击、炮兵火力和在牵制方向行动的分队战斗的结果，在行进间对敌冲击，迅速向部署的战斗任务的全纵深发展进攻，并与在牵制方向行动的各分队协同消灭敌人。摩步分队通常不下车，与坦克一起对敌冲击。反坦克分队向受坦克威胁的方向行进，时刻准备展开，并掩护转入攻击地线的一侧。

炮兵在行进间展开成战斗队形，根据其准备情况，开始支援在牵制方向上行动的分队。

敌主力到达炮兵的射程地线时，炮兵开始进攻的火力准备；营（连）主力到达转入冲击地线时，炮兵开始对进攻部队进行火力支援。进攻的火力准备通常从对敌第一梯队行进的分队的火力急袭开始。

374.如果敌先于营（连）展开并转入进攻，那么在牵制方向上行动的分队要占领有利的地线，对敌实施火力毁伤，打乱其战斗队形，并保障主力向对敌占优的一侧实施打击。使用战斗警戒分队、反坦克分队牵制前出到一侧或后方的敌分队，运用炮兵火力对其实施毁伤。

375.进攻要不间断地进行，直到完全歼灭敌人为止。为了消灭试图在占领地线上固防的敌独立群组，主力各分队不能拖延，要利用敌战斗队形中暴露的翼侧和间隙，迅速向纵深推进，分割敌战斗（临战）队形，并以决定性的行动按分割部分来消灭敌人。

为了不给敌人组织防御或重新部署兵力兵器的机会，要将合成预备队和所有现有的兵力兵器投入战斗，来发展第一梯队分队的战果。

合成预备队通常从敌翼侧或分队之间的间隙中投入战斗，在炮兵火力、航空兵打击的支援下，在防空火器的掩护下实施战斗。合成预备队投入战斗时，营长应尽可能将另一个分队调整为合成预备队。

合成预备队利用第一梯队分队的战果，迅速向纵深发展进攻，通常向敌一侧（后方）或对接近中的敌预备队实施打击，或抗击敌对我营一侧的打击。

376.当敌突然向营一侧展开时，用来在营第一梯队行动的分队要实施机动，以最快的速度到达转入冲击地线，在行进间对进攻之敌的一侧（两翼）实施打击，同时采取措施对己方两翼进行稳定的防护。

在前方尖兵内行动的连，在第一梯队编成内行动，或转为合成预备队。

377.当发现敌人撤退时，营（连）要阻止其退出战斗并撤离，为了阻止敌脱离打击和敌分队占领更有利的位置，要转入追击。

如果遭遇战斗结果失败，营（连）应在到达的地线上固防，并使用所有火器的火力杀伤敌人，牵制其行动，直到旅（团）的其他分队到来。要利用各种障碍物在很短的时间内转入防御。

378.在遭遇战斗中，营长从指挥观察所指挥分队，该指挥观察所通常在主力集中的方向上，在第一梯队战斗队形后距离约200米处实施转移。

在牵制方向上，战斗开始时，指挥观察所将向分队战斗队形行进，并转换到主力投入战斗的方向。

根据战斗结果，在亲自观察和侦察情报的基础上，指挥官修订自己的决心，并将修订的任务（如果有必要，还包括协同方法）传达给分队（兵力兵器）。

第六章
包围中的战斗与突围

一、包围中的战斗

379.包围中的战斗是在隔离条件下，当敌人位于分队正面前、翼侧、后方，且无法通过陆路或水路与自己的部队联络时实施。

包围中的战斗可能发生在：敌人在侧翼或友邻防御地区突破后的防御中；敌空降兵在防御部队后方空降（机降）后；脱离主力行动时；撤退中敌人追击的速度快于我军撤退的速度时。

营（连）必须坚决抵御敌包围的企图。其实现方式有：不间断实施侦察；对间隙和翼侧的可靠保障；及时准备，占领防御区（支撑点），在敌进攻方向上设置障碍物；使用各种火器的火力杀伤敌人；为歼灭迂回之敌而实施反冲击。

380.处于进攻之敌的后方或包围中的营（连），要采取积极果断的行动，尽可能牵制比己方更多的兵力，并长时间实施战斗行动，牢牢坚守占领地区（支撑点），不准分散被包围的分队，不能脱离与敌人的直接接触，不准在狭窄地段集中自己的分队，在那里他们可能受到各种武器的杀伤。

处于包围中的分队应采取一切措施，在他们和主力之间建立一条通道，帮助他们解除封锁。为此，必须：依托绵密的防御阵地，在短时间内转入环形防御；将那些处于包围中的非本营（连）编成内的分队纳入自己麾下，并为他们布置战斗任务；恢复预备队；使用火力和工事障碍可靠地掩护间隙；迅速和隐蔽地进行分队、火器，特别是坦克和步战车的机动，将其转移至受威胁的方向上；对极力压缩包围正面或分割被包围的分队的敌人，对其运用火力实施毁伤；以突然和大胆的反冲击消灭楔入防御之敌；加强对指挥观察所和后方分队的保护；计算所有现有导弹、弹药、给养和燃料的储备，严格控制其消耗，组织处于包围中的后勤保障。

381.营（连）可在兵团（部队）的编成内，独立或在由不同兵团（部队）的分队（包括处于包围中的其他军种和特种部队的分队）建立的联合部队编组编成内实施包围中的战斗。通常，联合部队编组的指挥人员由居于高级职位的合成指挥员担任。

382.包围中的战斗要连续完成一系列战术任务，主要是：重新编组兵力兵器；建立环形防御；实施包围中的战斗及其他任务等。

383.处于包围中的营（连）战斗队形成一个梯队，并派出合成预备队。

第一梯队用来固守包围正面，不准分割被包围的分队，在前沿前和楔入防御时消灭敌人，固守占领的阵地，并为突破和突围创造条件。

合成预备队和装甲组占领指定的集结地域，该地域能确保向受坦克威胁的方向机动。

大部分炮兵要集中使用，并准备射击阵地，其能保障在各个方向快速开火，部分火炮被分配用于直瞄射击。

在包围中的支撑点和射击阵地配系，通常要建立在绵密的（环形）防御阵地基础之上。如果无法顺利转入环形防御，则该配系要建立在能截断敌行动最有可能的方向的连（排）支撑点的基础之上。支撑点之间的间隙用工程障碍物、炮兵火力和用于伏击行动的分队进行掩护。

支撑点和射击阵地配系包括技术保障分队和后勤分队的部署地区（地点），其与支撑点一样进行构筑。

384.营（连）的火力配系，应能保障在防御战线前及其纵深杀伤敌人，要充分利用战车、建制和配属的炮兵、反坦克导弹系统、轻武器的射击能力，还要考虑到上级实施的火力毁伤。

此外，炮兵还要完成保障向被包围地区运送物资的航空兵的飞行和返回的任务。

385.定下在包围中战斗的决心时，营（连）长在企图中，除了通常的问题外，还要明确：在抗击敌从若干方向的打击及制止敌试图分割营（连）的战斗队形时，完成赋予的任务的形式和方法；支撑点和射击阵地配系，要考虑到环形防御及在所在的地区（地点）内还包括技术保障分队和后勤分队的部署。

对下属的战斗任务以简令形式下达。在组织火力配系时，为各火器指明比在通常条件下更多数量的预备阵地，并为装甲组、榴弹发射器分队和反坦克分队指明更多数量的行动地线（阵地），此外还要建立弹药消耗的严格限制。

386.在组织协同时，除了通常的问题外，在抗击敌从多个方向的打击时，营（连）指挥员还协调各分队、火器、装甲组、火力伏击和合成预备队的行动；协调合成预备队、技术保障分队和后勤分队关于构筑、维护、掩护和识别直升机（飞机）降落场，以及降落伞空投货物的接收地区的行动。

在包围中，导弹、弹药、给养、燃料和其他物资器材的所有现有储备，都要进行严格清点，并规定其严格的消耗限制；组织接收运送弹药和其他货物的直升机（飞机），接收和收集降落伞投放的货物，以及使用从敌方缴获的物资器材；组织后送工具的集中使用，使用空运方式后送伤病员。必要时，根据部（分）队要完成的任务，重新调配物资器材。

387.在实施包围中的战斗时，营（连）长从自己的指挥观察所进行指挥，或在第一梯队分队战斗队形后的步战车（装甲输送车、坦克）中进行指挥。

在实施包围中的战斗时，营司令部要集中主力与不在包围内行动的分队和上级司令部建立协同；明确敌行动方向并确认敌编成时，协调侦察机构的力量；收集和分析情况资料；向部属传达任务。

388.敌人建立包围战线的时刻，被认为是包围中战斗的开始。

敌人在多个方向同时转入进攻时，要从没有被攻击的地段上进行火力、兵力兵器的机动。要使用营（连）所有兵器的火力抗击敌人的攻击。

敌人楔入时，营（连）长将装甲组、榴弹发射器分队、反坦克分队和合成预备队调往受威胁的地段，采取各种措施，使用第一梯队合成分队的火力和行动，以及伏击分队的行动，阻止敌推进。条件有利时，通过实施反冲击恢复态势。

敌人在多个地段楔入时，要采取各种措施在最危险的方向和其他地段上消灭敌人，阻止其进一步推进。

如果营（连）的战斗队形因敌方行动被割裂，则指挥员要组织互无联系的分队进行打击，以消灭楔入他们之间的敌人，从而使他们连接起来。

389.航空兵可从空中阻挠敌人封锁被包围的分队，在指定资源范围内根据被包围分队指挥员的召唤实施打击，进行物资器材的运送，后送伤病员，并保障与不在包围中的上级的通信联络。

390.只有在必要或合适时，营（连）才在包围中行动。条件有利时，经上级的批准（按命令），进行突围。

二、突围

391.营（连）可在旅［团（营）、联合部队编组］编成内或独立进行突围。不允许不带武器和军事装备以小股力量突围。

392.在旅、团（营）或联合部队编组的编成内突围时，营（连）可在主要打击（集中力量）方向、分散敌注意力的方向上的第一梯队编成内作为掩护部队或后卫行动，也可以作为合成预备队行动。

393.营（连）通过突破或在包围地区内实施遭遇战，以及使用与己方部队联合的外线的分队实施自行突围。

营（连）通过在突破地段强有力的初始打击来突破包围战线，同时以掩护分队的行动在其余包围战线牵制敌人。突破包围战线，是在敌战斗队形中创造缺口，随后向纵深和两翼侧发展进攻，为突围创造有利条件。

突破包围战线，通常在能确保在突破地段快速隐蔽地集中分队、快速打击和快速与己方部队联合的方向上。

394.突围包括连续完成一系列战术任务，其中主要是：兵力兵器的重新编组，为实施进攻建立战斗队形；突破敌包围战线，扩大敌战斗队形中的缺口；固守包围战线和建立的缺口，主力突围；掩护分队的突围和撤离。

395.当在旅（团、联合部队编组）编成内突围时，上级为营（连）指明当前任务和后续任务；为连指明当前任务和后续进攻的方向。

营的当前任务可能是歼灭在突破方向上的敌人，在包围战线上形成缺口；后续任务为各分队突围，并与接应行动的部队联合，或夺占能为后续行动确保有利条件的地区。

连的当前任务通常是消灭在突破方向上的敌人，在包围战线上打开缺口。

后续进攻方向要能保障与外包围战线行动的分队联合，或进入对后续行动有利的地区。

独立突破和突围时，由营（连）长明确战斗任务。

396.营（连）独立突围时的战斗队形可包括：第一梯队、掩护分队、炮兵分队、直属营（连）长的分队以及合成预备队。

第一梯队用来突破包围战线，完成当前的任务，并保障营（连）分队突围。为抗击敌可能的反冲击，和保障突围部队的翼侧，从第一梯队分队中向最危险的方向派出掩护队，兵力可达一个排（班）。为第一梯队编成指定不少于一半的分队、大部分炮兵和坦克。

此外，战斗警戒分队也要参与完成掩护实施突破的分队的翼侧、抗击敌反冲击、防止突破通道缩小等任务。分队的数量取决于在突破方向上敌战斗队形的纵深以及与己方部队的距离。

掩护分队用来误导敌人关于突破方向的判断，固守占领的阵地，阻止包围战线的缩小，并在突破和突围时掩护营（连）的分队。通常为其编成指定：每个连可达一个排，或者一个营可达一个连。

营的合成预备队通常由一个排编成，而连由一个摩托化（坦克）班编成。它部署的地点可以保障在短时间内前出的可能，以支援突破分队的战斗，发展其战果并支援掩护分队。

在旅［团（营），联合部队编组］编成内突围时，营（连）的战斗队形根据上级部署的任务来建立。

397.独立组织突破和突围时：

营（连）长在理解任务和判断情况后，应查明敌人在防御中的弱点、其预备队和在纵深的兵器的情况和位置，以及所选择的突破方向上的地形特点。在为突围选择突破地段时，指挥员要考虑到与实施突破的己方部队的距离、从外包围战线协助的特点，以及己方航空兵特别是直升机的行动。

在突围企图中，要明确：突破包围战线的地段、方向和时间（如果上级没有指定），以及分散敌注意力的地段；突破和突围的方式方法；固守包围战线和指定用来掩护突破地段翼侧的分队的撤退顺序；运用火力对敌毁伤的方法；分队突破的初始位置，及其占领的方法和时间；战斗队形的编成（参与突破、分散敌注意力行动、掩护翼侧和固守其余包围战线的兵力兵器）；准备和完成赋予的任务时保障隐蔽性。

在夜间实施突破和突围时，在决心中，除此之外，营（连）长还要明确各分队在黎明之前要夺占的地线。部署任务时，指明进攻和撤退的补充方位物和方位角（方向）。组织协同时，指明己方分队的识别方法。此外，还要组织突破和突围的灯光保障。

398.在旅（团、联合部队编组）主要打击方向上组织突围时，指挥员的工作方法（算法）及其内容与指挥员在组织与敌人直接接触位置上的进攻时类似。定下决心时，营（连）长除通常的问题外，还要明确：包围战线突破的地段、方向和时间（如果上级没有指定）；战斗队形的编成（参与突破的兵力兵器的分配），用来突破的分队的初始位置，及其占领方法和时间；分队与不在包围内行动的部队协同的方法。

399.组织在掩护部队（后卫）编成内的行动时，指挥员的工作方法（算法）及其内容类似于组织机动防御时指挥员的工作。定下决心时，营（连）长除通常的问题外还要明确：为防止敌人缩小包围圈，分队和火力可能的机动方向；退出战斗和撤退的方法，从一条地线到另一条地线实施机动的方法；火力伏击的地点；战斗警戒分队退出战斗、撤退和行动的方法；与不在包围中行动的部队的协同方；后送伤病员、损坏（有故障）的武器和军事装备的方法。

此外，在分散敌注意力方向上行动的营（连）长，还要明确参与的分队，他们的任务和完成方法，退出战斗、撤退和后续行动的方法。

400.在向战斗队形各要素（分队）部署战斗任务时，指明：

第一梯队的分队——加强的兵器及其转隶的方法，任务，突破的初始位置及其占领的时间，派出哪些兵力兵器用于掩护侧翼（掩护队）。

掩护分队——加强的兵器及其转隶的方法，任务，地线，谁对其进行支援，退出战斗、撤退和突围的时间和方法。

炮兵分队、榴弹发射器和反坦克分队——对敌火力毁伤的任务，射击阵地（地线），突围的时间和方法。

合成预备队——编成，可能的任务，战斗队形中的位置和转移方向。

战斗警戒分队——编成，行动地线，每条地线上的行动方法，实施机动的方法和谁对其进行支援。

当高射分队处于包围地区内时，要指明其射击（发射）位置、掩护营（连）分队免受空中之敌打击和对地面目标射击的方法、突围的时间和方法。

401.按照在突破地段和分散敌注意力的方向、在其余包围战线上和突围时分队行动的各阶段组织协同。

要特别注意与在外包围战线行动的部队接应协同的问题：确定和协调行动的时间和方向，实施射击的地线，接应的地线和方法，后续行动的方法，以及敌人实施反冲击并试图关闭包围战线上的缺口时协调实施突破的分队与战斗警戒分队（掩护队）的行动，并在敌关闭缺口时协调实施突破的分队、掩护分队和战斗警戒分队的行动。

此外，还要指明为航空兵标记己方位置的方法，以及识别从外包围战线行动的己方部队的方法。

402.为了实施战斗的全面保障，营（连）长要指明：侦察机构（观察员）的任务；确保突破的隐蔽性和突然性的措施；在突破地段上和掩护分队占领地线上的地域工程构筑的特点和方法；在敌障碍物中开辟通路的地点、时间和方式，以及应在何时进行排雷、破坏或摧毁；后送伤病员、损坏（有故障）的武器和军事装备的方法，并指定负责这些行动的指挥员。

403.在突破和突围时，司令部的主要任务是：在进行突破的各分队、掩护分队和保障翼侧的分队（掩护队），以及不在包围战线行动的分队之间保持不间断的协同；及时收集有关敌行动的位置和特点的信息，并及时传达给营长；将任务传达给所属分队的指挥员。

404.突围时，营（连）长从自己的指挥观察所、在步战车（装甲运兵车、坦克）上进行指挥，并在第一梯队分队的战斗队形后跟进。

所有被包围的分队都用无线电资料保障，以便与在预定突围地区行动的分队进行通信。

405.突破包围战线前，各分队要以加强防御的名义占领初始位置。提前或在进攻的火力准备开始时进行重新部署，通常在分队内部隐蔽进行，突破计划在该分队的防御地区进行。

在分散敌注意力行动的地段上，要积极侦察，模拟实施现地勘察和在障碍物中开辟通路。

406.突围时对敌火力毁伤按各分队行动的方向进行：在突破和分散注意力的方向上进行进攻的火力准备和对进攻部队的火力支援；在掩护分队行动的方向上进行抗击进攻的火力准备和对防御部队的火力支援。

突破包围战线通常在进攻的火力准备之后进行，直瞄火器也参与其中。

当敌有航空兵优势时，突破和突围适宜在夜间以及能见度有限的条件下实施。为了达成突然性，有时在没有实施进攻的火力准备时攻击敌人是有利的，在这种情况下，炮兵会在攻击开始时开火。

407.用于突破的摩步分队，通常搭乘步战车（装甲输送车）攻击敌人，迅速突破包围战线并向前推进，不允许敌人恢复包围战线。

炮兵和用于实施直瞄射击的火器，压制和摧毁妨碍用于突破的分队推进的敌目标。参与突破的分队突破后，用于发展和扩大突破地段，或阻止敌人封闭已打开的缺口，并保障其余被包围的分队撤出。

在突围方向上打开缺口的同时，要派出侦察机构。

用来掩护翼侧的分队，根据进攻的发展，在有利地线上固防，随时准备抗敌冲击，以防止突破地段缩小。随后，他们与掩护分队的战斗警戒协同，保障营（连）主力突围。

在突破开始之前或同时，在分散敌注意力的方向上，进行短暂的进攻火力准备和合成分队对有限目标的攻击。当敌人顽强抵抗时，攻击分队在到达地线上固防，并进行积极的交火。

408.已突破包围战线的分队可用来坚守和扩大突破地段。如果敌人顺利地关闭了形成的缺口，那么他们将向敌后方进行打击，以便突破新形成的包围战线，并保障其他部队突围。部分分队可在有利地线上转入环形防御。

炮兵转移与进攻中相同，并与进行突破的分队一起突围。

营技术保障分队和后勤分队跟随实施突围的分队突围。交通工具首先用于后送伤病员。无法后送的武器、军事装备和其他物资器材，只有根据营（连）长的命令才能销毁。

掩护分队在部队突破和撤出时坚守占领的阵地，不准缩小包围战线。他们根据营（连）长的命令，通常在主力和己方部队会合后才撤退。掩护分队的炮兵与掩护分队一起突围。掩护分队的撤退是在各种武器的火力、烟幕和障碍物的掩护下从一条地线向另一条地线进行的。被派来掩护突破地段翼侧的分队，在掩护部队通过后最后撤退。

409.营（连）在突破后，要继续不停地行进，以与己方部队会合，以部分兵力坚守形成的缺口，直到所有分队突围。营（连）撤出包围圈后，直到与己方部队会合前，掩护分队的战斗警戒分队作为行军警戒行动。

营（连）分队在部（分）队行动地区的方向上撤离时，营（连）长要与部（分）队指挥员建立联络，并与他们协调相互识别和分队通过己方部队战斗队形的问题。

突围后，营（连）长要将情况报告给上级（最近的司令部），然后按照其指示行动。

410.在掩护部队编成内指定用来实施兵团（部队、联合部队编组）突破和突围的营（连），留在占领的阵地上直到规定的时间（信号），并在突破和突围前实施相应的行动。在分散敌注意力的方向上，指定用于在掩护部队编成内行动的营（连）分队，在规定的时间，或在部（分）队突破开始时，在主要打击方向上模拟对敌发起攻击。

用作后卫行动的营（连），在规定的时间内占领指定的地线，并以在地线上的行动保障旅（团、联合部队编组）主力分队的撤退。后卫在掩护分队的战斗警戒通过其战斗队形之后开始撤离。

在分散敌注意力方向上行动的营（连），要通过在占领地线上的积极行动，并对有限的目标进行短暂的攻击，误导敌人，将其部分兵力从兵团（部队、联合部队编组）突破的方向上转移。经过上级批准，在掩护分队和战斗警戒的掩护下进行撤退。

然后，在掩护部队编成内行动的营（连）（作为后卫，在敌注意力方向

上），通过连续对指定地线进行防御，掩护兵团（部队、联合部队编组）主力的
突围。

第七章

作为战术空降兵的摩步营（连）

一、概述

411.战术空降兵由师派出，有时由旅（团）派出，编成一个摩步（空降、空降突击）营（连）。

作为战术空降兵的摩步营（连），其行动时通常没有重型武器和军事装备。它可以得到炮兵分队、高射分队、侦察分队、工程部队分队、辐射化学和生物防护部队分队的加强。

412.战术空降兵通常用于主要打击（主力集中）方向上，目的是：协助部队歼灭反抗之敌，并夺占重要地区（目标）；实现部队高速进攻；增强防御的稳定性；向受威胁方向上快速机动兵力兵器；破坏敌部队和武器的指挥；阻止（阻碍）敌预备队机动和破坏敌后方工作。

战术空降兵的任务可以是：在部队到达之前夺取并坚守重要地线（目标）（水利设施、桥梁、渡河器材、适合强渡的地段、海岸地段、山垭口、山间通道）；对行进之敌的一侧和后方进行打击；消灭（封锁）敌机降的空降兵（空中机动部队、海军陆战队）；摧毁（损坏）核生化武器运用的工具、察打一体系统的地面组成要素、敌指挥所，以及完成其他任务。

413.战术空降兵的战斗行动包括连续完成一系列战术任务，主要有：空降兵在空降出发地区的集结；空降兵各分队的装载（登机）；空降；在完成战斗任务过程中空降兵的战斗行动，及其他任务。

414.为战术空降兵指定：空降出发地区、飞行地带、基本和预备空降地域。此外，运用战术空降兵的上级还要指明空降准备的时间。

空降出发地区用于空降兵和直升机部（分）队的空降和战斗行动准备。它通常包括空降兵集结地域、基本和预备停驻场。

空降兵集结地域用于隐蔽部署空降兵分队，为其着陆和完成作战任务做好准备。营集结地域面积可达10平方千米，连可达3平方千米。

停驻场用于完成直升机部（分）队的空降准备，向直升机装载武器、军事装备、弹药和其他物资器材，空降兵所有人员的登机和空降起飞。它们可直接指定在集结地域内或距其约3千米处。在基本停驻场被损坏时使用预备停驻场。

指定飞行地带，以便直升机部（分）队从出发地区沿航线向空降地域实施战斗飞行，在该航线上敌防空武器数量最少或被可靠地压制，而地形条件允许在低空和超低空实施飞行。

基本和预备空降地域指定在适合直升机降落和能为空降兵后续行动保障有利条件的地形上。他们的规模根据战斗企图、空降兵的任务、地形和形势条件明确，营空降地域的正面和纵深可达5千米，连可达2千米。

为了在空降地域机降一个营，通常指定2—3个（机降一个连的话，指定一个）基本和预备着陆场。

415.空降——将战术空降兵通过空运输送至敌后完成战斗任务。它包括装载空降兵的直升机起飞、直升机部（分）队战斗队形编队、战斗飞行和空降兵机降到指定地区。

一个营（连）的空降通常使用直升机部（分）队一波次出动。直升机部（分）队的战斗队形通常包括空降组和（直升机）保障组。

空降兵机降结束后，武装直升机和运输武装直升机可留在空降地域，对空降兵进行火力支援，实施兵力兵器的机动，或在火力支援后退出战线。空降运输的直升机可在掩护组的护送下返回己方部队的部署地，或留在空降地域内，用于空降兵的返回，进行兵力兵器的机动，后送伤员，前送弹药、燃料和其他物资器材。

416.战术空降兵的机降在短时间内完成，无须关闭直升机发动机，直接在目标上、靠近目标或在通往目标接近路上进行。

在目标上或靠近目标机降，是当目标的地面防御和防空被可靠地压制时实施的。如果敌人具有强大的防空能力，并且地形或障碍配系不允许在目标上或靠近目标机降，则在通往目标的接近路上实施机降。如果地形或环境条件不能保证直升机着陆的安全，那么，人员可以在悬停模式下下飞机，或在直升机以最低速度飞行（突击）过程中下飞机。机降后，为了收拢和为空降兵确认任务，可以指定集结地域（点）。

417.通常为战术空降兵部署当前和后续任务，必要时，可以为他们指定集结地域（点）。要明确整个战斗行动期间的战斗任务。

空降兵的当前任务，通常是消灭空降地域内的敌人，摧毁（损坏）指定的目标，或者夺取明确的地区（地线）。其纵深通常与目标（包括目标防御部队的阵地）的纵深或者与空降兵夺占地区的纵深（地线的距离）相一致。

空降兵的后续任务，可以是坚守夺取的地区（地线）、夺取和摧毁（损坏）新地区的目标，以及完成其他任务。

集结地域（点）指定用于完成战斗任务后空降兵各分队的集结，检查其状况，并为后续行动做准备。分队在集结地域（点）的停留应是短期和隐蔽的。

418.战术空降兵的战斗队形通常由先遣组和主力组成。

先遣队用来消灭着陆场的敌人，夺取着陆场并保障空降兵主力的机降。当一个营在着陆场机降时，先遣组可派出约一个加强连；当一个连机降时，可派出约一个加强排。通常，与先遣组一起空降的有用于侦察行动的分队、炮兵校射员和航空引导员。

根据空降兵的任务，主力可包括：第一梯队、合成预备队（第二梯队）、炮兵分队、配属的高射分队、直属空降兵指挥员的其他火器和特种部队的分队。

第一梯队用来完成空降兵的战斗任务，根据受领的战斗任务，可包括：侦察（补充侦察）分队、掩护组、抓捕组、封锁组、突击组、破坏（失效）组、撤退保障组。

合成预备队（第二梯队）用来完成突然出现的任务，增强力量和发展第一梯队战果，在新的方向上行动，抗敌反冲击，固防夺取的地线（目标），并完成其他任务。

炮兵分队、直属空降兵指挥员的火器和特种部队的分队，用于支援和保障空降兵分队的行动。

419.根据战斗任务的特点，战术空降兵可通过进攻和防御的方式来完成任务。进攻通常用于消灭敌人，并夺取地线（区域）和目标以消灭（损坏）敌人，而防御则用于坚守目标，直至到达空降兵战斗行动地区的己方部队的到来。

摧毁（损坏）目标、夺取地区（地线）由空降兵在靠近目标或在通往目标接近路上机降后进行，通常主力在行进间从不同方向同时进行攻击。

转入防御通常在战斗过程中与敌直接接触的条件下进行。通常依托连（排）支撑点组织环形防御，拦截最重要的方向（最有利的地段），并广泛运用伏击，同时考虑抗击敌从多个方向的同时打击。主要力量要集中在敌人可能进攻的主要方向上。

可以通过空降突击行动来摧毁（损坏）无须继续坚守的重要目标。约一个加强摩步（空降、空降突击）连的兵力参与此类行动。在空降突击行动过程中，空降兵向被夺取（摧毁）的目标实施战斗飞行，对目标实施空降（空中）突击，在直升机的空中火力支援下，通过空降兵分队的地面攻击，夺取和摧毁（损坏）目标。完成战斗任务后，空降兵分队进行集结，并飞往新目标或飞回己方部队部署地。

二、空降和战斗行动准备

420.战术空降兵分队的空降和战斗行动准备包括：组织空降兵的空降和战斗行动［定下决心；给分队（兵力兵器）部署任务；指定空降和战斗行动计划；组织火力、协同、全面保障、指挥］；营指挥部、营司令部和分队的准备；营（连）在空降出发地区的集结；武器、军事装备和其他物资器材的装载，人员登上直升机和其他措施。

421.在理解作为战术空降兵行动的任务时，营（连）长除了通常的问题外，还要了解：分配的直升机的数量和型号；空降的方式方法；与直升机、炮兵和到达空降兵行动地区的部（分）队协同的条件和方法；完成战斗任务的持续时间和空降准备的时间。

422.判断情况时，营（连）长除常规问题外，还要研究：在飞行地带和空降地域内敌人可能的行动特点；要夺取（摧毁）的地线（目标），其防御（保护）的特点；着陆场的现有量和状态，必要时，预定空降（执行任务）后分队的集结点；通往被夺取地区（目标、地线）的行进路线，转入冲击地线和分队的冲击方向。

在判断情况的结论中，营（连）长要补充明确：完成战斗任务的顺序，集中主力夺取和摧毁哪些目标（它们的组成部分）；哪些兵力兵器参与夺取地线（夺取和摧毁目标）；战斗队形必须具备哪些要素；为保障空降和战斗行动准备，应提出哪些申请，并明确时限。

423.在空降和战斗行动各阶段的企图中，明确：主力集中的方向；空降方法（从哪个停驻场，使用哪些直升机，到哪些着陆场实施空降）和机降方式；什么样的敌人，在哪里，以什么顺序以及如何歼灭（抓捕、摧毁），同时指出对敌使用火力进行毁伤的方法和欺骗措施；兵力兵器的分配（战斗队形的编成）；在空降和战斗行动的准备及其过程中保障隐蔽性。

在进行空降突击行动时，明确直升机作战运用的方法。如果在战斗任务完成后要后送空降兵，则明确其实施方法。

424.在对战斗队形各要素（分队）部署战斗任务时，应指明：

第一梯队的分队——编成，战斗任务，谁进行支援，直升机编号，停驻场和着陆场。

合成预备队（第二梯队的分队）——编成，集结地域，机降后可能的行动特点（对第二梯队的分队指明战斗任务），直升机编号，停驻场和着陆场。

先遣组——编成，战斗任务，谁进行支援，直升机编号，停驻场和着陆场，机降时间。

炮兵分队和其他火器——支援空降兵战斗的任务，直升机编号，停驻场和着陆场。

配属的高射分队——抗击空中之敌袭击时射击的方法，直升机编号，停驻场和着陆场。

非空降人员——空降兵起飞后的行动方法。

当空降地域距离被夺取（摧毁）的地线（目标）很远时，营（连）长可指定方向（路线）、展开地线和转入冲击地线，以及到达他们的时间。

425.制订战术空降兵的空降和战斗计划，由兵团（部队）的司令部实施。营司令部（连长）会同直升机部（分）队长进行空降计算，形成武器、军事装备、其他物资器材装载和人员登机的计划，每架直升机的武器和其他物资器材清单，以及空降的人员名单。制订空降计划时，时间的计算依据规定时间"ч"进行，"ч"是战术空降兵主力机降开始的时间。

为了空降兵而由运用战术空降兵的上级组织对敌进行火力毁伤。

对空降出发地区和停驻场现地勘察时，空降兵指挥员要进一步明确空降兵各分队的集结地域、场地和直升机停机坪位置的状态，分队的行进路线，警调勤务的组织，明确拟制向直升机上装载武器、军事装备、其他物资器材和人员登机计划的初始数据资料。陆军航空兵部（分）队的代表准备必要的数据资料，以便形成空降兵的装载和登机计划。

该计划由指挥员、空降兵的指挥员和参谋长、直升机部（分）队的指挥员和参谋长制订并签署，报兵团指挥员批准。

426.在战术空降兵的整个行动期间，按照完成战斗任务的主要阶段组织协同。在组织协同时，营（连）长协调下列行动：

在空降出发地区空降兵集结、空降兵向直升机装载和登机时，协调空降兵分队和直升机部（分）队的行动；

先遣组、空降兵主力的分队在基本和预备空降地域机降并集结时，协调先遣组、空降兵主力、直升机部（分）队、支援的兵力兵器的行动；

在行动方向上实施侦察时，协调空降兵分队、支援的兵力兵器和侦察机构的行动；

对空降地域内和在第一梯队分队行动方向上的敌人进行火力毁伤时，协调空降兵炮兵分队、支援的兵力兵器和空降兵分队的行动；

完成当前和后续任务时，协调空降兵分队、支援的兵力兵器的行动；

共同完成战斗任务时，协调空降兵分队和到达空降兵战斗行动地区的部（分）队的行动。

在组织协同时，为空降兵分队指挥员指明与先遣分队的会合地线，指定会合地线是为了避免分队相撞和混乱，先遣分队有序通行经过空降兵战斗队形，并为他们投入战斗创造条件。会合地线由空降兵指挥员在转入对目标（地区）的防御后确定，在进攻部队的一方，距离前沿（战斗警戒阵地）1—2千米。

在每一个进攻营的正面上，都会安排2—3个会合点，该任务可以赋予空降兵的战斗警戒。指定每个会合点的负责人和必要数量的向导，以引导分队向需要的方向通过雷场和障碍物中的通路，绕过难以通行的地段。先遣分队可能到来的时间和编成会合站[1]的数量、识别信号、口令和回令由上级明确。会合站的现地位置和会合方法由空降兵指挥员确定。

427.组织指挥时，空降兵明确在空降出发地区、空降和战斗行动实施过程中指挥观察所的展开位置和指挥方法，传达与到达空降兵战斗行动地区的部队组织通信联络的方法。

在飞行中，通信是通过陆军航空兵的无线电网络，使用部队隐蔽指挥信号进行的。

428.营（连）长组织空降和战斗行动后，领导各分队进行空降和完成受领任务的准备，做好武器和军事装备空降和作战运用的准备，检查分队完成战斗任务的准备情况。与各分队一起，进行将武器、军事装备和其他物资器材向直升机装载（卸载），人员登机（下机），并针对受领的任务实施战斗行动的授课和训练。营参谋长（副营长）、分管装备和后勤的副营长留在不进行空降的部分分队中。他们执行上级指挥员明确的任务，考虑到预期损失，组织分队人员、武器和军事装备的补充；组织和实施战斗协同，补充（建立）物资器材储备。

三、空降和战斗行动

429.在规定的时间，营（连）占领指定的空降出发地区，并利用天然掩蔽物进行严密伪装。各分队指挥员进一步确认空降时间的计算，检查各分队向直升机

1　每个营设2—3个会合点（相当于每个连一个），会合点下面可分若干会合站。每个连内，通常每个排使用一条通路，通过通路时，要有会合站人员引导。

装载（登机）的准备情况。

指定待机地域时，营（连）要根据完成空降准备所需的时间向其转移。空降兵各分队在空降兵指挥员指定并与直升机部（分）队指挥员协同的时间到达停驻场。

直升机抵达时，空降兵指挥员会同直升机部（分）队指挥员进一步明确空降计算和战斗装备的装载和人员登机的方法、在基本和预备空降地域内的着陆场、直升机分队和摩步分队在飞行和机降时的协同方法，必要时为分队明确战斗任务和飞行中的战斗队形。

430.武器、军事装备和其他物资器材要在规定的时间（根据使用空降兵的上级的指令）开始装载，按照分队的装载指令在直升机指挥员的领导下进行。人员登机直接在起飞前进行，在发动机启动前结束。高射分队最后实施人员登机。登机时间由空降兵指挥员在接到空降开始的号令后确定。

空降准备情况由空降兵指挥员会同机组指挥员根据装载结束和直升机飞行前进行的检查情况明确。此时，人员在直升机附近时刻准备登机。

431.空降根据使用空降兵的上级指挥员的指令开始。

直升机部（分）队指挥员负责在精确规定的时间向指定的地区（向目标）进行空降兵的机降。

直升机起飞后立即建立战斗队形，并随着主力纵队的先头分队飞近出发地线（点）完成编队。

空降兵指挥员在飞行中位于直升机团（大队）长的直升机上，空降兵分队指挥员在直升机中（小）队长的直升机上。直升机部（分）队指挥员向空降兵指挥员通报空降地域的情况、飞行路线变化和进入着陆场的方法，以及受损的直升机和终止飞行的直升机的情况。

空降兵指挥员要向运用空降兵的上级指挥员报告机降情况、先遣组的战斗结果、当前和后续任务的完成情况以及形势的急剧变化。

432.向空降地域的战斗飞行是在低空和超低空进行的，通常使用一个纵队。在空降兵主力前方，相隔10—20分钟，是装载先遣组飞行的直升机。在空降兵主力纵队的先头，通常是装载摩步分队飞行的直升机，其后是装载炮兵和其他分队飞行的直升机。

为了在飞行地带内对敌人实施压制，特别是敌人的防空武器、掩护的武装直升机（有时是运输武装直升机），在装载空降兵的纵队前和两翼，用机载武器进行射击，而空降兵分队用轻武器射击。

在飞行中，当接近辐射、化学和生物沾染区时，要关闭直升机上所有的气孔、舱口和舱门，也包括机舱的加热和通风系统；直升机机组人员和空降兵所有人员戴上呼吸器（防毒面具）。

433.随着先遣队直升机接近着陆场，要使用直升机机载武器和空降兵轻武器的火力消灭和压制着陆场之敌，随后先遣组实施机降。机载机械师指挥直升机的降落和卸载。

434.先遣组从直升机上下来后，展开成战斗队形，消灭着陆场及其附近地区的敌人，夺占指定的地线，在其上固防，保障空降兵主力机降。

在先遣组行动的高射分队，机降后，在空降兵主力行进的方向上靠近着陆场占领射击阵地，准备对敌空中目标实施射击。

机降后，工兵分队对着陆场的地雷爆炸物和其他障碍物进行侦察、排障，标记障碍物和妨碍直升机降落的地物。

侦察（战斗侦察）巡逻队（巡逻班）在机降后对空降兵当前行动的方向进行侦察，向被夺取的地线（目标）推进，并确认敌人的编成和位置。辐射、化学侦察班（小组）或经过专门培训的班进行辐射和化学侦察。

在先遣组机降后，武装直升机和空降运输直升机对先遣组的战斗进行支援，掩护主力机降，并打击接近空降地域的敌人。先遣组指挥员向机降指挥员报告确认过的空降地域的地形、着陆场和机降地区敌行动特点的资料，一有可能，也报告在被夺取（摧毁）地线（目标）地域内的敌情。

如果基本空降地域的情况急剧变化，基本着陆场损坏，空降兵指挥员要自行定下向预备停驻场空降的决心，而预备空降地域要经运用空降兵的上级批准后才能使用。根据先遣组的战斗结果和侦察机构的情报，指挥员在必要时确认主力机降的方法和战斗队形各要素（分队）的任务。

435.空降兵主力在航空兵、武装直升机的打击和支援的炮兵火力掩护下，在空降地域机降。机降后，空降兵指挥员在现地对分队确认任务或部署新的任务，协调其行动，并在完成战斗任务过程中对其实施指挥。同时，他必须运用军事谋略，实施机动，从不同方向攻击敌人。

炮兵分队机降后在着陆场占领射击阵地，对在空降兵各分队行动方向上观察到的目标进行射击。

高射分队在战斗行动过程中要掩护空降兵的战斗队形免受空中之敌打击。

合成预备队机降后在为其指定的地点集结，时刻准备完成突然出现的任务。

武装直升机以及空降兵机降后的运输武装直升机，从空中支援战斗，阻止敌预备队的接近。

空降兵分队向应当夺取（摧毁、损坏）的地线（目标）行进，要迅速隐蔽，通常以临战队形在警戒掩护下进行。空降兵分队在行进过程中与敌遭遇时，不能陷入持久战，要绕过抵抗中心，使用火力，必要时使用部分兵力进行决定性冲击，消灭小股敌人。

在空降地域空降的结果和空降地域的情况资料要立即报告上级，并在此基础上为部属确定战斗任务。

436.快到指定目标时，战术空降兵在行进间展开成战斗队形，迅速向一侧和后方发起攻击，消灭有生力量、火器（使其损坏报废），并迅速向新目标或指定地区（点）前出。

在夺取地线固防时，空降兵各分队以坚守重要的地形地段和快速兵力兵器的机动为基础，转入防御。防御地区（支撑点）要准备进行环形防御，确保有效对抗敌坦克和其他装甲车辆。

437.在完成向行进之敌的一侧和后方进行打击的任务时，战术空降兵在机降后，到达敌可能的行进路线，占领有利地线，并对其进行突然袭击，同时广泛使用火力伏击。如果可能，空降兵可依次占领多条有利地线，向敌一侧和后方进行打击。空降兵完成这项任务时，要与直升机分队以及从正面进攻或实施防御的己方部（分）队密切协同。

438.摧毁（毁坏）敌核生化武器的运用工具以及察打一体系统的地面要素、指挥所和其他目标时，空降兵各分队要隐蔽进入其部署地区，攻击并消灭掩护这些目标的敌人，使其发射装置（火炮）、导弹（弹药）、指挥工具和其他重要目标部件不能发挥作用。核化攻击武器在转移时，要使用火力、猛烈的攻击或突然的火力伏击将其摧毁。

在夺取敌人设置在发射井里的核地雷时，空降兵在发射井可能部署的地区内消灭敌人，占领指定的地线，并保障用来清除核地雷的工兵分队的行动。

439.当破坏交通枢纽时，要毁坏桥梁、高架桥、立交桥和交通立交桥，使道路路基不能用，此处由于地形条件，短时间内无法构筑绕行道路。

当夺取铁路枢纽（站）时，首先破坏（损坏、毁坏）进出道岔、报警装置和自动闭塞装置、电力和通信线路。车站内的军列通常使用火力和决定性攻击封锁和摧毁。

440.在摧毁指挥所时，空降兵主力直接降落在目标上或其附近，而部分兵力降落在指挥所各要素可能撤离的路径上或敌预备队可能接近的路线上。空降兵主力从不同方向攻击敌人，集中主力夺取指挥所的作战部、作战指挥组和司令部的文件。同时，破坏通信枢纽、无线电发射和接收中心（点）、部队和武器指挥自动化设备。

处于移动中的目标，使用伏击或空中突击行动摧毁。消灭指挥人员，摧毁指挥设备，缴获各类文件。

441.在完成夺取水利设施、桥梁、渡河工具或便于强渡地段的任务时，空降兵应在机降后迅速向指定目标行进，行进间，在一岸或两岸从不同方向以冲击的方式夺取这些目标，并转入环形防御，坚守它们直至己方部队到来。

为保障海军陆战队行动，战术空降兵机降后，可夺取并以顽强的防御坚守海军陆战队预计登陆的沿海地带的地段，阻止敌人的预备队接近，以部分兵力或全员消灭岸炮炮台和其他妨碍海军陆战队登陆的火器，以及指挥所、通信枢纽和其他目标。战术空降兵直接在搭载海军陆战队分队的登陆舰接近海岸之前进行机降。空降兵的行动使用火力支援舰的火力和航空兵打击进行支援。

442.为了夺取山垭口，战术空降兵直接机降在山垭口上或其附近的场地，夺占其附近的制高点，然后到达防御山垭口的敌人的一侧和后方，消灭敌人。

为了夺取山间通道（山谷），空降兵通常在制高点上机降，封锁并消灭敌人。

443.使用战术空降兵封锁并与反机降（合成）预备队一起消灭敌方机降的空降兵（破坏侦察组）时，在敌空降兵行进方向、封锁地线或紧临封锁地线进行机降。

444.进攻的部（分）队从正面到达沟通联络地线时，空降兵指挥员与他们建立联系，确认会合点的位置、先遣分队经过空降兵分队战斗队形时的通行方法，以及后续的联合行动。

到达炮兵火力支援地线时，支援的炮兵分队的指挥员与空降兵指挥员（炮兵校射员）联系，开始为了空降兵而执行任务。此时，对空降兵的指挥可移交给到达空降兵战斗行动地区的兵团（部队）指挥员，空降兵成为其战斗队形的组成部分。

到达会合点时，到达空降兵战斗行动地区的部队的先遣分队会使用规定的信号标记自己。空降兵各分队指挥员向这些分队指挥员通报敌情、空降兵各分队的位置，确认通过空降兵战斗队形时的通行方法和联合行动（替换空降兵分队）的方法。

与旅（团）先遣分队会合后，空降兵分队可在第一梯队到来前坚守先前夺取的目标（地线），在合成部（分）队行进、展开和战斗过程中掩护其翼侧，与其联合夺取重要目标（地线），或退出战斗至己方部队部署（战斗力恢复）地区，并根据受领的任务采取行动。

445.空降兵的撤离，可使用直升机直接从被摧毁的目标进行，或从完成战斗任务（撤离）后的集结地域进行。

空降兵以临战队形向撤离地区行进。为保障空降兵在制高点和敌可能的行进路线上的撤离，派出警戒分队和掩护分队。首先进行迫击炮分队和炮兵分队的装载和登机。支援的直升机随时准备为警戒分队、掩护分队和空降组的直升机实施火力支援，特别是在他们登机和起飞时。

在撤离过程中，空降兵指挥员指挥空降兵分队和直升机的行动。

446.完成战斗任务时，战术空降兵到达指定的集结地域（点），与营（连）未进行空降的部分会合，通常由自己部（分）队的指挥员指挥。在接到再次空降的战斗任务时，分队开始准备。在这种情况下，营（连）要采取措施恢复分队的战斗力、他们的战斗协同，补充人员、武器、导弹、弹药和其他必要的装备。

447.在整个敌后行动（完成战斗任务）期间，指定在战术空降兵编成内的分队，使用导弹、弹药、给养、个人防护器材和其他物资器材进行保障。

为给予医疗救助，营的医疗排（点）可用医务人员和医疗设备进行加强。

在战斗行动过程中补充弹药和其他物资器材储备，可由陆军航空兵的分队进行，此时，可使用返程航次后送伤病员；也可使用从敌人手中缴获的武器、弹药和其他物资器材。

第八章
作为侦察支队行动

一、概述

448.侦察支队——是兵团（部队）向最重要方向派出的军事侦察机构。通常由一个侦察连或一个受过专门训练的摩步连编成。有时，也可指定摩步营为侦察支队。

编为侦察支队的营（连）可以得到各兵种分队和特种部队的加强，以及航空兵和炮兵的支援。

449.要为侦察支队指明侦察方向和地带，由一个营编成的侦察支队，其侦察地带宽度可达10千米，一个连的编成可达5千米。侦察支队的距离取决于其编成、受领的任务、地形特点，师派遣的侦察支队的距离可达80千米，旅（团）派遣的侦察支队的距离可达50千米。

450.根据形势条件，侦察支队可以按行军队形或临战队形行动。在崎岖不平或难以通行的地带，侦察支队可以徒步队形完成受领的任务。

为了侦察敌情、勘察地形和直接警戒，要从侦察支队主力中派出侦察巡逻队、巡逻班（坦克）和徒步巡逻兵，在侦察实施过程中，派出的侦察巡逻队（巡逻班、坦克）数量要视情况而定。此时，在侦察支队的主力编成内要留不少于三分之一的兵力兵器。侦察巡逻队派出一个排的编成，距主力可达10千米。

451.侦察支队的指挥员通常位于主力编成内。

为了弄清情况，他也可以前出到侦察巡逻队中。

二、行动准备

452.侦察支队的行动准备包括：行动的组织（定下决心，给各分队部署任务，制订计划，组织火力、协同、全方面保障和指挥）；营指挥部、营部和分队作为侦察支队行动的准备；展开并占领初始位置；分队展开时营（连）长及其副职、助理和营司令部的实际工作；其他措施。

453.在受领作为侦察支队行动的战斗任务后，营（连）长要理解受领的任务，计算时间，判断情况，定下决心，在决心中明确：行动企图；分队的任务，协同、全面保障和指挥的主要问题。在组织行动后，营（连）长要领导各级军官的作业，内容就是所属指挥员、分队、完成受领任务的兵力兵器的直接准备。

454.理解任务时，指挥员要了解：当前行动的目的、上级企图和侦察支队的任务；要在什么时间内获取什么情报；友邻的任务、与他们协同的条件，以及营（连）执行任务的准备时限。

判断情况时，侦察支队的指挥员要专门研究敌人的编成、位置、可能的行动特点和侦察地带的地形，明确可能与敌人遭遇的地线。

在行动企图中，指挥员应按照完成受领的任务的各个阶段，明确：主力集中的方向和目标；行动的形式和方式（展开和占领初始位置的方法，向侦察地带行进的方法，行进路线，在可能与敌遭遇的地线上和完成任务后的行动方法）；兵力兵器的分配［侦察巡逻队（巡逻班、坦克）的数量和编成、主力编成、行军（临战）队形配置］；在任务准备、执行任务过程中和完成任务后要保障隐蔽性。

455.部署任务时，侦察支队的指挥员要指明：

所有分队和侦察机构——与敌人遭遇时的任务；友领侦察机构和前方行动的侦察机构的任务，其中包括侦察地带内其他部队完成的任务；通过己方部队战线（警戒线）的方法；口令和回令。

侦察支队主力——在行军（临战）队形中的位置；行进方向（路线）；占领初始位置的时间、通过出发点的时间和直接警戒的方法。

侦察巡逻队——加强兵器及其转隶方法；侦察方向（地区）；侦察目标；要在什么时间内获取什么样的情报；保持通信联络和提交侦察情报的方法，以及必要时提供友邻侦察机构和在前方行动的侦察机构的情报的方法、相互识别的方式、口令和回令。

456.按照任务、侦察目标、可能与敌遭遇的地线和己方分队的行动方案来组织协同。在组织协同时，营（连）长要特别注意协调以下行动：

在展开、占领初始位置和到达侦察方向（地带）时，侦察支队的分队和在己方部队前面行动的分队的行动；

在沿明确的路线行进，对目标和地形进行侦察，与敌遭遇时，侦察支队主力和侦察巡逻队（巡逻班、坦克）的行动；

侦察支队主力、侦察巡逻队（巡逻班、坦克）和在侦察方向上行动的侦察机构的行动。

协同和指挥信号要传达到所有人员，必要时也传达友邻侦察机构和在前方行动的侦察机构的情报，及相互识别的方法。

如果时间充裕，按照任务和侦察目标组织分队行动的连贯演练，并按照可能的行动方案推演主要场景。

457.除了通常的问题外，检查部署的任务的执行情况还包括检查：人员对抵抗之敌，特别是敌武器装备、指挥所和其他侦察目标的侦察特征的了解情况；他们对自己的任务、完成的方式和顺序、在侦察实施过程中协同的方法，以及指挥、协同和识别信号的了解和掌握的情况。此外，在检查分队指挥员的准备情况时，还要检查他们对指挥和报告方法的了解情况。

三、侦察实施

458.侦察支队使用观察、侦察伏击、急袭等方法执行任务，如果无法以其他方式获得敌情，则以战斗的方式执行任务。

在完成战斗任务过程中，在侦察支队内要组织循环观察。在夜间和能见度有限的条件下，使用夜视设备、雷达站进行监视，并辅以窃听。

根据指挥员的决心，侦察支队使用部分兵力或全部人员，实施伏击（急袭）。组织伏击（急袭）通常在短时间内进行。

如果无法以其他方式查明目标，侦察支队将实施战斗侦察。为了引起敌人的反应，派出部分主力进行佯动。激起敌人响应后，侦察支队查明其主力编成、火力位置，揭露目标特性、位置，确定坐标。侦察队在烟雾的掩护下，利用地形的褶皱退出战斗并撤退。撤离后，侦察支队继续完成赋予的任务。

459.侦察支队主力在使用侦察巡逻队（巡逻班、坦克）勘察地形（目标）期间，必要时可展开并占领阵地，时刻准备火力支援。此时，人员通常不下车。侦察支队指挥员位于其主力纵队的先头。必要时，他会前出到其中一个侦察巡逻队（巡逻班、坦克），并亲自确认情况。在这种情况下，主力由副营（连）长指挥，为其指明行进路线和速度、纵队的下一个停靠点（地区）和后续行动的方法。

460.侦察支队要尽可能绕过大型居民地、树林和高地。必要时，应采取预防措施通过它们。

侦察支队在沿高地斜坡无法通行的情况下，可沿高地棱线运动。为了勘察邻近高地，特别是制高点的高地，要派出巡逻班。

461.当遇到（人工和天然）障碍物时，侦察支队应查明其性质、敌人的数量及编成，明确绕行障碍物的方向（路线），并继续完成受领的任务。

462.在发现敌人的支撑点和抵抗枢纽后，侦察支队通过观察查明其编成、火器位置（坐标），障碍物的性质，绕过它们并继续在指定方向完成赋予的任务。

在发现核化攻击武器、察打一体系统的地面要素、指挥所后，侦察支队确定他们的位置（坐标）、行动的特点、警卫分队的编成。条件有利时，侦察支队要破坏被发现的目标，抓捕俘虏，夺取文件和武器样本。

发现敌优势兵力后，侦察支队不参与战斗，要查明其编成和行动特点。如果无法避免与敌发生冲突，侦察支队用一部分兵力牵制敌人，而主力则利用地形的防护和伪装特性，与敌脱离，继续完成受领的任务。

与敌突然遭遇时，侦察支队要先敌展开，迅速出击，抓获俘虏，然后退出战斗，继续执行任务。俘虏经支队指挥员亲自审讯后，关押在主力部队的一辆战车中，直到侦察支队到达己方部队所在地或接他们的直升机到来。

463.营（连）长要在规定的时间内报告侦察结果，并在发现核化攻击武器、察打一体系统的地面要素、指挥所和行进的预备队时立即报告。

464.侦察江河时，侦察支队要查明敌人在己岸和对岸的数量、编成和行动特点，江河性质及河谷状况。侦察支队在宽大正面上向江河隐蔽前进。如果通往江河的接近路上有敌人，侦察支队要查明其支撑点、战斗队形的间隙，并利用这些间隙向江河渗透，确定其宽度、深度、水流速度、河底土质和底部轮廓，河岸的陡峭度和通行情况，两岸和水中障碍物情况，便于强渡的地段，渡口的数量及其状态，并渡河到对岸。

在对岸，侦察分队要查明敌支撑点，未占领或防御薄弱的地段，火器、第二梯队（预备队）的位置，障碍物的数量和性质。无法渡河到对岸时，则在己岸通过观察对在对岸防御之敌进行侦察。在这种情况下，侦察支队与先遣支队或主力第一梯队的分队一起渡河到对岸。

465.为侦察居民地，根据其大小，从侦察支队派出一支或几支侦察巡逻队（巡逻班、坦克）。侦察支队的主力留在居民地外，直到侦察机构勘察完其边缘，然后再向他们前进。

466.在夜间进行侦察时，可使用雷达站、夜视设备和地形照明器材。特别注意山地、居民点边缘、林边和其他可能有敌人的地方。为了获得俘虏、敌武器和装备，要布置侦察伏击，并实施急袭。分队要严格实行灯火管制，行动要突然、果断、大胆。

467.防御中，在没有与敌人直接接触时，要派出侦察支队，以便及时发现敌人的行进和展开，确定其主要集群的编成和行动方向、核化攻击武器的阵地、察打一体系统的地面要素、炮兵的射击阵地和指挥所的部署位置。在防御战斗过程中，侦察支队要进一步弄清楚敌人的集群，查明第二梯队（预备队）的接近情况及其进入战斗的方向和地线。

468.在进攻中，侦察支队利用敌人战斗队形中的间隙和暴露的翼侧，迅速向其防御纵深渗透，对阵地和支撑点进行侦察，确定第二梯队（预备队）的部署地区和行进方向，筑城工事、障碍物的数量和性质，其中包括核地雷的设置位置，核化攻击武器、察打一体系统地面要素的阵地，炮兵的射击阵地，指挥所和其他重要目标的部署位置，沾染区，破坏、纵火、淹没区，以及克服或绕行它们的方向。当敌人开始撤退时，侦察支队迅速到达敌主力的翼侧和撤退路线上，查明敌主力编成和撤退方向、后卫的编成和行动特点、在纵深准备防御的阵地和地线、障碍物特别是核地雷的数量和性质。侦察支队可以夺取敌撤退路线上的江河渡口和其他重要目标，并坚守它们，直到进攻部队到来，使用部分兵力继续执行任务。

469.在预期的遭遇战中，侦察支队通常以最大速度沿道路向可能与敌遭遇的地线推进。当接近与敌可能遭遇的地线时，侦察巡逻队和支队主力通常在道路外隐蔽行动，从一个利于观察的点移动到另一个利于观察的点，仔细观察道路和其他敌人可能行动的方向。当与敌侦察警戒遭遇时，侦察巡逻队和支队主力绕过他们，隐蔽向敌主力渗透，查明敌主力编成、行动的特点和方向、通过重要地线的时间、开始展开和展开地线、核化攻击武器、察打一体系统地面要素的阵地、炮兵的射击阵地、指挥所的位置。在遭遇战斗过程中，侦察支队利用敌战斗队形中暴露的翼侧和间隙，对敌主力进行侦察，向纵深渗透，查明第二梯队（预备队）的编成及其行进方向。

470.在北方地区和冬季，侦察支队通常沿在地图上和现地易识别的道路、小路和山谷或河流、湖泊和峡谷行动。在难以到达的地形上，侦察支队以徒步队形（冬天滑雪）行动。为所有人员保障伪装服、保暖服、防冻伤器材和维生素制剂；在夏天，要保障防蚊虫、蠓虫和其他飞虫叮咬的物资。在组织行动时，要非常仔细地选择行进路线，明确沿路线个别地段上的检查点和行进的方位角。

471.在森林沼泽地，侦察支队通常沿着公路和林间通道前进。为了勘察不在侦察支队行进方向上的森林，派出侦察巡逻队（巡逻班、坦克）。特别仔细地检查林边、林中旷地、峡谷谷地的入口和出口、束柴道路、湖间通道、桥梁和其他敌最有可能发动伏击的地方。

472.在山区，侦察支队通常沿公路、山谷、山脊前进，并通过对制高点进行连续检查和从制高点观察来实施侦察。为了检查道路、小路、峡谷和其他不在行进方向上而敌人可能出现的地方，要派出侦察巡逻队（巡逻班、坦克）。在高海拔地区和难以到达的地段，使用徒步巡逻兵进行侦察，要为巡逻兵保障山地设备，并培训克服山地障碍的技术。

473.在沙漠地区，侦察支队可以被派遣到比正常情况下更远的距离。要为人员保障额外的水储备；采取措施提高武器和军事装备的越野能力，及其部件和附件对沙尘的防护能力，对武器和军事装备伪装涂色。

474.完成赋予的任务后，侦察支队在到达地线隐蔽部署，继续监视敌人。

侦察支队返回己方部队所在地，通过在指定地点反向穿越战线进行。通常，穿越战线由派遣侦察支队的首长和侦察支队穿越地区的指挥员共同指挥。

在返回之前，指挥员要详细研究穿越战线的地段上的情况、与在该地段上行动的分队的协同方法，确定向该地段行进的基本和备用路线，以及直接穿越战线的方法。

到达指定用来穿越的地段前面的地区后，侦察支队指挥员将各分队配置在最安全的地点，组织侦察，确定行动方法。

侦察支队在规定的时间或在收到上级的信号时穿越战线。

第九章
营（连）在武装冲突中的运用

475.根据具体情况，武装冲突既可以是长期的（持久的），也可以是短暂的；可以是国际性的（两个或两个以上国家参加），也可以是国内的（在一个国家内进行武装对抗）。边界冲突是武装冲突的一种特殊形式。

武装冲突的特点是：正规部队和非正规武装部队共同参与；破坏活动和恐怖活动活跃；有发展为局部战争的危险；大多数当地居民卷入武装冲突，易受伤害；实施重点战斗行动；武装斗争武器使用的限制；投入大量兵力兵器来保护交通线和部队部署地区；冲突中部队所处的精神心理环境的复杂性。

476.武装冲突条件下的行动准备要考虑其性质和规模、使用部队的目的以及执行任务的特殊性，并符合准备和实施当前类型的战斗行动的法定文件的要求。

营（连）与配属、支援和协同的兵力兵器共同进行准备，既可以提前，也可以在战斗行动和其他行动过程中进行。

477.在武装冲突中，营可在兵团（部队）、混成武装部队编成内使用，或根据其用途独立使用（连通常在营的编成内），完成以下任务：封锁地区（地段）、居民地，并在其中隔离敌人；在封锁（非封锁）地区实施搜索行动；包围和迟滞敌人，敌人进行反抗时消灭他们；警卫、防御重要目标和部队所在地区；打破被包围的分队和目标的封锁；保护交通线，引导和护送纵队；组织和实施伏击；抵抗敌人的破坏、袭击和伏击行动。

此外，营（连）还可参与保障边防部队的执勤和战斗活动，在边境武装冲突过程中和解决边境事件（挑衅）时实施战斗行动和其他行动。在国内武装冲突中，与其他部队的分队协同，参与采取措施解除当地居民武装（收缴武器），协助执法机构完成赋予他们的任务（加强维护社会秩序的哨所、检查站，维持在武装冲突地区和其他地区转移调动的特殊规范）。

一、边境武装冲突

478.在边境武装冲突中，营（连）通常在兵团（部队）编成内使用。为保障保护国境线和支援守卫国境线的边防部队的分队，按照上级的决心，可从兵团（部队）派出加强分队和支援支队。加强分队的编成可达一个加强摩步（坦克）连，支援支队可达一个加强摩步（坦克）营。

该营（连）的主要任务可能是：参与限制冲突地区范围，并展示行动准备；掩护国境线的地段；封锁敌占领的地区（目标）；保障边防部队执勤和战斗活动的措施；单独或与其他部队的分队协同实施战斗行动和其他行动。

479.与边防部队组织联合行动，营（连）长在理解任务时，还应额外确定：责任地带（地段）；边防（其他）部队的集结地域、责任区和任务，为加强他们而派出的兵力兵器（数量、编成、分配和转隶方法，以及他们的任务）；为了营（连）而由上级（边防首长）完成的任务；支援和配属的兵力兵器。

在判断情况时，营（连）长还应额外研究：

敌人（越境者）可能的编成、武器、位置、行动过程中可能的加强；他们以前的行动方法和形式、后续行动的可能特点。

边防（其他）部队的编成、任务、战斗能力、运用和指挥的特性、与他们协同的条件。

从邻近领土破坏国境线（武装入侵）最可能的地段（方向）；该地区（邻近领土）军事、政治和社会心理状况的特点。

营（连）长定下相应类型战斗行动的决心。保障边防部队执勤和战斗活动时，他要另外明确主力集中的方向，以及进行边境搜索、大批平民破坏国界、敌武装部队破坏国界和抗击其入侵、打破边防哨兵分队封锁时的行动形式和方式；兵力兵器的分配（战斗队形的建立）和任务。

在协同的基础上，营（连）长还要额外明确作战时隶属于边防部队的兵力兵器的转隶方法，以及按照完成的任务和联合行动各阶段组织协同的方法。

在全面保障的基础上，营（连）长要额外明确与边防（其他）部队联合行动，特别是侦察行动的组织方法；技术和后勤保障互相帮助。

在指挥的基础上，营（连）长额外明确与边防（其他）部队的分队相互通报、信息共享的方法，确定频率、呼号、指挥协同和识别的信号、方位物、地图编码。

480.现地勘察是与边防部队各分队（作战组）指挥员共同进行的。在现地勘察过程中，在现地确定：责任区、联合任务及其完成方式；各分队到达指定地区（地线）的路线；对敌火力毁伤和保障边防部队的分队撤退的方法；确定组织协同和指挥的问题。

481.和平时期，在制止边境事件（挑衅）时，由边防首长组织协同和指挥，派出合成分队归其作战隶属；在边境武装冲突条件下（军事行动开始时），由合成指挥员组织协同和指挥，以完成赋予他的任务。组织协同，目的是在执行对国境线的保卫、掩护和防护任务时，实现不同单位兵力兵器的有效利用。

在日常活动过程中，根据联合执行任务的特点，吸收作战组、加强分队（支援支队）和边防部队（其他）的分队参与实施作业、演习（训练）。

在加强对国境线的保卫时，加强分队可以向边境行进，占领指定地线，组织战斗值班，并根据情况随时准备行动。

482.在发现国境线有被破坏的迹象时，在该地段上由边防首长组织和实施边境搜索。

边境值勤小组发现越境者后，要采取措施迟滞他们，并关闭越境者行进的可能方向；边防支队、大队、哨兵分队要转入边防勤务加强状态，并按照实施边境搜索的计划行动。

接到信号（指令）后，加强分队前往指定地区，执行边防首长部署的掩护（封锁）地形地段（地区）、以火力支援边防部队等任务；占领国境线上的指定地线；编入或加强为实施搜索而建立的各个组（掩护组、封锁组、搜索组、包围组、攻击组、火力组）。

边境搜索按追击、掩护、封锁、搜索、包围、迟滞（战斗）等阶段实施。

追击由发现越境者的边境值勤小组（侦察和搜索组）实施，其目的是追上、拘留或俘获（消灭）越境者。

掩护时，指定的摩步（坦克）部队在越境者可能前进的方向上占领有利地线，以防止其突破到邻国领土或封锁区之外，为拘留他们创造有利条件。

封锁是沿明确的界线隔离越境者预计所在的地区，目的是防止他们突破到边界以外，限制边境搜索地区，以及确保对越境者的拘捕（俘虏或消灭敌武装部队的破坏和侦察组）。

搜索——分队对地形勘察（检查）的行动，以发现和拘留（消灭）越境者。它可以在一个封锁区（封闭区）内，采取各组向派出的掩护队一面单向移动的方式进行，或采取各组迎面移动的方式进行，或采取各组按单独的方向或向封锁地区的中心移动的方式进行。

包围——分队紧靠目标（地区）部署，其紧密程度要能防止敌人从包围圈中突破。

483.在解决边境事件（挑衅）时，加强分队（支援支队）沿国境线占领指定地线。支援边防分队的行动由边防首长进行指挥，他们通常通过合成兵团（部队）的作战组移交其作战隶属。

在发现邻国人员聚集和准备大规模入侵时，边防部队应采取措施加强对国境线的保卫，时刻准备实施威慑行动；以分割组和驱逐组的行动，将大部分被封锁的人彻底分割成若干不大的批次，并将他们驱逐到邻近领土。

加强部队（支援支队）前进到封锁地线，以阻止难民前进到国家领土纵深，如果越境者使用武器，并将其行为升级为武装挑衅（冲突），他们要为边境分队提供火力支援，参加战斗行动。

484.在制止武装挑衅和其他挑衅，抗击敌武装部队入侵时，边防部队的分队从有利地线对在过境点和集中地区的敌人实施火力毁伤，迟滞其推进；阻止其向国家领土纵深渗透；恢复边界的初始态势。敌优势兵力入侵时，从有利地线，并与友邻协同迟滞敌人，直至边防支队预备队到来，要查明敌主力集中的方向。

位于边境上的加强分队进入戒备状态，位于常驻点的加强分队（支援支队）进入指定地区，并在指定的部队（兵团）责任地段（地带）内行动，支援边防分队行动，并与他们协同对敌进行毁伤，不允许其越境渗透并向国家领土纵深推进。

当敌人封锁哨所时，边防哨兵分队占领环形防御，抗击敌攻击。友邻边防分队的预备队向被封锁的哨所开进，对敌人实施火力毁伤，牵制其行动，保障边防支队、加强分队和支援支队的预备队投入战斗。合成分队向被封锁的哨所行进，并与边防分队协同，解除其封锁，对敌进行毁伤，并恢复沿国境线的态势。

485.在受到威胁的时期，要积极开展各种侦察。加强分队（支援支队）可向边境挺进，以加强边防部队的分队，保障行进和占领兵团（部队）责任地带（地段）。

进一步明确并协调在边境地带侦察的组织、指挥所部署的位置和他们之间通信联络的组织等问题；进一步明确在保障地带行动的分队（部队）和边防部队的分队撤退的方法、他们的集结地域和撤退后的任务。

边境武装冲突开始时，合成兵团（部队、分队）被部署到作战目标区，占领指定的防御地带（地段）；与边防部队一起组织边境地带（保障地带）的侦察，并与其他部队协同实施坚守占领的阵地、地线和地区，以及歼灭入侵之敌等战斗行动。

二、国内武装冲突

486.在国内武装冲突中，可以为营制订责任区，它的大小根据形势条件和分队的编成来明确。

营（连）战斗队形的建立要考虑当前战斗行动类型、在宽大正面上完成战斗任务，并与其他部队密切协同的特点。

在完成作战任务时，分队的行动方式不同于传统的行动方式，要根据形势条件和敌人行动的战术做出调整。只有当分队指挥员了解敌人行动的战术，并运用适当的对抗形式和方式，才可能顺利实施战斗行动。

487.在国内武装冲突中，营（连）进行行动准备，要考虑与其他部队一起执行任务。

理解任务时，营（连）长除通常的问题外，还应进一步明确：既定法律制度的特点；任务准备和执行任务的特点；其他武装部队的责任地区（区）、任务和部署位置，与他们共同完成的任务，他们完成任务的方法和隶属关系，联合行动的方式，组织、保持协同与指挥的方式。

在判断情况过程中，营（连）长应进一步明确：

敌人的编成、武器、位置，在行动过程中可能的加强；敌人以前运用的行动方式和形式，预计的后续行动特点，敌人可能的机动、退出战斗和撤退路线；敌人的强弱点；夺占哪些目标（地区）能降低敌实施战斗行动的能力；障碍配系，攻击目标（敌人占领的地区）的保卫和防御配系。

己方分队的状态、能力、防护性和保障程度，他们完成受领任务的协调性和准备程度；为了营（连）而由上级完成的任务；其他部队的兵力兵器，他们的训练水平、战斗能力、运用特性和指挥特点，责任区（地区），与他们协同的条件；目标的保卫和防御配系；人员的战斗经验情况；军人的精神心理状态；友邻、配属（支援）的分队、其他部队分队的编成和位置，及其能力、任务、隶属关系，保持通信和协同的方法，初步定下战斗队形有哪些要素，以及他们的装备。

危险目标，不应被破坏（摧毁）的文化、历史和重要的生活保障设施，以及受国际人道主义法律保护且未被敌人用于（未准备使用）军事目的的人员和设施的数量情况；隐蔽的接近路和盲区的情况；难以通行的地段的情况；可能的堵塞、破坏、淹没地区，平民堵塞路线的地点以及绕行的路径。

此外，还要研究：该地区军事政治、社会心理和犯罪情况的特点、当地居民的传统和习俗、居民对部队行动的态度；国家和地方政府及执法机构履行职能的能力、与他们协同的主要问题和协同条件。

488.在当前类型的战斗行动决心中，营（连）长要额外明确：按照完成赋予的任务的各阶段行动的形式和方式；地区（地线）及其占领方法；战斗队形编成和分队任务（兵力兵器的分配）、武器和军事装备使用的特点，以及转交给其他部队作战隶属的分队的编成；友邻及其任务，与他们的分界线；其他部队各部（分）队的部署、任务和完成联合任务的方法。

在对分队（分配的兵力兵器）部署下列战斗任务时，指明：

向武装冲突地区行进——战斗编成、加强兵器和转隶方法；责任地区；

给营（连）分配的路线编号，在行军队形中的位置，行军警戒机构和路线警戒机构（哨所、检查站数量），他们的编成和任务；集结（休息）地域或地线；到达（进入）指定地区（指定地线）的时间、休息的地区和时间，以及当地居民阻挠纵队前进和与敌遭遇时的行动方法；通过出发地线（点）和调整地线（点）的时间；友邻及其任务，每昼夜己方部队的识别标志和指挥信号；行军结束后的任务。

限制武装冲突地区，封锁重要目标（地区）——战斗编成、加强兵器和转隶方法；封锁地线，及其占领的方法和时间，在武装冲突地区组织转移的方法；禁止敌人脱离封锁区，并将敌人与武器、军事装备、弹药和其他物资器材的供应来源隔离开的任务。

封锁，搜索行动，解除（消灭）敌人武装——战斗编成、加强兵器和转隶方法；责任区，营（连）在战斗队形中的位置；封锁地线及其占领方法；实施搜索行动的方法［出发地区、出发地线、各地段（扇区）及分界线（行动方向）、取齐线、终点线（会合线）］；包围（驱赶至指定地区）敌人并解除其武装（消灭）的方法。

保卫和防御重要目标，掩护国境线（行政边界）的地段——战斗编成、加强兵器和转隶方法；必须保卫和防御的地线（目标）、敌人攻击时的行动方法。

保卫交通线、引导和护送——行进路线、为保卫和防御交通线而派出的兵力兵器，他们的编成和任务；组织引导（护送）纵队的方法、参与的兵力兵器及其任务；组织纵队行进的方法和检查纵队的行进路线，向遭受敌人攻击的分队提供帮助。

保障既定法律制度和当地居民安全——维护既定法律制度和协助其他部队完成赋予他们的任务。

在协同的基础上，要额外明确：与其他部队联合执行任务的方式；配属（支援）分队和移交作战隶属的分队的转隶方法；按照完成战斗任务的各阶段，与其他部队的部（分）队在联合行动准备和实施过程中的协同方法；其他部队的部（分）队指挥所展开的时间和地点。

在全面保障的基础上，额外明确在与其他部队联合行动过程中组织全面保障的方法，以及在技术保障和后勤保障方面提供互助的方法。

在指挥的基础上，额外明确相互通报和作战信息共享的方法。

489.在与其他部队的分队组织协同时，还应进一步明确并协调：责任区的边界和完成联合任务的方法；派出（接收）移交作战隶属的兵力兵器的方法；组织保卫、防御重要目标和交通线，以及在敌人攻击时提供援助的方法；参与完成领土防御和民防任务（保障既定的法律制度）。

在组织指挥时，营（连）长要额外指明：频率，呼号，指挥、协同和与其他部队的协同分队识别的信号；进一步明确方位物、地图和地物编码、信息共享的方法。

490.通常在白天向国内武装冲突地区机动部队。加强的兵器在己方分队的纵队中跟进，时刻准备立即行动；在较短的距离内组织侦察和警戒。分队指挥所不应派出纵队编成。为了防止当地居民的阻挠和挑衅行为，行进路线尽可能绕行居民地。

营（连）分队可参与引导和护送纵队，保卫交通线。警戒哨（检查站）的阵地必须构筑成能实施环形防御战术。纵队通过后，警戒机构可从阵地上撤下来，或留下以保障后续纵队行进。

491.与其他部队的分队密切协同，歼灭和肃清敌武装部队。一般来说，合成分队通常在他们占领的地区（通往居民地的接近路上）歼灭、封锁（包围）敌人，摧毁防御枢纽；加强和保障其他部队的分队行动。其他部队的部（分）队独自或与合成分队协同，消灭敌人，实施搜索行动。行动分为两个阶段实施：第一阶段封锁预定地区，第二阶段搜索行动。

在完成战斗任务，以及完成与敌破坏侦察组和落在（留在）我军后方的敌分队的斗争的特别任务时，为了限制敌人机动和限制其逃避战斗，可封锁敌人已占领的地区（地段），并在其中实施搜索行动，发现并包围敌人，强迫他们交出武器；若他们进行抵抗，则消灭他们。当查明敌人所处位置时，可在封锁（未封锁）地区内立即对其进行包围，然后强迫其投降（将其消灭）。

封锁是沿明确的地线隔离预计敌人所在的地区，以限制搜索行动的区域，阻止敌人离开被封锁的区域范围（向区域渗透），为迟滞（俘虏、歼灭）敌人创造有利条件。为了不让敌人退出（渗透出）封锁地区，各分队（军人）之间必须有目视和火力联络。封锁的密度取决于行动方向、地形条件、天气条件和昼夜时间。

包围——分队直接挨着目标（地区）部署，部署的密度要能防止从包围圈外突破目标的可能。包围是在与敌人建立火力接触之前，将封锁圈封严实，目的是减少分队之间的间隙，缩短封锁正面（建立连续的正面），不准敌人突破（渗透出）。

搜索行动是检查（勘察）地形，目的是发现并拘捕（消灭）敌人。搜索行动在封锁（未封锁）地区内实施，包括搜索（仔细搜查）行动和侦察搜索行动。

分队的战斗队形可包括：封锁分队（组）、实施搜索的分队（组）、火力组、突击组，以及预备队和装甲组。封锁组可包括掩护队或伏击。可以建立一个押送拘留者（俘虏）的组。

掩护队——为封闭预期（揭露）的敌移动方向而派出的分队。

封锁区被划分为各分队的地段（扇区）。在区域地图上指定封锁地线，这些地段能提供方便的进出路，确保各分队占领和部署的隐蔽性，通往这些地段的接近路上有良好的视界和射界。为各分队指定封锁地段，长度为：营可达5千米，连可达2千米。为排（班）指明阵地：排正面可达750米，班正面可达250米。

在封锁地线上，各分队根据实施搜索行动的时间和预计的敌人编成转入防御或派出观察哨、巡逻队、潜伏哨。要最严密地掩护通往居民地的道路和多林地段。分队之间的间隙要用工程障碍物和火力掩护，在无法观察的地段上设置信号雷。各分队的阵地要严密伪装，在阵地上可挖掘单人或双人掩体。敌人可能的移动路线可使用编成为一个排（班）的掩护队（伏击）来切断。在封锁地线上可构筑检查站，检查来往的当地居民和交通工具，建立过滤站，其编成包括军事反间谍机构和军事检察院的代表。

各分队严格遵守伪装措施，秘密行进，并占领封锁地线。行进可搭乘战斗装备直接向封锁地线实施，或者分队以徒步方式，而装备集中在距离其2—3千米的位置实施。战斗装备在己方分队编成内行动，在指定的地区集结，时刻准备向射击线行进，向己方分队行进，或留在出发（基地）地区。

搜索行动（仔细搜查）通常在封锁完成后开始，可以在一个方向上，沿着向中心聚集的方向，或从中心沿着发散方向进行，将封锁地区划分为若干地段，并进行连续的仔细搜查。连续搜索时，要察看整个地区；选择性搜索时，要察看单独的方向、地段和目标。

指定用于实施搜索行动的分队，占领出发地区，在规定的时间（按照信号）行进到出发地线并开始执行赋予的任务。他们要逼迫敌人向掩护队（伏击）、开阔地段前进，或占领不利的阵地。发现并抵抗敌人时，火力（突击）组和预备队前出，包围并随后俘虏（消灭）敌人。当敌人突破时，封锁线上的分队通常留在阵地上，直到搜索行动结束。封闭敌人撤退的方向和追击敌人由执行搜索行动的分队和预备队实施。此时，可在新的地区封锁（包围）敌人。

为了实施搜索行动，要指定：出发线、取齐线和终点（会合）线，战斗装备集中地点、行动（仔细搜查）方向（方位角、地带）。

分队的推进速度应保障对地形、住宅楼、建筑物和其他设施进行仔细检查，用火力掩护分队，速度为：在开阔地可达3千米/小时，在中等起伏地可达2千米/小时，在山区、森林沼泽地和居民地可达1千米/小时。没收查获的武器和弹药，拘捕出现在封锁分队阵地上的可疑人员并移交给执法机构（集中在指定地点），消灭抵抗者。为防止部队行动情报泄露，拘留出现在封锁地线上的人员，直到部队行动结束，或移交给上级。

经过1.5—2小时的搜索行动后，根据明显可见的方位物来指定取齐线。在取齐线上，进一步明确各分队（组）的相互位置及其任务，协同方法，必要时进一步明确后续运动方向，使战斗队形排列整齐。

实施搜索行动时分队的战斗队形以战斗小组为基础建立。在开阔地带，士兵之间的间隔可为10—15米，在隐蔽地带为5—7米。通常，克服开阔地带和接敌时，以战斗小组的形式采取行动。各分队（组）通过"交互跃进"的方式相互掩护从一条线向另一条线进行推进。

在崎岖不平（隐蔽）的地形上实施搜索行动时，巡逻队（巡逻兵）与各单位保持目视距离。

在对目标实施搜索行动时（检查目标时），分队的战斗队形可包括检查组、掩护组和预备队。为掩护各小组的行动，可建立火力组。掩护组封锁目标，时刻准备以火力支援检查组。火力组占领有利地线。检查组在进行相互掩护的同时，连续对目标进行检查。

当敌人使用小部兵力进行抵抗时，实施搜索行动的分队自行将其消灭。当发现敌有兵力优势或兵力均等时，该分队与友邻协同，尽可能包围敌人，用战斗来牵制敌人，然后与预备队一起消灭它。当敌人逃避战斗时，要组织追击并将其引至封锁分队的阵地。

派出来作为预备队的排（班），占领一个区域或以临战队形在实施搜索的分队后推进，时刻准备堵住敌人可能的撤退路线、追击敌人或投入战斗。

在未封锁地区实施搜索行动时，指定的分队可在巡逻队前派出，沿指定的运动方向行进。巡逻队在指定的方向上行进，分队监视其行动，随时准备以火力进行支援。巡逻队到达指定的地线后准备战斗，分队向其移动（向前到达可用火力掩护的距离上）。给巡逻队（其他分队）指定（确定）下一条地线，恢复运动。巡逻队的距离要能保障用火力对其支援。

在抓捕（消灭）敌人后，要进行详细检查，必要时对地形进行仔细搜查。

492.居民地（或其个别地区）要完全封锁（包围），进一步弄清楚其中平民、敌人的数量及其防御准备情况。封锁地线从居民地的边缘划定，在轻武器的有效射程之外。在满足交出武器弹药、指定安全走廊以便平民在规定时间内离开后，开始仔细搜查（如不遵守要求，则夺占）居民地。

合成分队进行封锁，其他部队的分队彻底搜查居民地，检查护照规范，检查房屋和其他设施。当敌人进行抵抗时，组织在居民地的战斗，对固防最强的建筑物（目标）实施突击。为了防止敌人向进攻分队的一侧（后方）进行打击，必须固防夺取的建筑物（目标），然后将其移交给其他部队的分队。

分队和人员在居民地转移的伪装，通过施放烟幕、利用就便器材设置水平遮障来进行，以防止敌沿街道和房屋之间的间隙观察和射击。

493.按照上级决心，营（连）可派出分队保卫和防御重要目标，通常为一个加强摩步排的编成。保卫的主要方式是派出警戒哨。通往警戒哨的接近道路使用工程障碍掩护。建立弹药、给养、燃料和水的储备。组织观察和报知，在隐蔽的通道上派遣潜伏哨和步哨，派出巡逻队，出口路线和分队阵地都要构筑筑城工事。禁止当地居民出入警戒哨部署地区。

根据一般原则组织警戒。指定作为警戒哨的排要加强火力。班可以是连的预备队。为了执行岗哨勤务，要指定昼夜值班、值班火器和观察员，每个班的阵地上观察员不少于一人。在隐蔽的道路上，要派遣潜伏哨、步哨，派出巡逻队。进入阵地的路线要构筑掩体。在夜间和能见度有限的情况下，至少有三分之一的人员参与执勤。

在分队所在地区的边缘，主要交通线上，组织警调勤务和引导纵队时，可以派出检查站。检查站的任务是：允许人员和交通工具的通行，查明和拘留可疑人员和企图非法向部队所在地（目标）渗透的人员。它既可以与其他部队的分队一起派出，也可以单独派出。检查站的编成可以是三人到一个排。检查站可以设立以下各组：指挥组、文件检查组、运输工具检查组、掩护组、特种设备使用组、地雷爆炸障碍物控制组、预备队。合成分队通常编入掩护组或作为预备队。在紧急（战时）状态下，指定在检查站执勤的合成分队被授权检查文件和民用运输工具。

掩护组用来监视被检查的公民和接近检查站的运输工具；掩护和火力支援。预备队用来抗击对检查站的攻击，追击撤退之敌，并向责任区内遭敌攻击的纵队提供援助。在要道上设置障碍，在道路上设置减速地段。

警戒哨（检查站）的阵地准备成环形防御，并考虑到长期执勤使其设施完备：挖掘基本、预备和临时射击阵地［构筑有射孔（枪眼、炮眼）、防弹片挡土墙］，全断面堑壕和交通壕，避弹所，弹药、给养和水的掩体；构筑武器存放、进行战斗准备训练的场所；建立弹药、水和给养储备，以及必要数量的照明和信号设备；为战斗装备构筑基本、预备（临时）射击阵地；布设遥控地雷场，在隐藏的接近路上设置信号雷。警戒地带的边缘要用指示牌来标记，并标明行为规范。在夜间，关闭到岗哨（检查站）的通道和进出口。

494.在武装冲突地区，营（连）可在兵团（部队）的编成内就地部署，或单独在集结地域部署（长期处于冲突的地区则在基地部署），并派出兵力兵器，或在警戒的编成内行动。

基地区——配备工程设备的地区，用来在武装冲突地区部署部队并执行日常任务。它被指定在一个相对安全的地区，在利于组织保卫和防御的地形上。在行动的最初阶段，它可以设在机场（港口）。

集结地域通常面积较小，有统一的保卫和防御配系，距离居民地有一定距离，防止占领它的部队用轻武器射击。它的位置应能保障分队和人员部署的安全和便利，能快速集结，并有良好的卫生防疫条件及运送和储存必要物资器材储备的能力。战斗车辆位于掩体中，部分位于射击阵地和警戒分队的支撑点上。帐篷、武器和军事装备的停车场周围要构筑围堤，围堤的高度能防止轻武器火力对人员的杀伤。在通往该地区的接近路上，设置警告和禁止标识牌和标志，隐蔽的接近路要布雷。当指定作为警戒时，排（班、坦克）要构筑支撑点（阵地）以进行环形防御。

495.在武装冲突地区的转移，通常在分队编成内，由3—5辆车组成一个小组，在警戒分队的掩护下在白天进行。禁止单车行动。

为了护送特种部队分队和后勤分队的纵队，可将合成分队指定到行军警戒机构的编成或保卫、护送组。合成分队按纵队分配，每5—10辆车至少有一个摩托化步兵班（战斗车辆）警戒（护送）。卡车配备了额外的防护，可在其上设置火器。组织与己方分队（部队）、纵队内部、在行进路线上派出的警调（调度）点（站），以及保障引导纵队的炮兵分队建立稳定的无线电通信联络。不允许在装有燃料和弹药的车辆之间设置战斗装备。

当接近可能遭伏击之敌攻击的地段时，警戒分队前出，检查附近的地形，占领有利地线，从受威胁方向的一侧掩护纵队，穿过危险地段，然后与通过的纵队会合，当纵队停止时，警戒分队占领行军队形中自己的位置，或按上级指示行动。

关于通过地线、到达指定地区、对纵队的攻击和其他延误的报告，必须用规定的简短信号传递。在每辆护卫车辆上都要组织环形观察，人员应做好立即开火的准备。

纵队行进通常在白天进行。夜间休息通常在检查（调度）点（站）和警戒哨附近专门准备的地方组织，并在那里组织保卫和防御。

故障装备被拖到指定地区（点）[最近的通行检查（调度）点（站）、行进路线上的警戒分队]。

在便于组织伏击的路线路段和车队被迫以较低速度行驶的地方，增加车组间的距离，以减少同时受到攻击的车辆数量。在出现危险时，为降低车辆的损坏率，要增加车辆的行驶速度和距离，出现故障时，采取措施让部队通行，将损坏（故障）的车辆后送到最近的通行检查（调度）点。

496.为了保障宵禁制度的实行，营（连）分队可参与巡逻，检查那些可能违反法规制度的人，检查储存武器和弹药的地段和设施；监测可能发生爆炸的地区；与其他部队共同检查局势恶化地区，封锁（包围）个别地区、设施、街道和居民地。

为了维护既定的法律制度，可使用：岗哨——用于保卫交通线上的设施（桥梁、隧道、高架桥）；掩护队——用于掩护通往居民地和重要公共设施的通道；保卫和护送组——用来保卫和护送运输纵队、铁路梯队；哨兵——用来保卫保障居民地（地区）日常活动的重要设施；封锁组（通行检查点、掩护队、巡逻队）；社会秩序保卫组（宵禁巡逻队、宵禁哨所、机动组）；掩护（警戒）组。可建立预备组来完成突然出现的任务。可以向部队勤务明确额外的任务，以检查对约束规定的遵守情况，直到拘捕违反既定法律制度的人。

第十章
部队转移

497.营（连）可以正常实施转移（行军）或通过铁路（水路）运输转移。此外，摩托化步兵营（连）也可以空运转移。营（连）转移的主要方式是行军。

营（连）必须随时准备好在敌人使用大规模杀伤性武器、高精度武器、远程布雷系统的情况下，在遭遇敌航空兵、空降兵（空中机动）部队、破坏侦察组、非正规武装部队，在受到放射性、化学和生物沾染，道路和渡口被破坏，以及平民阻碍交通等情况下，进行更远距离的转移。转移可以向前线、沿前线进行，也可以从前线向后方进行。不管方式和条件如何，部队转移都应有组织地、隐蔽地、快速地进行，在短时间内及时到达指定地区（指定地线），并全员做好立即执行战斗任务的准备。

一、行军

498.行军——部队以纵队方式沿道路和急造军路有组织地转移，目的是在规定时间到达指定地区或指定地线，全员随时准备执行战斗任务。

行军时，坦克、自行火炮和其他履带装备，以及动力储备低、运动速度慢的武器和军事装备，都可以使用牵引卡车和货物半挂车（拖车）运输。

行军可以在预期要加入战斗时实施，也可以在没有与敌人发生冲突威胁时实施。行军通常是在夜间或其他能见度有限的条件下隐蔽实施的，在战斗行动过程中以及在己方部队的大后方则在白天实施。

499.分队行军的平均速度根据走过（计划）的路线（一昼夜行进距离）与总行进时间（不包括休息时间）的比值来明确。它应与路况、武器和军事装备的性能和技术状况相适应。行军是在给定条件下以最大速度实施的。

500.营（连）通常在兵团（部队、分队）的主力纵队中行军。此外，营在行军中可派出作为先遣支队或前卫，连可作为前方尖兵、侧方尖兵、固定的侧方尖兵或后方尖兵。

501.营（连）以一个纵队的形式实施行军。纵队中分队和车辆之间的距离可为25—50米。沿开阔且有敌使用高精度武器威胁的道路，或尘土飞扬或其他能见度不足（小于300米）的道路，或在积冰地上沿上、下陡坡和转弯的道路，以及以更快的速度行进时，车辆之间的距离会增加，可以为100—150米。

502.为了及时有序地开始和实施行军，要为指定作为先遣支队的营指明行动方向、出发点及其通过时间；为作为前卫行动的营或后续在旅（团）主力纵队编成内的营，以及作为行军警戒的连或后续在营主力编成内的连指定行进路线、路线上的出发点、调整点及其通过时间、休息地点和休息时间、白天（夜间）休息地点和休息时间。[1] 必要时，指明可能与敌人遭遇的地线。

休息（途中休息）区用于人员就餐和休息，武器和军事装备的技术维护、维修，车辆加油，补充导弹、弹药和其他物资器材储备。在每昼夜的行程结束时，安排白天（晚上）的休息。途中休息规定在经过3—4小时的行进后，持续时间可达1小时，在每昼夜行程的后半段，一次休息持续时间可达2小时。

503.营（连）在预测到将与敌遭遇的情况下实施行军，其队形是根据受领的任务、当时的情况、可用的路线、当前行动企图和要建立的战斗队形而建立的。在没有与敌人发生冲突的情况下行军的战斗队形的建立，则要考虑到交通的便利，行进的高速，人员兵力和战斗装备最小的维护压力，对大规模杀伤性武器、高精度武器和伪装的防护，以及对敌技术侦察器材的防御等因素。在旅（团）主力编成内实施行军的营，其行军队形包括主力纵队、技术保障分队和后勤分队。

504.指定作为先遣支队或前卫（行军警戒）的营（连）的行军队形的建立，要让各分队能迅速展开成战斗队形，加入战斗，队形包括：营行军队形——行军警戒、主力纵队、技术保障分队和后勤分队；连行军队形——行军警戒和主

1　第一处"休息地点和休息时间"是行军途中休息点和休息的时间，比如行军两小时后要休息，此时的地点和时间；第二处白天（夜间）休息地点和时间是指宿营地点和时间，比如行军一天或日行程结束时，要组织安营扎寨，此时的休息地点和时间。

力纵队。

505.在预期要加入战斗时，可以从作为先遣支队、前卫或在旅（团）主力纵队先头行动的营，派出侦察巡逻队。如果未派出侦察巡逻队，那么侦察排或用来作为侦察巡逻队行动的分队将在营主力纵队的先头，通常在指挥观察所后面实施行军。

506.行军警戒以其积极的行动保障主力部队的无障碍行进，排除敌人的突然袭击，为主力加入战斗提供有利条件，同时不允许敌地面侦察力量向被警戒的纵队渗透。在行军中，也可赋予警戒分队实施侦察的任务。

为警戒后续作为先遣支队或前卫的营纵队，向行进方向上派出前方尖兵，编成为一个加强排或一个连，距离营纵队5—10千米；必要时，在翼侧和后方派出巡逻班（坦克）。兵力达一个连的前方尖兵派出一个排编成的先头巡逻队，巡逻队距离前方尖兵3—5千米；兵力达一个排的前方尖兵（先头巡逻队）派出巡逻班（坦克），派出的距离能保障对其进行监视和用火力对其支援。

507.营（连）主力纵队根据不同情况可能有不同的队形。配属给摩步营（连）的坦克分队，通常在纵队的先头跟进，配属给坦克营（连）的摩步分队，则分配在坦克连（排）之间，并按其行军队形在坦克后跟进或被指派为行进警戒；建制和配属的炮兵，根据情况，可在营主力纵队的先头、在指挥观察所后面行军，或在营战斗分队后跟进；配属给连的炮兵分队通常位于战斗分队后面。榴弹发射器排通常紧跟在营主力先头连的后面，而连的反坦克班则在连纵队先头。营反坦克分队跟随在前方尖兵后面或营主力的先头连后面。在营纵队中行军的高射分队的大部分高射兵器紧随主力纵队的先头跟进，一部分高射兵器与前方尖兵一起行动。

508.技术保障分队和后勤分队通常在营主力纵队后跟进。根据情况条件和地形条件，他们可沿单独的路线实施行军。按照上级决心，他们可以编入旅（团）的技术保障分队和后勤分队的纵队编成，并在途中休息时（休息区）加入到营序列。营的医疗排（点）通常与技术保障分队和后勤分队一起跟进，在预期要加入战斗时在作为第一梯队行动的分队后。

在营里要组织纵队的收容组，为其编成派出后送和维修工具、医疗勤务兵力兵器、油车和军事技术物资车。

509.营（连）长通常在纵队先头，核对地图行进路线，指挥派出的侦察巡逻队、行军警戒的行动，并保持建立的行军队形。在受到敌伏击的威胁时，分队指挥员可位于纵队的纵深。

副营长通常与在第二梯队行动的分队一起跟进，或者与前方尖兵一起行动。主管后勤的副营长通常指挥技术保障分队和后勤分队的转移。主管装备的副营长通常被赋予营纵队收容组任务。主管装备的副连长（连技师）在纵队收容组编成内或在已方分队编成内跟进。

510.行军中的通信是通过移动设备进行的，此外，在各分队也通过规定的信号进行。无线电设备只用于接收作业。在与敌人遭遇和抗击空中之敌打击时，无线电设备的使用限制取消。

在行军过程中，通过警调勤务的无线电网络和收到的警调（调度）站（点）的通报，来检查纵队的行进。营长向站（点）长通报其纵队的番号、经过路段的状况的信息、地段情况信息、已方分队和其他分队（部队）落下的和损坏的装备信息、接收给他的命令和指示、关于下一路段状况的信息。

收容组可以通过短消息向营长报告停下的、损坏的武器和军事装备的情况。

511.营（连）的行军准备包括：组织行军（定下决心、行军计算、部署战斗任务、组织火力、协同、全面保障、指挥）；营指挥部、营司令部和分队的行军准备；在各分队的实际工作（检查部署任务的执行情况并给予帮助）和其他措施。

512.定下行军决心后，营（连）长在理解任务时，要了解：行军的目的、营（连）的任务以及在旅（团、营）行军编队中的位置；路线长度，上级指定的地点、地区及其通过的时间，可能与敌遭遇的地线和在地线上的行动方法（如果它们已被明确了的话）；加强兵器和不跟随营（连）纵队行军的分队；行军准备的时间；拦阻障碍地线的情况及其性质；上级明确的行军准备措施。

在判断情况过程中，营（连）长要额外研究敌在行军中实施侦察和对分队影响的能力；研究敌破坏侦察组、空降兵可能的行动区域及其行动特点；确定建制和配属分队的行军能力；在图上研究行进路线，包括它的长度和不同地段上的通行能力；明确实施行军的条件，可能与敌遭遇的地线和时间，准备采取什么样的行动，休息的地点和时间，以及装备加油、人员吃饭和补充在行军过程中消耗的物资器材储备的地点，时间和方法；评估途中休息区、大休息区和集结地域的地形特点，防护和伪装条件；行军过程中观察和保持通信的方法。

513.在行军的决心中，营（连）长要明确：行军企图、行军队形各要素（分队）的任务、协同、全面保障和指挥的原则。

在行军企图中，明确：在各路段上的行进速度和车辆之间的距离；行军队形的建立；行军警戒的编成、任务和距离；在行军过程中抗击空中之敌、打击和毁伤地面之敌的方法；当敌使用伏击攻击时，营（连）各分队的行动方法；行军开始和结束的时间。

在组织预期要加入战斗的行军时，营（连）长还要指明可能与敌人遭遇的地线和时间、遭遇战斗的企图和各分队的战斗任务。

为了对抗敌用伏击攻击，指挥员要考虑到抗击敌突然攻击的情况，预先建立行军队形，并明确：作为行军警戒或在主力编成内实施行军的分队的任务；检查可能设置伏击的地点及其通过的方法；为装备提供额外防护和使用发烟器材保障分队的方法。

514.在旅（团）主力编成内实施行军时，行军计算由上级进行。营司令部（连长）根据行军决心，将路线划分为若干地段，明确车辆之间的距离、行进速度，并按每个地段计算行进时间。在行军队形其他要素编成内或独立实施行军时，还要进行侦察机构和行军队形各要素通过出发点和调整点的计算。

515.向行军队形各要素（分队）部署战斗任务时，指明：

前方尖兵（先头巡逻队、巡逻班、坦克）——编成、任务、通过出发点和调整点的时间，以及途中休息时、在休息区和与敌人遭遇时的行动方法。

摩步和坦克连（排）——加强兵器、任务、在行军纵队中的位置、向空中目标开火的方法，在预期要加入战斗时的行动方法和用火力对敌毁伤的方法。

炮兵和其他火器——行军任务，加入战斗和抗击敌伏击时在行军纵队和战斗队形中的位置。

营的其他分队和加强分队——在行军纵队中的位置，随时准备执行的任务。

当进行联合转移时，使用一个命令部署任务。首先为那些需要更多时间准备和比其他人更早开始行军的分队部署任务。

516.在行军中组织火力的目的是消灭敌破坏侦察组和伏击、支援行军警戒和营（连）侦察力量的战斗。组织火力时，营长要明确：分队武器和军事装备的使用方法，建制和配属的炮兵从行军中展开和开火的方法，召唤和引导航空兵的方法；指挥射击、目标指示和协同的信号。建制和配属的炮兵要尽可能在分队加入战斗前展开，在克服拦阻障碍地段时，可提前展开。炮兵可留在射击阵地上，直到营克服拦阻障碍地线。

517.在营（连），要对当前的昼夜行程组织协同。

在组织协同时，营（连）长进一步明确并协调：

实施行军的方法；

在敌方空袭、与敌方遭遇和敌伏击时各分队的行动方法；

在敌人使用核生化武器、燃烧武器和高精度武器时，以及在分队损失战斗力的情况下，各分队的行动方法；

分队在克服沾染区、破坏区、施火区、水淹区、远程布雷区时，各分队的行动方法；

克服拦阻障碍地线的方法；

行进路线改变（受领新任务）时的行动方法；

行军结束和转入其他行动时，各分队的行动方法。

在组织指挥时，营（连）长要明确：组织和使用通信的方法，在行军过程中和与敌遭遇时指挥观察所的转移方法；自己和副营（连）长的位置；恢复指挥的方法。

在全面保障指示中，营（连）长除通常的问题外，还要明确：克服障碍的方法，包括使用远程方式设置的障碍物，以及在路线上实施破坏的方法；占领地区工程构筑的工作量和方法；辐射、化学和生物防护措施，对燃烧武器和高精度武器的防护措施；夜视（照明）和伪装设备的使用方法；组织人员饮食、车辆加油、导弹、弹药和其他物资器材补充的方法，行军过程中维修和后送损坏的武器和军事装备以及后送伤病员的方法，并明确行军安全要求和维护行军纪律要求。

518.在营（连）准备行军时，要：计算行军准备时间；在分队指挥员的工作地图上定下行军决心；明确战斗命令；明确全面保障的指示（号令）；明确关于战斗编成和兵力员额的报告，在营里，还包括为分队保障物资器材的申请，以及关于人员放射性照射剂量的报告。

519.在营（连）长工作图上要反映出：受领任务时营（连）的位置；敌人的位置，其武器的射程以及在行动的部队前的位置；集结地域（指定的地线）及到达时间；行进路线；出发点、调整点及行军警戒和主力通过它们的时间；侧方尖兵（派出的固定侧方尖兵的位置）的行进路线及其任务；调整哨和警调哨部署的位置；拦阻障碍地线、按通行条件划分的路段、长度和在每个地段的行进速度；主力纵队和行军警戒途中休息的地点、时间和持续时间；在可能与敌遭遇的地线上的战斗企图；行军警戒的编成和任务；组织防空和组织指挥；备用路线、友邻的行进路线及其任务；行进路线上的辐射、化学和生物情况。

此外，地图上还要标绘：行军队形示意图及兵力兵器沿纵队分配的说明，各分队纵队的纵深，跟随的车辆数量以及行军警戒的距离；计算的表格，包括延伸到出发点的各种计算，分队纵队通过的起始点、调整点和指定的地区（地线）集结的各种计算；为保障行军，由上级兵力兵器完成的任务；指挥和协同信号。

520.在对分队行军准备进行检查的过程中，要特别注意行军警戒和侦察的分队所属指挥员对自己所受领任务的了解情况，以及他们的决心与这些任务的对应情况、武器和军事装备的准备情况、全面保障指示的执行情况。

在敌可能对分队发动伏击的情况下行军时，要抗击对纵队的突然攻击，并给予遭受伏击的分队帮助的训练。

521.行军开始时，营（连）长对侦察和行军警戒分队的前出进行检查。指定作为前方尖兵（前方尖兵、先头巡逻队或侦察巡逻队）的连（排），在规定时间通过出发点，并以营长规定的速度沿着营的路线行进。连长在地图上核对行进路线。

前方尖兵要一刻不停地通过峡谷、隧道和桥梁。行进路线上被破坏的道路、桥梁、鹿砦和布雷地段，连（排）要绕行，并用标识牌标出破坏（布雷）位置和绕行方向。如果无法绕道或在破坏（鹿砦）中建立通道比绕道花费的时间更少，那么前方尖兵独自或与上级的运动保障队（营破障组）协同开辟通路。当对行进路线远程布雷时，车辆以纵队形式沿在最短方向开辟的通路驶出雷场，而没有在布雷段上的车辆则绕过它。

连（排）长要向派遣他的指挥员报告障碍物、沾染区、破坏地区、淹没地区和绕行路线，以及与敌人遭遇的情况。为保障在敌可能攻击的路线路段上行进，前方尖兵转入防御有利地线，并在纵队通过后恢复行进。在这种情况下，可派遣其他分队作为前方尖兵。

在途中休息区和进入大休息区后，前方尖兵占领有利（指定）地线，执行驻止警戒的任务，随时准备抗击敌突然攻击。连（排）长向各分队指明阵地、射击地带，并进一步明确出现敌情时的行动方法。在大休息区，前方尖兵可用驻止警戒替换自己。

522.指定作为侧方尖兵的连（排），沿为其明确的路线行进，并与被警戒的纵队先头相一致。后方尖兵在所警戒的纵队后跟进。他们与被警戒的纵队的距离可达5千米。

侧方和后方尖兵消灭出现在被警戒纵队的两侧和后方的小股敌人，然后继续执行任务。当有敌优势兵力攻击威胁时，他们占领有利阵地，阻止敌对被警戒纵队的攻击。

固定侧方尖兵到达为其指定的地线，以全部兵力或部分兵力展开成战斗队形，组织防御，直到指定时间或派出他们的指挥员发出指令（信号），随后按照其指示行动。当与敌遭遇时，投入战斗，保障被警戒的纵队通过，然后退出战斗，脱离敌人，继续沿路线行进。

523.营（连）与加强兵器和支援兵器的纵队的拉伸，要按照行军计算，根据各分队从他们占领的地区行进来进行。使用已形成的行军队形到达行进路线。不允许在占领地区内提前建立纵队，也不允许在向出发地线行进时停下来。营各分队要为其明确的时间，让纵队先头通过出发点和调整点，并以规定的行进速度不停地前进。

524.各分队应遵守规定的行军序列，特别是行进速度、车辆间距、安全和伪装要求。在道路的右侧行进，左侧可以自由超车和迎面行进（会车）。一个纵队只有在得到上级许可的情况下才能超越另一个纵队，此时，被超越的纵队停在道路的右侧。营（连）纵队要以尽可能快的速度马不停蹄地通过峡谷、隧道和桥梁。沿桥梁、铁路道口、隧道和危险路段行进时，应采取措施保障行进安全，排除线路堵塞和隧道污染。

为了防敌高精度武器，在行进过程中和在途中休息时要最大限度地利用地形褶皱和地物形成的雷达盲区，利用居民地和路边植被，利用气溶胶和其他降低能见度的方法等对抗手段。在开放路段和未经伪装的路段行进时，不允许车辆扎堆聚集、纵队停止前进，要增加行进速度和车辆之间的距离。

在夜间，车辆行进要使用夜视仪、遮光设备。在敌人能观察到的地形地段上行进时，在明亮的夜晚，使用在被动模式下工作的夜视仪，关闭外部和内部照明。

525.使用在营（连）纵队编成内实施行军的高射分队行进中或短停时的火力，以及合成分队的火力，抗击行军时空中之敌的打击。

接到空中之敌的警报信号后，指定的合成分队准备向空中目标开火，步战车（装甲输送车）和坦克（除能实施射击的舱口外）的舱口关闭。人员将防毒面具置于"就绪"状态。

526.当敌人进行伏击攻击时，分队人员下车，在装备掩护下，在最近的掩体后占领射击阵地。各种武器都要向发现和预计的伏击阵地开火。纵队队长报告攻击地点，组织战斗，召唤炮兵火力和航空兵。未受到攻击的分队（车辆）停在通往伏击地区（点）的接近路上，人员下车，组织对敌人伏击的一侧和后方的攻击，同时要考虑到敌人可能有掩护组。由于可能埋有地雷，车辆驶往路边是危险的。陷入伏击的分队的武器和军事装备应尽可能撤出毁伤区。派出分队用于给陷入伏击的分队提供帮助，在接近伏击地点时，必须做好与敌伏击掩护组战斗的准备。

陷入伏击的分队被动的、无组织的、只有防御的行动，将导致人员和装备的毁伤。为了防止这种情况发生，陷入伏击的人员要转入冲击，并与从两侧和后方对敌展开伏击的分队协同，破坏敌实施计划。

在便于组织伏击的路段和纵队被迫以较低速度行进的地点，增加各车辆组间的距离，以减少同时受到攻击的车辆数量。如果路况良好，发生危险时，应提高行进速度，增加各车组间的距离。如果车辆发生故障（损坏），则应采取措施保障车辆通行部分畅通。

527.根据放射性、化学和生物污染的警报信号，营（连）继续行进。在克服污染区前，步战车（装甲输送车）和坦克上的舱口、舱门、射孔要关闭，并启动安装在其上的群防系统。人员徒步或搭乘敞篷车时，要穿戴个人防护器材。

在行军过程中，对于放射性、化学和生物污染区，根据情况绕过，或使用个人防护器材和群防系统以最大速度沿辐射水平（沾染密度）最低的方向通过。如果路线上有高辐射区，无法绕行，根据上级指示，分队可暂停一段时间，这段时间是降低辐射水平所必需的。在这段时间里，分队要疏散隐藏并严密伪装。

在执行作战任务期间，以及在离开放射性沾染区后，按照营长的指示，进行局部洗消，当有毒物质沾到皮肤和轻武器上时应立即进行。按照上级指示，全面洗消通常在白天（夜间）大休息区前面，在进入集结地域前、行进路线上或完成战斗任务后，在洗消地区进行。

当敌人使用大规模杀伤性武器或高精度武器时，营（连）长应采取措施消除其使用后果，恢复分队的战斗力并继续行进。

当敌人使用燃烧武器时，在被迫穿越施火地区时，战斗车辆的舱口、射孔和百叶窗关闭。纵队从施火地区向前或向迎风方向撤出，停止，组织扑灭武器装备上的火，对人员进行救援，为他们提供急救，之后继续行进。

对敌方远程布雷系统布设的雷场进行标示和绕行，如果无法绕行，使用配属的工程分队、营破障组和使用便携式成套扫雷工具的连扫雷组在雷场中开辟通路，沿通路通过。

528.在行军过程中出现故障的车辆停在道路右侧，或被拉到一边。车组、驾驶员（司机）确定故障原因并采取措施排除故障。故障排除后，车辆继续行进，加入经过的纵队，在途中休息时，占领己方分队纵队中的位置。行进中禁止超越纵队。

营纵队收容组协助车组（炮组）、驾驶员（司机）排除故障，组织将故障（不能自行修理）和滞留车辆转移至上级后送和修理分队，并保障掉队车辆到达指定地区。主管装备的副职（连高级技师）向自己的指挥员和主管装备的副旅（团、营）长报告途中掉队车辆的情况，而分队指挥员向自己的直接上级报告。

伤病员在进行紧急救治后，将被后送到最近的医疗分队、部队、机构，当不能后送时，则随己方分队或营医疗排（点）一起跟进。

529.途中休息时，不打乱纵队的队形，车辆停在道路右侧，彼此之间的距离不小于10米，或停在指挥员规定的距离上。战斗车辆要放在树冠下，置于地物的雷达阴影中；在开阔地，它们要用制式伪装网和就便器材进行伪装。

所有人员仅按己方指挥员的指令（信号）下车，并在道路右侧休息。车上留有观察员、值班机枪手（火炮瞄准手）和通信设备值班人员。车组、驾驶员（司机）对武器和军事装备进行检查，并与指派给他们帮忙的人员一起进行技术维护。

在营纵队编成内实施行军的高射分队，在阵地上展开或留在纵队自己的位置上，随时准备抗击空中之敌的打击。在战斗中，值班的高射炮手位于自己的车辆附近，随时准备消灭敌空中目标。

在休息区内，各分队分散在为他们指定的区域中，疏散队形要能确保时刻保持战备状态，并在纵队开进展开时耗时最少。休息（集结）区域必须从行军状态占领，不得停顿。

530.当情况变化或必须绕行沾染、破坏、施火、淹没区时，营（连）长修订自己的行军决心，并向侦察机构和分队指挥员进一步明确（部署新的）任务。分队的纵队通常马不停蹄地到达新的（备用）行进路线上，并继续以先前的行军队形行进或经过必要的队形变换后继续前进。当任务（行进方向）变化时，先遣支队、前卫（前方尖兵）指挥员应使分队停下来，定下决心，向新方向（路线）派出侦察和行军警戒机构，迅速给各分队部署任务，为他们指明后续行动的方法。按先前行军队形或经过必要的队形变换后行进的纵队，沿最短路线到达新方向（路线），执行新的任务。

531.在北方地区和冬季，要更详细地判断行军全纵深的地形，确定难以通行的路段，并明确保障克服这些路段的措施。行军前，要组织武器装备在低温条件下的作业准备；采取措施预防人员冻伤，并为车辆保障能提高通行能力的装置和设备；明确在途中休息时和在休息区组织为人员供暖、保持武器和军事装备时刻处于行进准备状态的措施。如果在深雪覆盖的条件下实施行军，那么在行军警戒中要装备有悬挂设备的车辆。

强暴风雪天气和突降大雪时，行进通常按照上级命令或根据天气条件自行停止和恢复。此时，营（连）长要督促掉队的车辆，组织全方位的警戒，禁止人员和车辆单独行动，并采取措施为人员取暖。

532.在森林沼泽地，行军警戒的距离和纵队中车辆之间的距离要减小。在道路（林间通道）交叉口，在判定方位困难的地方，设置清晰可见的标志，多设置行进调整站。在森林道路和林间通道上设置会车线、迂回路，在个别地方拓宽道路通行车辆的部分。要规定森林防火措施，清除道路上可能的鹿砦和其他障碍物，并根据昼夜时间、季节和天气条件提高装备的通行能力。在崎岖不平的路段上要派出牵引车。

533.在山区，特别注意检查车辆的底盘和控制传动装置的完好状态，研究难以通行的路段，明确克服这些障碍的方法，并组织这些地区的交通管制。为了在高山上转移，要为人员保障保暖服、取暖设备和防光护目镜，而这些车辆都要用有冬季标号的燃料（冷却系统用低冰点冷却液）加注，配备提高通行能力的设备和特殊装置，以防止它们停在有坡度的地方时滑动。

行军警戒派出部队间的距离比正常情况下更短。其编成通常指定为摩步分队。为了从后方保护营纵队，指定后方尖兵，兵力可达一个排。

当沿封闭路段行进时，在可能发生塌方、岩石坍塌和崖崩的地方，以及在敌可能设置障碍物的地段，通常派出直接警戒，并派出观察员，他们在纵队通过后在其后继续行进，并在下次途中休息时归入自己的分队。

分队通常一刻不停地穿越山口、隧道、峡谷、深谷和山道，当无法从行进中穿越时，纵队停下来，在禁止扎堆聚集的隐蔽处对设备进行伪装，并组织对其加强警戒。在上坡、下坡和其他难以通行的路段上的行进速度可以降低，车辆之间的距离要增加到能保证行进安全。在迫不得已的情况下，车辆被转移到不妨碍纵队行进的地方。在穿越特别危险的路段时，摩步分队的人员要下车。

为了冷却车辆的发动机，营长经旅（团）长批准，可以让营纵队暂停前进，在平坦且远离可能坍塌或雪崩的地方停下来。纵队禁止停止在干涸的河床、排水道、上下陡坡、隧道内以及悬崖上方或下方。

当以徒步队形行进时，通常以排或班为单位，通过岩石地段、崖崩和山口，并遵守安全要求。必要时，可以在上下陡坡和其他难通行的路段上做短暂停留。

534.在沙漠地区，要特别注意武器和军事装备在高温、越野和沙地条件下行进的周密准备；在个别地段上要详细研究行进路线和通行条件；指明沿各路段行进方向的方位角和这些路段的长度，当有导航设备时要进行导航设备的使用准备；在难以根据地物判定方位的地段上确定标记路线的方法；要为分队保障额外的容器、水壶、必要的水源储备以及对水消毒的器材；制订人员应对高温和中暑的措施。在沙尘暴期间，经上级指挥员许可，可暂停行进。禁止在路线上留下单独的车辆。

535.在行军过程中，分队必须随时准备涉水强渡江河，搭乘两栖战车的分队漂浮渡河，坦克分队水下渡河。当营（连）独自强渡江河时，被运送的分队的军官在这些渡口被指定为指挥长。各分队要不停地强渡江河，渡口出现拥堵时，营（连）在通往渡口的接近路上暂停。

536.在泥泞的道路上，要采取措施提高轮式和履带式车辆的通行能力。在难以通行的路段上，在纵队收容编成内要分配牵引车，高越野性车辆要沿纵队平均分配。路段损坏时，要沿平行道路、急造军路或越野行进。

二、分队的输送

537.营使用铁路运输方式输送，使用1—2个军列进行；使用空中运输方式输送，使用若干个军事团队进行；使用带货物半挂车（拖车）的鞍形汽车牵引车输送，使用一个纵队进行。

为了向平台（车厢）、船舶、飞机（直升机）上装载（登机）并从中卸载（着陆），要为营指定装载（登机）站（港口、码头、机场、停驻场）和卸载（降落）站。

装载（登机）前，营（连）位于待机地域，卸载（着陆）后，到达集结地域。在待机地域停留的时间用于装载（登机）和后续行动准备。

538.在定下以铁路（水路）运输方式输送的决心的过程中，营长（军列梯队梯队长）要额外承担以下任务：下达输送准备指示；与交通线上的军事代表一起，确定军列梯队装载计划和人员，武器，军事装备，以及分队按车厢、平台（船舶或船舶设施）划分的物资的输送计算；规定各分队装载（登机）的顺序、开始和结束时间；确定各分队向装载（登机）点行进的方法；对待机地域、装载（登机）站（港口、码头），及通往它们的行进路线进行侦察，并给各分队部署任务。

539.在定下使用空中运输方式输送的决心的过程中，营（连）长要额外承担以下任务：下达输送准备指示；与军事运输（陆军）航空兵部（分）队指挥员或者民航支队（组）指挥员、机场军事代表一起，确定装载（登机）方法，停机坪位置和飞机（直升机）机身号码，装载（登机）计划，人员、武器、军事装备、导弹、弹药、燃料和各分队按飞机（直升机）划分的其他物资器材的输送计算，每架飞机（直升机）军事团队的人员名单；明确装载（登机）的顺序、开始和结束时间，以及各分队前出的时间；对待机地域，机场（停驻场），以及各分队向待机地域、机场和飞机（直升机）停机坪前出的路线进行现地勘察，并给各分队部署任务。

540.在输送命令中，营长指明：

第一条——情况判断结论（在执行任务准备、执行任务过程中和完成之后，预测形势的发展）。

第二条——营的任务，军列（小队）的编号，舰船（船舶）的名称，飞机（直升机）的机身号码，装载（登机）站（港口、码头、机场），待机地域和向它们前出的路线，装载开始和结束的时间。

第三条——输送企图：各分队、人员、武器和军事装备，按军列（小队）、车厢、平台（船舶、船舱、飞机、直升机）的分配；分队装载和登机的顺序；防空组织（值班分队和火器、值班程序、观察、开火和射击方法）、昼夜执勤人员和装卸队的数量及编成。

第四条，在"我命令"一词后——各分队的任务：人员、武器和军事装备部署的位置（车厢、平台、飞机、直升机号牌、船上休息室、甲板、货舱和其他场所的数量，军事团队作业手的数量）；装载（登机）的顺序和方法，从待机地域向装载（登机）点前进时在营行军纵队（梯队）中的位置和卸载后的行动方法；军列梯队编成内跟随的防空分队另有掩护梯队行进和卸载的任务；对那些派出装卸小队和昼夜执勤人员的分队还要指明执勤人员的编成、他们的任务和准备时间。

第五条——协同原则（在连长命令中，要指明组织协同）。

第六条——全面保障原则（在连长的战斗命令中，要指明组织全面保障）。

第七条——指挥原则（在连长的战斗命令中，要指明组织指挥），包括梯队负责人，他们在梯队（船）中的位置或飞机（直升机）的编号，警报、指挥和协同的信号。

第八条——准备完成后离开待机区域并进行装载的时间。

连长在命令第四条中通常指明：各排人员、武器装备在移动的列车（船舶、飞机、直升机）上的位置；他们装载（登机、登船）的顺序和方法；从待机地域向装载点和卸载后向集结地域行进时各排在连纵队中的位置；装卸队的组成、谁是负责人、他们的任务、执行任务的时间和方法；昼夜值勤人员的编成及其准备方法；装载（登机、登船）、途中和卸载（下机、下船）时的安全要求。此外，在命令的第八条中，营长代替梯队负责人，指定车厢长，指明其在火车（船）上的位置或所乘坐飞机（直升机）的编号。

541.在下达输送命令后，营长（军列梯队梯队长）做出下列指示：为梯队装载的机车车辆的准备程序；武器和军事装备在列车（船舶）上配置和加固的方式；在军列或船舶上组织保卫（确定昼夜值勤人员编成、换班的时间和方法、哨所的位置、哨兵的职责和与他们联系的方法）；按照警报和指挥信号行动的方法；装载（卸载）和输送过程中的安全要求，与军事交通机构的协同指示和组织全面保障指示，针对燃烧武器的防护和防火（紧急救援作业）指示。

542.营（连）长要组织整个输送过程的协同，此时确定并协调：部队从占领地区行进的方法，他们占领装载待机（登机）地域；向装载（登机）站（港口、码头、地点、机场、停驻场）行进的方法，以及行进的实施；抗击空中之敌打击的方法以及在装载（登机）、输送和卸载（下机、下船）过程中敌使用核生化武器、高精度武器时各分队的行动方法；在输送终止、自行转入行进和恢复输送时，各分队的行动方法；降落（卸载）实施的方法；在卸载（降落）后营（连）向集结地域行进；后续行动准备。

543.在军列上（在舰上）使用有线（固定）通信、面对面交流进行指挥，在有通信兵帮忙时，也使用光和声音信号进行指挥。

营长与司令部（军列首长）在行程中的分配：当以铁路运输方式输送时，通常在梯队中间，营（连）长和司令部与警卫队长、观察哨和内燃机车（电力机车）驾驶员通过有线联系；当以水路运输方式输送时，营（连）长和司令部在一个船舱或在单独的舰船房间里；当以空中运输方式输送时，营（连）长和司令部跟在军事团队编成内。

544.在营（连）长的工作图上要反映出：营（连）长受领任务时的位置；出发地区、基本和备用装载（登机）地区、装载前待机地域、其占领时间和到达路线；出发点，行军队形的配置，行进的计算；组织警调勤务；装载（登机、登船）和卸载（下机、下船）站（港口、码头、地点、机场、停驻场）；卸载（下机、下船）的方法和卸载（下机、下船）后到达集结地域的方法、集结时间和分队在其中的位置；装载和发送的顺序和时限；行军警戒和直接警戒的任务与编成；防空的组织；在出发地区、输送过程中和卸载后集结地域内指挥所的位置；通信联络示意图；警报、指挥和协同信号；友邻的任务，以及保障装载（登机）的必要问题。

营司令部通常在营长（营参谋长）的工作地图上进行输送计算，并与相应运输类型的代表进行协调。

在以铁路运输方式输送的计算中指明：军列号、梯队中车厢（平台）的数量及其配置；分队按车厢的分配，以及各分队的人员，武器，军事装备和物资按车厢、平台输送的计算；装载开始和结束时间。

在以水路运输方式输送的计算中指明：军列梯队号、港口、装载（登船）点；派出的登陆运输器材，并指明登陆艇的舷号、每个分队的运输舰名称及其靠岸方法，以及各分队的人员、武器、军事装备和物资按舰船或船舱输送的计算。

在以空中运输方式输送的计算中指明：被输送的分队、人数、物品的质量和尺寸；参与输送的飞机（直升机）的数量和类型；各分队的人员、武器、军事装备、导弹、弹药、燃料和其他物资按飞机（直升机）输送的计算；每架飞机（直升机）的军事团队人员名单；装载（登机）的开始和结束时间。

为了缩短组织输送的时间，营长应随时准备好各种运输方式的运输方案。营参谋长应根据各分队可能的战斗任务、战斗编成和员额、在运输工具上加固武器和军事装备的技术条件，预先制订使用不同运输方式的输送模板（各种计算、计划和申请的方案）。进行计算时不能破坏分队的组织完整性，并确保在卸载（降落）后他们做好实施战斗的准备。

545.在军用列车编组时，在列车中部放置载人用篷车和现有的厨房，在头部和尾部放置带战斗装备的平台和敞篷车。危险品车厢使用专门的隔离车厢，与机车、火车尾部、人员车厢分开，特殊情况下也会相互挨着。带有高射武器的平台放置在列车的头部和尾部，以便于它们射击，它们与内燃机车（电力机车）、篷车或敞篷车隔开，使用一个或几个带有高度较小的货物的平台。

546.在装载（登机）行进开始前，营（连）长应检查：人员对安全要求，装载（登机）规则，武器和军事装备在车厢和平台（船舶、飞机、直升机）上的配置和加固规则、卸载规则，以及人员在运输过程中的行为守则的了解情况；武器、军事装备、导弹、弹药、油料和其他物资器材的装载准备情况；依据装载计划所做的营纵队配置。

装载前，营长（军列梯队梯队长）带梯队负责人到达装载（登机）站（港口、码头、机场、停驻场），在那里检查机车车辆情况，组织接收车厢（船舶）、可拆卸的军事设备，组织机车车辆梯队装载准备，必要时，将各种变化列入装载（登机）计划和输送计算，并发出各分队向装载（登机）地点行进的指令（信号）。

547.从待机地域的行进是按照旅（团）长规定的序列和时间进行的。

武器、军事装备的装载和人员的登车严格按规定时间隐蔽进行，遵守安全要求，防止机车车辆（船舶）、武器和军事装备遭到损坏。

首先装载武器、军事装备、导弹、弹药、燃料和其他物资器材储备。此时，武器和军事装备的放置要考虑到卸载顺序，高射武器要考虑到对空中目标射击的可能性。派出用于掩护装载地域的两栖装备和高射武器，以及用于保障快速装载（卸载）履带装备的牵引车，最后装载到平台（船舶）上。

在武器、军事装备和物资装载结束后，人员通常直接在军列梯队（军事团队）出发或船舶出海之前，登上车厢（船）、飞机（直升机），但不得晚于出发前10分钟。武器、军事装备、物资的装载和人员登机（直升机）应按照航空兵部（分）队指挥员的指示开始。

装载在机车车辆（船、飞机、直升机）上的武器、军事装备和其他物资器材都要牢牢地固定，此外，车辆还要固定制动装置和初级传动装置。战斗车辆炮塔的旋转装置被锁住，驻栓要打上铅封。

武器和军事装备的装载、放置和加固以及人员登车由军列梯队梯队长负责；以空中运输方式输送时则由飞机（直升机）机组的指挥员负责。

派出用于掩护行程中军列梯队（舰艇）的高射武器和其他火器，占据军列梯队梯队长指定的在火车头部和尾部的平台（船的上层甲板）上的位置。为了抗击空中之敌突然袭击，指定值班的高射武器和其他火器应时刻处于准备射击状态。

548.以铁路（水路）运输方式输送的营，在整个行程中，除部队储备以外，还要使用路途给养储备和卸载的给养储备保障。为了在输送过程中及时提供医疗救助，在军列上（船上）展开营医疗所。从军列（船）上将伤病员后送到最近的医疗分队、部队和机构。

549.为了扑灭途中的火灾，指定值班分队，该分队配备了必要的灭火器材，随时准备行动。以水陆运输方式输送时，值班分队加强建制的船舶应急救援队，并按照船长的指示行动。

550.为了监视空中之敌和邻近地形（水域），在军列（船）上要派出观察哨（空中观察哨、观察员）和辐射、化学、生物观察哨。在行程中，军列梯队梯队长还从铁路（水）段、车站（港口）和机场的军事代表那里接收有关空情、辐射、化学和生物情况的资料。空中之敌，放射性、化学和生物污染的通报是通过使用输送中军列梯队（舰艇）梯队长规定的信号进行的。

根据空中之敌的警报信号，军列（舰船）继续行进。车门、窗户（舷窗）和车厢天窗（船舱）关闭，个人防护器材转入"准备"状态。分配用来抗击空中之敌攻击的高射武器和其他火器，根据军列梯队梯队长（舰长）的指令开火，并在发生突然袭击时自行立即向军列梯队梯队长（船长）报告。

根据放射性、化学和生物污染警报信号，人员使用个人防护器材。

551.以铁路和水路运输方式输送时，在通过放射性沾染地域和被放射性物质污染的水域时，人员要穿戴个人防护用具。在军列通过放射性沾染区时，坦克和其他装甲车辆的乘员根据军列梯队梯队长（舰长）的指示，可以待在车里。通过污染区后，按照军列梯队梯队长（舰长）的指示，对各分队进行局部洗消。卸载后，对各分队进行全面洗消和人员的全面卫生消毒。

552.在行程中，根据当前情况，营（连）必须时刻准备在计划之外的地方卸载（下船），以行军方式开往目的地，绕过（克服）污染区、破坏区、施火区、淹没区，投入战斗。

在到达输送终点后，营（连）迅速卸载（降落），并在采取全面保障措施的同时，前往集合区，准备进入集结地域或完成战斗任务。

第十一章
现地部署和警戒

一、现地部署

553.现地部署——营（连）分队在指定地区的配置：出发地域（从纵深行进进攻时，强渡和空降时）、集结地域、休息区和其他区域。

营（连）在现地部署时，必须随时准备好抗击空中和地面之敌的攻击，向新方向实施机动，并执行其他突然出现的任务。

554.在现地部署时，部队驻扎的位置要有利于组织对大规模杀伤性武器和高精度武器的防护，具有天然的伪装，允许快速实施机动。部署地区应确保：各分队的疏散和隐蔽配置；快速集结，并在需要的方向上进行机动的能力；便于人员配置和休息；有利的卫生防疫条件；有足够的水源，道路和可供武器、军事装备通过的通道。

555.为营指定集结地域，其尺寸可达10平方千米。

营在指定区域内以分队为单位部署，以防在开始撤离时进行不必要的转移。

为了保障实施机动并为警戒分队提供帮助，坦克（摩步）连的部署地区通常指定在营部署地区的外围。

炮兵分队、技术保障分队和后勤分队通常位于其中心。为支援警戒分队，要指定值班的炮兵分队，他们既可以从占领的地区，也可以从临时射击阵地和射击场进行射击。

营各分队的部署方法取决于当前行动特点、在该地区停留的时间、情况条件和地形特点。不允许在输电线路下，在靠近天然气和石油管道，靠近辐射、化学和生物危险设施的地方部署各分队。

摩步（坦克）连在为其指定的地区通常沿行进路线部署，位于行进路线之外，相互之间的距离和间隔要能降低核打击、航空兵打击、高精度武器和敌炮兵火力的毁伤效能。在开阔地，坦克、步战车（装甲输送车）之间的距离可为

100—150米，各排之间为300—400米，各连之间为1—1.5千米。

炮兵分队全员或以排为单位部署在受威胁的方向上，随时准备开火。

营榴弹发射器和反坦克分队通常与摩步连一起部署。

为了解决突然出现的任务，在营里指定一个排编成的值班分队。通常部署在其连队占领的地区。

556.组织营（连）现地部署包括：定下决心，向各分队（兵力兵器）部署任务，制订行动计划，组织协同、全面保障和指挥。

557.理解现地部署的任务时，营（连）长要特别注意为了对各分队当前部署地区进行侦察而由上级采取的各种措施；按照上级决心派出作为值班分队、驻止警戒和直接警戒的兵力兵器的编成及其任务。

558.判断敌情时，营（连）长要明确敌机降战术空降兵、派出破坏侦察力量的距离和能力，运用察打一体系统和其他毁伤武器的能力。营（连）长在判断敌情的基础上，拟订出直接警戒的方向和编成、战术伪装措施，以及部署地区防御工事构筑的措施。

如果上级决心没有指定驻止警戒，营长根据对敌情的判断，可以指定驻止警戒并明确其任务。

判断地形时，营（连）长应研究：其防护和伪装特性，以及利用它们防护部队的可能性；敌空降兵、破坏侦察组行动的条件。

559.在现地部署决心中，营（连）长除通常问题外，还要明确：

企图——按照完成部署的任务的各个阶段集中主力的方向（占领指定地区并在该地区部署分队时，执行抗击空中之敌和敌地面兵力打击的任务时，各分队为当前行动做准备时）；完成部署任务（按完成的各阶段）的形式和方法；兵力兵器的分配（值班分队、驻止警戒和直接警戒的编成）；在准备和执行部署的任务时（按完成的各阶段）保障隐蔽性。

各分队（兵力兵器）的任务——部署地点（地区），占领的方法和时间；值班分队的编成、位置、准备执行的任务、换班方法；驻止警戒的编成、地线、地带和任务；炮兵分队部署地区、临时射击阵地，以及支援驻止警戒和值班分队行动时的任务。

560.在营（连）到达指定区域之前，上级组织对其进行现地勘察。现地勘察组编成中通常包括一名营参谋和每个连（炮兵连）的一名军官（准尉、军士）。

他们确认营、建制和配属分队（兵力兵器）、指挥观察所部署的地区（各摩步连、炮兵连部署位置），侦察并标记出入路径、敌人突然袭击时的展开地线，与己方分队会合并将其护送到指定地点。

561.部队在占领部署地区之前，特别是在以前被敌人占领的地段，要对其进行彻底的侦察，以查明敌人的剩余力量，及其侦察和信号装置、沾染和布雷地段、水源，并确定其是否适用。

现地勘察结果的资料要报告给营（连）长。指挥员在报告的基础上修订自己的决心，并向各分队部署任务。

562.在下达现地部署任务时，营（连）长指明：

各分队——基本和备用部署地区（地点）、占领方法和工程构筑的方法。

炮兵分队——部署地区、临时射击阵地（射击场地），及其占领方法，支援驻止警戒和值班分队行动的方法。

值班分队——编成、任务和部署位置。

为了抗击地面之敌可能的攻击，为连（排）和配属火器指明任务、行进路线、阵地（射击地线）。

为了抗击空中之敌的攻击，营（连）长明确各分队要有哪些值班火器，并指明开火的方法。

563.在现地部署时，营司令部制订作战命令、部署地区的保卫和防御示意图、关于战斗编成和员额的报告。此外，营司令部还与主管装备和后勤的副营长一起制订技术保障和后勤保障的报告，以及对各分队物资保障的申请。

564.在占领部署地区（地点）期间的协同指示中，营（连）长应协调营（连）各分队相互之间的行动，以及在占领指定地区时与警调勤务兵力兵器和指挥机构之间的行动。

在营（连）占领指定地区（地点）后，营（连）长组织抗敌打击的协同。此时，指挥员应在抗击敌突然打击、消灭敌空降（空中机动）兵、破坏侦察组和非正规武装部队时，协调驻止警戒、值班分队、炮兵和摩步（坦克）分队的兵力。

在给各分队（兵力兵器）部署任务并组织协同后，营（连）长做出全面保障、组织该地区工程构筑、保障各分队（兵力兵器）抗敌突然袭击准备的指示。

565.营（连）指挥观察所的展开，应能确保分队位于现地和离开占领地区时对其进行不间断的指挥。与各分队的通信通常通过运动通信和有线通信方式进行。禁止使用无线电设备进行传输作业。

566.各分队部署地区应随着他们接近进行占领。不允许各分队的纵队停在道路上等待部署到指定地区。

在部署地区内组织和不间断实施对空中之敌的侦察和通报、工程侦察、辐射化学生物侦察，采取措施对分队进行防护，以及采取卫生保健、防疫、教育措施和其他措施。

567.部署地区（地点）的工程构筑随着分队的到来立即开始。为人员挖掘壕沟，当有时间时准备掩蔽部和避难所；为武器和军事装备以及物资器材的储备构筑战壕和掩体。武器和军事装备、工程设施都要严密伪装，并配备无线电散射和热反射涂层、伪装设施。此外，还要采取措施掩盖它们的防敌技术侦察的手段。无线电和发热物体用特殊涂层（防护装置）伪装，并在其附近构筑假目标。通过目视检查伪装。

部署在居民地时，建筑物的地下室、地方避难所和其他坚固建筑被用作掩体。

为了保障机动，要对现有道路进行侦察。在部署地区和通往它的接近路上进行侦察，并准备各分队在抗击敌攻击时的撤离和机动路线。非建制内的排雷小组位于其分队所在地区，随时准备在敌方远程设置的雷场内开辟通路。

568.营（连）必须时刻准备变更部署地区（地点）。它是根据上级的命令进行的，要有序隐蔽并在短时间内进行，并时刻保持准备执行作战任务的状态。当敌使用核生化武器时，则在新部署地区之外进行武器和军事装备的洗消。

569.在现地长期部署时，营（连）的部署通常根据俄罗斯联邦武装部队内部勤务条令的规定进行。

各分队不允许直线部署。各分队部署的序列应确保有效地抗击敌侦察破坏组和非正规部队的攻击。部署地区的内部勤务的设置和组织不能暴露分队的伪装。

在营（连），为保护人员、武器和军事装备，要指定昼夜值勤人员。昼夜值勤人员的编成通常由上级明确。值日员换班的次数和方法应保证营（连）在整个部署地区内的人员、武器和军事装备得到保护。营（连）值班员要保障通信器材，与分队指挥员、营司令部及直接警戒机构建立联系。

在部署地区内，人员和装备的移动受到限制。不担负昼夜值班勤务、不在警戒机构编成内执行任务的人员，禁止离开营（连）部署地区。

必要时，营（连）所在地的道路应设置行进方向指示牌以及标明允许车速的路标。禁止刻写或设置其上有分队名称、番号及其指挥员姓名的标示牌。

570.在北方地区和冬季，要特别注意保持道路的畅通，以确保各分队从部署地区（地点）撤离，并采取措施防止人员冻伤。

部署地区有居民地时，有防寒设备的房间首先划给医疗所，人员轮流供暖。

为了人员取暖，要设置有防寒设备和有供暖设备的掩蔽所。车辆发动机在必要时定期加热。此时，采取措施保护人员免于废气中毒、体温过低和冻伤。

571.在森林沼泽地，分队要沿着道路和林间通道部署。准备尽可能多的道路和林间通道，以防发生森林火灾；确定分队撤离部署地区的方法；为了灭火和实施救援工作，要分配必要数量的配备灭火设备的人员；为实施后送指定值班的牵引车。

572.在山区，利用山区地形的褶皱、隧道、矿山、洞穴和不易出现崩塌、雪崩和洪水的地区来部署各分队。营（连）部署的位置，要能保障快速到达道路，或者展开以抗击敌人攻击。

573.在沙漠地区，营（连）通常部署在绿洲，以及有山间低洼地、沙丘、灌木丛和其他天然遮蔽物的地形上，尽可能靠近水井、灌溉沟渠和其他水源。在没有天然伪装的地带，广泛使用制式伪装器材以及使用就便器材做的伪装。此外，武器和军事装备都要涂上与该地形背景相匹配的颜色。

使用随身携带的水源储备，以及通过从野外给水站前送（运送）水源的方式，保障各分队。

特别要注意伪装，探测移动的沙地的放射性、化学和生物污染，节约用水和燃料，保护给水站，实施卫生防疫（预防）措施，以防止（减少）沙漠对人员健康和战斗力的不利影响，防止出现传染病。

二、作为驻止警戒的营（连）

574.为了防止敌人侦察，并排除其对被保卫的地面力量的部（分）队发动突然攻击，按照上级决心（营长决心），指定驻止警戒。

营（连）可以被指定为前哨支队（警戒哨）。为前哨支队（警戒哨）指明防御地线、警戒和侦察实施地带。防御地线的正面，营可达10千米，连可达5千米。前哨支队和警戒哨与被警戒部（分）队的距离可为5—15千米。

前哨支队（警戒哨）部署在便于防御的地线上，能保障良好视界，观察可能出现的敌人，并能截断所有主要道路和通往部署地区的通道。在山上，驻止警戒在道路交叉口、桥梁地区、制高点、山间通道和山垭口占领阵地。

575.前哨支队（警戒哨）的战斗队形在宽阔的正面上成一个梯队部署，通常包括在防御中的各种要素。在最重要的方向上，派出警戒哨（步哨）。

通常，指定一个加强摩步连（排）作为警戒哨。它可加强一个坦克排（坦克单车）、一个迫击炮排、1—2个榴弹发射器组、一个反坦克班和喷火分队。

通常，指定一个班（坦克）作为步哨。

为支援前哨支队（警戒哨），需指定一个炮兵分队。

为在正面前和翼侧实施侦察，营（连）长要组织侦察，并派出战斗侦察巡逻队和巡逻班（坦克）。根据前哨支队（警戒哨）指挥员的指示，在警戒哨（步哨）之间组织巡逻，在正面前和翼侧可派遣潜伏哨。

576.指定作为驻止警戒的营（连），其支撑点和射击阵地配系的基础是各排准备环形防御的独立支撑点。

排支撑点的构筑，正面可达400米，纵深可达400米。若时间充裕，可在支撑点的中心构筑一个有4个出口的掩蔽部，以确保分队迅速到达射击阵地。从掩蔽部的每个出口挖掘100—120米长的交通壕，每个交通壕上都构筑了班的射击阵地，能保障双向射击和兵力兵器向受威胁的方向迅速机动。战车的射击阵地构筑在班的阵地上和支撑点周围敌人最有可能采取行动的方向上。

驻止警戒地线的工程构筑与防御中的相同。在地线上，为所有火器构筑基本射击阵地，如果有时间，还要构筑预备射击阵地。

577.火力配系的组织要考虑到实施环形防御。炮兵分队展开成战斗队形，任务是对在通往驻止警戒阵地的接近路上的敌人进行毁伤，并支援驻止警戒的战斗。在驻止警戒阵地前，在各分队之间的间隙准备好不动拦阻射击。在坦克威胁方向上，通过进行直瞄射击的计算，来选择射击阵地地区。配属给摩步分队的坦克可以用来进行火力伏击或作为游动火器行动。

578.营（连）长组织前哨支队（警戒哨）行动的作业与在没有与敌接触情况下组织防御时相同。

在为各分队部署战斗任务时，指明：

警戒哨——编成、加强兵器及其转隶方法；防御地线、警戒和实施侦察地带；主力集中的方向；抗击敌攻击时的行动方法。此外，还可指明在哪里派遣步哨、巡逻人员、潜伏哨，在哪里组织伏击。

步哨——编成、加强兵器及其转隶方法；基本和预备战斗（射击）阵地；射击和实施侦察地带，补充射击扇面；主力集中的方向；抗击敌攻击时的行动方法。

炮兵分队——射击阵地和支援警戒哨（步哨）战斗的任务。

579.准备驻止警戒行动时，营司令部除了通常的问题外，还要组织警戒哨（步哨）的勤务，检查其执行情况，并补充制订执勤时间表和日程。

在每个执勤的警戒哨都指定昼夜执勤人员，其编成为1名值班员和1—2名值日员，并在每个班的阵地上指定观察员。

在夜间和能见度差的白天，至少要有三分之一的人员使用夜视设备参与实施岗哨勤务。

担负警戒的人员应当时刻处于战备状态，遵守规定的战斗值班秩序、休息秩序和方法、伪装措施，保持高度的警惕性、果断性和坚定性。

为了限制人员的活动，建立应答口令，每昼夜更换一次。

在组织岗哨执勤时，人员要隐蔽配置，不能暴露自己。

580.发现敌人时，前哨支队（警戒哨）应立即向派出警戒的指挥员报告，并通报友邻的驻止警戒分队。

前哨支队（警戒哨）要抓捕俘虏或消灭试图向被保卫分队渗透的小股敌人。当敌优势兵力进攻时，前哨支队（警戒哨）要顽强防御占领的地线，确保分配用来消灭敌人的部（分）队实施机动和有序投入战斗。

第十二章
全面保障

581.营（连）的行动必须得到全面保障。全面保障包括准备和实施成套措施，以保持部队的高度战备水平，保持其战斗力，并为顺利和及时地执行任务创造有利条件。

根据任务特点和所采取的措施，全面保障分为战斗保障、精神心理保障、技术保障和后勤保障。全面保障措施要预先制订计划，不论是在任务准备期间还是在执行任务过程中，在各指挥层级、在任何情况下持续进行。

战斗（战斗行动）的全面保障由营（连）长及其副职、营司令部组织，并在指挥员的决心、部署的任务、上级司令部和上级首长的指示和号令以及当前的形势基础上实施。没有指示和号令，指挥员和参谋长也要及时组织全面保障。

一、战斗保障

582.组织和实施战斗保障，目的是提高己方分队运用的效率，并降低敌方部队和兵力兵器的运用效率。

营（连）战斗（战斗行动）的战斗保障种类有侦察，警戒，电子对抗，战术伪装，工程保障，辐射、化学和生物防护。

侦察

583.在营（连）组织和实施侦察，目的是获取在当前行动地区关于敌人和地形的情报，这些情报是准备和顺利完成受领的任务所必需的。侦察的主力要集中排除敌方的突然行动，及时向指挥员提供运用分队、武器和军事装备所必需的侦察信息。

在机炮兵团和部队的分队，补充的侦察任务是查明邻国在边境区域（地带）采取的工程构筑措施；大口径火炮和其他用于破坏永备射击（野战筑城）工事的兵器的射击阵地的位置（坐标）。在机炮营（连），平时组织和实施侦察，要与在责任地带内部署的边防分队的侦察机构密切协同。

实施对地形侦察，任务是查明地形、天然障碍物、土壤、道路、水源的特征和状况，江河特点，浅滩的数量，地形对分队行动方式和开火条件的影响程度，破坏、施火和淹没地区，放射性、化学和生物沾染区（地区），以及可能的绕行（克服）方向。

584.侦察任务通常通过以下方式完成：获取，收集，处理并向营（连）长和司令部传达关于敌方侦察目标、计划和行动的侦察信息。

侦察信息的来源是敌人的部队、武器和军事装备、单个军人、当地居民、各种文件、己方的上级司令部，以及所属、协同和其他部队的司令部。

585.为实施侦察，为第一梯队营指定侦察区和详细侦察区，为第二梯队营（合成预备队）指定实施侦察的责任区。

营概略侦察区纵深可达10千米。概略侦察区正面通常比营的行动正面要宽些，营行动的正面宽度就是在每个翼侧方向下级（连）行动正面的宽度。

营详细侦察区的纵深可达5千米；它的正面与营行动正面一致。

连一级的侦察是在连的正面前、翼侧和部署的任务纵深（杀伤武器的射程）内进行的。

第二梯队营（派出作为合成预备队）以及其他处于战斗队形纵深的分队，实施侦察的责任区的边界是根据其任务、形势条件、位置、侦察兵力兵器的能力确定的。

586.在营（连）实施部队侦察、雷达侦察、炮兵侦察、工程侦察、辐射和化学侦察。

侦察情报是通过观察，窃听，搜索，侦察伏击，突袭，询问当地居民，审问俘虏和逃兵，研究从敌人手中缴获的文件、武器、装备和其他方法获取的。

对敌人要从指挥观察所进行不间断的监视，也要使用观察哨、空中观察哨、分队的观察员和值班火器进行监视。在夜间和其他能见度有限的情况下，使用雷达站、夜视仪、照明设备进行监视，并补充使用窃听手段。组织监视配系，要能保障在行动的正面前和翼侧最好地观察敌人和地形。

监视的组织应能保障最好地观察正面前、翼侧和后方的敌人和地形。

监听主要是部队侦察和警戒机构在夜间和其他能见度有限的情况下进行的。

实施搜索和侦察伏击，目的是抓获俘虏，获取文件、敌人的武器和装备，而突袭还要摧毁（损坏）敌大规模杀伤性武器的运用工具、高精度武器系统的各要素、指挥所以及其他重要目标。根据兵团（部队）指挥员的指示（批准），组织搜索，而突袭和侦察伏击按照分队指挥员的决定进行侦察。

搜索通常是在防御或准备进攻中与敌直接接触时组织与实施的。

组织侦察伏击，根据情况，可以提前做好准备，也可以在侦察过程中在短时间内组织。侦察伏击的成功，取决于依据地形灵活选择伏击地点、能保障攻击突然性的分队（组、侦察机构）的严密伪装、按照各组进行的准确的人员分配、对自己职责清晰的认识、积极和果断的行动，以及指挥官对情况变化迅速和准确的反应。

缴获的敌人文件、武器和装备上交给派出侦察分队的指挥员（首长），并说明在何处、何时以及在什么情况下缴获的。禁止在缴获的文件上做任何签字和标记。

通过讯问当地居民来获取侦察情报时，应考虑其民族传统和宗教习惯。

通过审问俘虏获得侦察情报不应违反国际人道主义法。

营（连）简要对俘虏和叛逃者进行审问，目的是获取营（连）进行战斗所必需的情报。审问之后，立即将俘虏和叛逃者送到上级司令部。

通过审问俘虏和叛逃者以及询问当地居民获得的侦察情报，营进行核对（比较）。

587.在营（连），为实施部队侦察，要派出观察哨（观察员）；从侦察分队和合成分队编成内派出战斗侦察巡逻队和哨兵班（坦克）；使用指定的分队进行搜索，布置侦察伏击。

按照上级计划，当作为侦察支队行动时，可从营（连）派出侦察巡逻队。

588.观察哨由2—3名观察员组成，其中一名被指定为哨长。该哨配有观察设备、大比例尺地图或地形示意图、观察日志、指南针、时钟、图板、通信工具、照明器材和传递空中之敌警报信号的工具。

在营里指定1—2个观察哨，在连、排和班指定观察员。对空中之敌的监视是由营（连）标志哨（所）以及观察哨和观察员进行的。

观察哨展开的地点要提前构筑，并用有线通信设备保障。

589.战斗侦察巡逻队以一个摩步（坦克）排的编成被派出。在营（连）正面前或一侧行动，所处的距离要能保障对其进行监视，并以火力对其支援；在没有与敌直接接触时，距己方部队可达10千米。当在夜间、村庄、山上和森林中行动时，巡逻队的距离通常要减小。

指定作为战斗侦察巡逻队的排，必要时加强工兵分队和1—2名化学侦察员。

侦察情报是通过观察，窃听，侦察伏击，突袭，询问当地居民，审问俘虏，研究敌人的文件、武器和装备而获得的。为了与敌人进行接触，查明敌人和火器部署的位置，战斗侦察巡逻队可以加入战斗。

为了实施侦察，可以从战斗侦察巡逻队中派出巡逻班（坦克）、观察员和徒步巡逻兵。

590.巡逻班（坦克）可从实施侦察的分队或者从脱离主力完成战斗任务的连（排）派出，以便及时发现敌人并侦察地形。它行动的距离，能保障对其进行监视，并用火力对其进行支援。巡逻班搭乘步战车（装甲输送车、汽车）或以徒步队形执行任务，冬季则使用雪橇。它通过观察和使用徒步巡逻兵的方式实施侦察，而巡逻坦克通过观察的方式实施侦察。巡逻班（坦克）可被指定用于设置侦察伏击。

591.用来实施搜索的分队，由侦察（摩步）分队的编成建立。指定用来搜索的分队（组），加强带侦察器材和排雷工具的工兵，必要时以火力支援其行动。为实施搜索，在分队（组）编成内，指定抓捕组（小组）、排障组（小组）和保障组（小组）。进行搜索时，规定与敌技术侦察设备（夜视设备、雷达站）斗争（反抗、压制）的措施。

抓捕组（小组）用来捕获并向己方部队部署地运送俘虏、文件、武器和装备。组（分组）的成员应约为分队所有人员的一半。

排障组（小组）用于开辟、标记和掩护通往搜索目标和返回己方部队所在地的路线上的障碍物中的通路。它是由配属的工程部队专家或专门训练的排（班）士兵组建的。

保障组（小组）用来指挥各分队，在进行搜索时用火力支援抓捕组，并在完成任务后火力掩护分队撤离。它的编成包括摩步班，以及建制和配属的火器。

592.用来设置侦察伏击的分队（组），从侦察（摩步）分队编成内指定，兵力可达一个排或由专门选出的士兵和军士组建。当从分队（组）的编成内设置侦察伏击时，要指定观察员，抓捕、保障、指挥和火力支援组（小组）。

观察员用来及时发现接近的敌人，并将此通报指挥员。

抓捕组用来抓捕俘虏，缴获敌人的文件、武器和装备。其编成可达一个不带战车的摩步班。

保障组的建立是用于阻止敌人，禁止其接近（撤退），并在完成战斗任务后以火力掩护分队撤退。

建立指挥和火力支援组，用于指挥分队（人员），以火力支援抓捕组，并禁止敌人靠近。它的编成包括摩步班，以及建制和配属的由排长指挥的火器。

593.在营（连），雷达侦察由合成分队、侦察分队和炮兵分队的侦察雷达站实施。它收集关于地面物体（目标）的资料，确定其性质和所处地点。使用雷达侦察站对地面移动目标进行雷达侦察，以及标定发射的火炮、迫击炮和火箭炮。

594.在营（连），炮兵侦察由建制和配属的炮兵分队实施，目的是获得对敌火力毁伤所必需的侦察资料。

炮火侦察探测并确定敌人的火炮和其他物体（目标）的坐标；对预定要毁伤的目标进行补充探测；监视敌方及己方部队的位置和行动。

595.在营（连），工程侦察由从营（连）派出的侦察机构以及合成分队中的工兵侦察兵实施。

596.在营里，辐射和化学侦察由受过训练的班、车组和炮组组成的辐射和化学观察哨（观察辐射和化学情况）实施。

为观察哨配备辐射和化学侦察设备、观察设备、大比例尺地图或地形图、观察日志、指南针、时钟、图板、通信工具、照明器材和气象设备。

它可查明地形、空气、目标和部队有无辐射和毒剂沾染，以及沾染的性质和程度。

597.组织侦察包括：明确侦察的目标和任务；下达侦察指示，部署侦察任务，并将申请提交给上级和协同的司令部；组织协同；分配用于实施侦察的分队的准备，以及他们的展开；对侦察机构行动的全面保障、组织指挥，以及收集、处理和传达情报信息给指挥员；实际工作和其他措施。

在使用上级兵力兵器进行侦察的申请（请示）中，要指明哪些资料、关于哪些敌人（目标）、以何种形式以及最好何时能收到。

598.组织侦察时，营（连）长要指明分队实施侦察的目标、首要任务和方向（扇面）；主力集中的地区和方向（目标、方向和地区）；哪些资料，通过什么手段和方式，以及什么时间获得；营长亲自或通过司令部检查赋予的任务的完成情况。

599.营参谋长详细说明指挥员和上级司令部部署的任务，并明确战斗（战斗行动）准备和实施各阶段的顺序；明确执行最重要侦察任务的兵力兵器；明确侦察兵力兵器展开的方法和时限，对其行动全面保障的措施；协调各侦察机构的力量；明确组织指挥的方法；对部署任务的执行情况进行常态检查，并给予帮助。

营参谋长亲自判断敌情，并向指挥员报告敌情判断结论、组织侦察和所属兵力兵器运用的建议；制订侦察企图，定下完成赋予任务的决心；组织收集、处理并及时传达情报信息给有关各级；明确从上级司令部、友邻及其侦察机构接收侦察资料的方法。

600.侦察机构（兵力兵器）的任务由营（连）长或参谋长在个人交流过程中口头或通过通信工具部署。当为执行者口头部署侦察任务时，它们要被记录在收发指示的日志中。

601.各分队指挥员在受领的指示基础上，使用自己的兵力兵器，在正面前（翼侧、后方）组织侦察，给他们部署任务，指挥他们，研究获取的情报，并将其报告给营司令部。

602.给战斗侦察巡逻队部署任务时，应指明：当前行动地区（方向）内的敌情；加强兵器和它们的转隶方法；侦察地区（方向、目标）；什么情报以及什么时间内获取；侦察结束的时间和完成任务后的行动方法；保持通信和呈报侦察情报的方法，必要时报告有关友邻侦察机构和在前面行动的侦察机构的情报、相互识别的方法、口令与回令。另外，还可指明实施侦察的出发位置和占领时间。

在敌后行动的侦察机构的指挥员的工作图上禁止有关于己方部队的任何资料，而侦察机构所有人禁止有个人文件和公文。

603.当给巡逻班（坦克）部署任务时，应指明：敌情，实施侦察的方向（目标）和方法，警报、指挥和协同信号，口令和回令。

604.给指定用来实施搜索（设置侦察伏击、突袭）的分队（组）部署任务时，应指明：敌情，实施搜索（设置侦察伏击、突袭）的地点（对象）和时间，任务，警报、指挥和协同信号。必要时，应指明：用火力支援的方法和己方分队通过战线（警戒线）的方法，口令和回令。

605.组织观察时，营参谋长（连长）要明确：主力集中在哪儿，观察哨的分配，他们的任务，确保与他们进行可靠的通信和迅速收集有关观察结果的信息。

当给观察哨（观察员）部署任务时，应指明：方位物和地物的编码名称（代号）；敌情和我情；观察哨的编成；观察哨（观察员）的位置，观察扇面，应特别注意什么；观测结果的报告方法；警报信号。

对辐射和化学观察哨（观察辐射和化学情况），还要指明辐射和化学侦察设备启用的时间（周期），发出有关放射性和化学沾染的警告信号的方法。

给观察哨（辐射和化学观察哨）部署的任务记录在观察日志中。

当给雷达侦察哨部署任务时，通常指明：敌情和我情；侦察哨的编成和展开位置；侦察扇面、集中特别注意力的方向或地形地段；实施侦察的方法和报告侦察结果的方法。

606.在防御中，在敌进攻开始前，侦察要排除敌人转入进攻的突然性，并确保在前沿前和纵深有效对敌毁伤。集中侦察主力查明敌人可能的企图、转入进攻的时限和可能的打击方向；敌各分队的编成、火力毁伤对象（目标）的部署位置（坐标），特别是察打一体系统和其他高精度武器系统的地面要素；炮兵的射击阵地；大炮的火力阵地；陆军航空兵的行动方向；指挥所和无线电电子设备的行进路线和展开地线、部署位置。

侦察巡逻队在已方分队正面前、翼侧，在敌人战斗队形之间的间隙实施侦察。在敌人可能的行进路线上，侦察机构提前进驻。

607.在防御战斗过程中，侦察要确定敌人编成和主要打击方向、毁伤对象（目标）的部署位置（坐标），并查明第二梯队和预备队加入战斗的路线和方向。

在准备和进行反冲击时，应特别注意及时查明在反冲击方向上、翼侧和浅近纵深内敌各分队的位置和状态；查明敌战斗队形中的缺口和弱点、火力毁伤的对象（目标）、侦察行进的方向（路线）和反冲击地线。

608.在准备和实施机动防御时，要在更宽广的正面上实施侦察，应查明敌各分队的编成和打击方向，同时坚守每条地线（阵地），以便分队和火力能够及时机动，并明确敌战斗队形中的漏洞，以便实施反冲击。

609.在进行江河防御时，要额外侦察，及时发现敌人强渡的准备；查明敌各分队向江河行进的方向、他们的编成、渡河工具集中的地区（地点）和部队登船的地点；查明强渡的地段和时间。在转入江河防御时，要在两岸组织和实施侦察，主要力量集中在可以强渡的地段上。

610.在对居民地防御时，侦察主要力量集中在居民地的接近路上，以及时查明敌人主攻方向和其他打击方向、敌各分队的编成和行动特点，特别是在防御分队的翼侧和后方。

611.在对海岸（岛屿）防御时，侦察的组织和实施要与海军侦察力量密切协同，应查明敌海军陆战队编成和利于登陆的地段。首先组织对利于敌海军陆战队登陆和空降兵空降的地区进行观察，并广泛使用技术侦察装备，同时要考虑到海军现有的对岸监视、识别和通信系统。

612.撤退时，侦察应查明：敌追击企图；敌向两翼和后方快速推进的各分队编成、位置和行动特点；登陆（行动）地区，空降兵（空中机动部队）、破坏侦察组及非正规武装部队的编成和行动特点；撤退路线上的障碍物，放射性和化学沾染区，破坏、施火和淹没地区的情况。

613.在特殊条件下准备和实施防御时，应额外查明：地形的通行能力、道路状况、敌人构筑行进路线和机动路线的可能性；敌人运用迂回支队和从空中包围防御部队的可能性；可用方向的容量以及当地的燃料、水和其他物资器材储备情况。

集中侦察力量在敌人行动最有可能的方向、暴露的翼侧、道路交叉口和居民地；查明敌人行动的新手段和方式。在山区依托制高点建立多层观察系统。

614.在进攻准备时，集中侦察的主要力量：查明敌人的企图；查明营（连）前沿前和翼侧的敌各分队的编成；查明前沿、支撑点的轮廓和火器尤其是在前沿和防御纵深的反坦克火器的部署，火力和障碍、地形的工程构筑配系；查明暴露的翼侧和防御薄弱地段的情况、察打一体系统和高精度武器系统的地面要素、炮兵和防空武器的射击阵地的部署位置（坐标）；明确（确定）预期要毁伤的对象（目标）的坐标，第二梯队和预备队的部署位置和编成，他们的行进路线和展开地线，指挥所和电子对抗装备的部署位置，江河特点，地形的通行性，沾染区、破坏区、施火区、淹没区的边界和可能的绕行（克服）路线。

在进攻前，要加强观察，在行动的部队前面，派出侦察机构成战斗队形，对行进的路线、战斗队形主要要素展开的地线和地区以及加入战斗的地线实施侦察。

在进攻过程中，侦察应及时查明：

对敌火力毁伤的结果；

敌察打一体系统和高精度武器系统的地面要素的转移和部署位置（坐标）；

支撑点和抵抗枢纽；

第二梯队（预备队）的编成，他们的行进方向和展开地线；

指挥所的部署位置；

部队在纵深防御地线的构筑和占用情况，在地线上有无空隙和暴露的翼侧；

障碍物、破坏和天然障碍物的性质。

615.在突破固防地区时，侦察要提前查明永备射击工事和其他工事的数量、性质和类型，明确其位置（坐标）和部队占用情况，以及通往它们的便利接近路；查明火力和障碍配系；查明部队的野外补充情况以及他们所占领阵地的特点。要研究敌在部署全纵深的固防地域及其防御特点。

616.进攻时强渡江河，要在宽大正面上实施侦察。随着向江河的接近，可向预计的强渡地段派出补充侦察机构。

在分队到达江河之前，应进一步查明（确认）：通往江河的接近路上和对岸的敌人的防御特点，以及水中和岸边工程障碍的数量和特点；江河宽度和深度、流速、河底和土壤的性质；水利工程设施的数量和状态，以及破坏它们时可能的淹没区；渡口的数量及其状况；便于坦克水下渡河的地点，便于构筑登陆渡口、摆渡和桥梁渡口的地点，以及行进路线，通往它们的接近路上的天然障碍物和掩蔽所。强渡开始时，部队侦察机构部（分）队的第一梯队一起渡到对岸；利用间隙和暴露的翼侧，向敌人后方渗透。

强渡大型江河（海峡和海湾，水库和河流的河口段）时，侦察还必须查明敌方海（河）上舰队力量，可用船舶、驳船和其他两栖装备的数量，以及我方和敌方使用它们的可能性。

617.在师（旅、团）接近居民地之前，侦察应查明：敌人的集群（驻军）；外部和内部防御阵地、防御枢纽、火器、观察和指挥所、通信枢纽、地下掩体和交通线的数量和性质；江河特点及其强渡（渡河）的条件；敌人准备破坏的建筑物、桥梁和其他重要目标。此外，还要查明居民地的平民数量。

在居民区战斗时，主要关注对防御枢纽、障碍物、大型建筑物、主干街道和广场、地下通道、工事及其出口的侦察。

618.在追击时，侦察应查明：敌行军纵队的编成、配置和行进方向；掩护部队的编成、位置和行动特点，以及为他们的行动准备好的地区（地线）；障碍、破坏和淹没地段。侦察机构通常在与敌人撤退路线平行的方向上行动。

619.在特殊情况下准备和实施进攻时，侦察要额外查明：部队行动的可能方向，在该方向上障碍物、破坏和其他障碍、难通行地段的数量，克服（绕行）它们可能的方式和方向；敌人的数量，对地形的重要地区（地段）、居民地、制高点和其他目标防御的性质和特征，向其隐蔽行进的路线；组织火力的特点；当地燃料、水和其他物资器材的储备情况；使用迂回支队和从空中包围敌人的可能性。

集中侦察力量在可供部队行动的方向上，以及敌防御的空隙和暴露的翼侧。

在能见度有限的情况下，当存在大量隐蔽通道时，在很大程度上增加侦察和警戒机构的数量，特别是在那些可以保障进攻部队隐蔽到达翼侧和后方的方向上。为了侦察机构的行动，要广泛利用敌人防御中的间隙，在条件有利时，在大纵深组织侦察，要特别注意组织空中侦察和无线电侦察。在侦察过程中，要广泛运用侦察伏击。

620.遭遇战中，在宽阔的正面上，在战斗任务全纵深组织侦察，使用所有兵力兵器在行进之敌的正面前或翼侧实施。

在预期要进行遭遇战斗时侦察应查明情况，而从遭遇战斗开始和在战斗过程中要确定：敌各分队的编成和行进方向，首先是其主力和坦克纵队经过明确的地线和展开的时间；炮兵展开的地点（坐标）及实施打击的准备情况；当前战斗地区的地形特点；来自纵深的敌预备队的接近及其可能的行动特点。

621.在营有被包围的威胁时，侦察要查明：敌突围（迂回）分队、敌空降兵的编成，位置和行动方向，以及敌到达防御分队的翼侧和后方的意图；炮兵的射击阵地；预备队的接近，他们的编成，加入战斗的时间和方向。

在包围中战斗和突围时，使用处于包围中部队的所有兵力兵器实施侦察。在包围中战斗时，侦察应及时查明敌人的企图，包围战线前敌各分队的编成、位置和行动特点，预备队情况和打击方向，以便分割周围的部队，以及查明这些方向上的重要对象（目标）的坐标。

在突围时，侦察应查明：敌人的防御特点、包围圈的数量、防御薄弱的地段和火力配系；在突破方向上敌各分队的编成、位置和行动特点，以及敌人从包围战线的其他地段进行机动的能力。在准备突破包围圈时，应尽可能与在外包围圈、突破和突围方向上进行战斗的部（分）队的侦察机构组织协同。

622.为运用战术空降兵，使用上级的侦察兵力兵器实施侦察。

战术空降兵机降后，集中侦察主力查明：敌向空降兵战斗行动地区的行进；对敌火力毁伤的结果，以及敌新的（战斗力恢复的）对象（目标）；在当前任务方向上敌各分队的编成、位置和行动特点；应当夺取或摧毁的目标的位置和状态；警戒分队的数量、编成和状态；地形的通行性，天然障碍和障碍物、沾染地区的情况。

在空降地域行动的上级侦察机构可为了空降兵而执行任务，为空降指挥员提供空降地域、被夺取（摧毁）的目标（地线）地区的情报，将先遣组的直升机引导到着陆场。

当战术空降兵固守夺取的地线（地区）时，侦察要查明敌部（分）队的编成、编队和打击方向；查明核化攻击武器、炮兵、指挥所和其他目标的位置（明确坐标）。要特别注意查明敌坦克装甲部（分）队。

在对敌核化攻击武器、察打一体系统的地面要素、指挥所和其他应当摧毁（夺取、损坏）的目标实施侦察时，侦察机构应查明它们的位置、确定目标的坐标，并查明掩护（警戒）它们的分队的编成。

在战术空降兵完成夺取水利设施、桥梁、渡河器材或便于强渡的地段的任务时，侦察要查明：设施（桥梁、堤坝、码头）的位置和性质，敌人对目标的占用情况，其保卫和防御分队的编成，江河的特点。

在战术空降兵夺取山垭口时，侦察要查明：可供空降兵主力移动的方向，防御山垭口的敌人支撑点、火器、障碍物和天然障碍的编成和位置。

623.在武装斗争过程中，在责任区（地区）针对当前战斗行动类型组织和实施侦察，与其他部队密切协同，应额外查明：

边境武装冲突——最有可能从周边领土侵犯国境线（武装入侵）的地段（方向），可能的边界挑衅（事件）的性质；敌人（边境入侵者）的编成及其可能的行动特点。

国内武装冲突——非正规武装部队的编成、地点及其集群的能力；敌人的供应和保障的来源；敌人行动的战术特点、转移路线和方式，武器、弹药和其他物资器材的存放地点；敌人占领的地区，包括周边领土。在国内武装冲突过程中，侦察机构可在战斗侦察和侦察搜索过程中完成搜索和消灭敌人的任务。

624.在行军准备和行军过程中，侦察要查明行进路线、路线上的道路和水利工程设施的状况；明确沾染区、破坏区、障碍区、施火区和淹没区（地区、地段），绕行（克服）它们的路线；休息区、途中休息区和集结地域的地形特征。

实施行军准备作战时，在敌人实施伏击行动并广泛使用破坏侦察组和非正规武装部队的条件下，侦察要额外查明：敌可能设置伏击的地点，敌破坏侦察组和非正规武装部队的行动地区，敌空降兵的机降和行动；在可能的遭遇地线和拦阻地线上有无敌人。

输送时，在每一个军列梯队上，由设在军列首尾（在舰船的上甲板）的对空观察哨和火炮、大炮的观察员对空中之敌实施侦察。为实施辐射、化学和生物侦察，在军列梯队上派出辐射和化学侦察哨。

625.在现地部署时，侦察实施的目的是排除空中和地面之敌的突然袭击。

在分队占领部署地区之前，侦察应查明：在该地区内和通往该地区的接近路上有无敌人；有无地雷爆炸物和侦察警报装置；沾染地段，并明确该地区的卫生防疫和动物流行病状况；有无能保障及时撤出该地区和自由机动的道路及其状态；确定部署条件和伪装条件；有无水源和是否适合使用。

当部队在现地部署时，侦察应查明：地面之敌的行动特点；敌空降兵、在部署地区或其临近处的破坏侦察组、非正规武装部队的编成和机降（渗透）时间。

警戒

626.组织和实施警戒的目的是阻止敌向己方部队行动（部署）地区侦察渗透，排除地面之敌的突然袭击，并为被警戒的部（分）队展开（进入战备状态）和投入战斗保障时间和有利条件。

警戒的主要任务是：组织和实施战斗值班；警告被警戒的部队地面之敌的直接威胁和攻击危险；查明、毁伤和消灭敌侦察的兵力兵器，敌破坏侦察组和非正规武装部队；在各分队的正面前、翼侧和后方，与敌先遣支队、渗透组和非正规武装部队实施战斗行动，为主力和预备队的展开和投入战斗提供条件；保障交通安全；实施通行管制制度。

627.根据所执行的任务，确定部队的警戒方式：战斗中使用战斗警戒，行军时使用行军警戒，现地部署时使用驻止警戒，在任何形势条件下使用直接警戒。

628.营（连）在实施战斗行动时，使用战斗侦察巡逻队，以及专门划分出来的战斗警戒分队完成警戒任务。

在防御中，在没有与敌接触的情况下，由在战斗警戒阵地上行动的专门派出的分队进行警戒，而在与敌直接接触的情况下，由占领第一道阵地的第一条堑壕的分队进行警戒。

在进攻中，由战斗侦察巡逻队进行警戒。

在包围中战斗时，营（连）的警戒由在敌主力最有可能行动的方向上派出的战斗警戒分队实施。派出作为战斗警戒的分队的数量可比通常情况下多，但他们的编成相比较小。

在突围时，从营（连）派出后方尖兵，必要时还要派出侧方尖兵，他们从行进间和在原地，以火力和伏击行动迟滞敌人，直到指挥员指定的时间。这些尖兵与工程分队协同，可以破坏桥梁、渡口、路段和设置地雷爆炸性障碍物。

629.在行军中，营（连）的警戒方式：从前方，使用前方尖兵（先头巡逻队）警戒；从翼侧，使用侧方尖兵；从后方，使用后方尖兵。

在有地面之敌的攻击威胁时，根据地形特点，从在旅（团）主力编成内实施行军的营派出先头巡逻队作为直接警戒，派出距离可达3千米；从收容的营内派出后方巡逻队或巡逻班（坦克），派出的距离能保障对其进行监视并能用火力支援。

630.驻止警戒由前哨支队（编成通常可达一个加强连）和警戒哨（编成为一个加强排）组成。可向重要方向派出一个加强营作为驻止警戒，从这个加强营中派出警戒哨，每一个警戒哨的编成为一个加强连（排）。

根据营长决心，组织哨所警戒，其编成为一个班（坦克）。哨所被派往有威胁的方向，距离可达1500米，要能封闭所有主要道路和通往部署地区的通道。

当营（连）在武装冲突区现地部署时，在构筑基础地区的同时，可在周边建立一个警戒地带。当保卫交通线和重要目标时，警戒的主体是警戒哨，他们合并为前哨支队。为确保纵队行进的安全性、计划性和及时性，行进路线由驻止警戒和警卫分队负责保护。

631.在各种类型的战斗中，在指挥观察所组织直接警戒，由观察哨（观察员）、潜伏哨、巡逻哨和昼夜值勤人员实施。为了抗击地面之敌的攻击，指定值班分队和值班火器。

632.组织警戒包括：按照战斗（战斗行动）准备和实施的各阶段明确警戒的

目的和任务；下达警戒指示和部署警戒任务；组织警戒各分队（兵力兵器）相互之间以及与被警戒部队之间的协同；兵力兵器完成赋予任务的准备，他们的展开和全面保障；组织指挥；实际工作和其他措施。

营（连）长指明：警戒的目的和主要任务；警戒的编成和各分队的阵地［支撑点，在战斗（行军）队形中的位置］；派出（派遣）的时间；口令和回令。

在组织警戒时，营司令部向指定作为警戒的分队传达任务，领导他们的行动准备；组织警戒机构及时占领并构筑指定的阵地；规定支援警戒分队（兵力兵器）的方法；组织被警戒的部队与警戒机构的协同，领导他们的行动；根据情况和指挥员的决心，组织警戒的更换、加强或撤退。

分队指挥员组织直接警戒，通常由己方分队的兵力兵器实施。

在固防地区组织警戒时，除在防御中正常情况下采取的措施外，还规定：使用战斗值班分队的人员来组织警卫，组织警戒分队（兵力兵器）与边防部队的协同。

633.应每二十四小时规定口令和回令，以识别己方部队。

口令是武器或军事装备的名称，例如"Автомат（自动步枪）"，而回令则是以和口令相同的字母开头的居民地的名称，例如"Астрахань（阿斯特拉罕）"。

为使军人能在分队所在地通行，可以设置数字密码和应答：询问密码和应答的总数应是每天规定的数字的总和。

通行口令应口头传达给所有警戒、侦察机构人员和被派往分队以外的人员，而在夜间传达给己方分队部署范围内的人员。回令传达给这些分队的指挥员以及被派来传达口头指示的人员。向经过警戒地线的所有人员和在夜间跟随分队部署的人员询问口令，回令则从传递指挥员指示的人员和实施侦察的分队指挥员那里获得。

所有口令和回令都应该小声宣读。所有不知道口令的人、带着指示到达但不知道回令的人都将被扣留。经询问后，根据情况，被拘留者要么继续跟随，要么被押送到派出警戒的指挥员那里。

电子对抗

634.组织和实施电子对抗的目的是：降低敌人使用武器、战斗装备和电子设备的效能；保障武器和军事装备对敌技术侦察手段的防护；保障己方部队和武器指挥系统和指挥工具工作的稳定性。

营（连）在完成侦察和伪装任务的同时，还组织并采取措施进行电子杀伤和对己方分队（武器）指挥工具的电子防护。

635.在营（连），电子杀伤包括电子压制和改变电磁波的传播（反射）条件。此外，火力毁伤目标的同时，使用功能毁伤弹药组织对敌电子设备进行杀伤。

电子压制是指使用安装在防护车辆上的主动和被动干扰装置，以及配属（支援）的电子对抗设备，对敌方电子装备施加影响。改变电磁波传播（反射）条件是使用施放烟幕的方式破坏敌红外和激光侦察设备、武器指挥工具的工作。不参与分队指挥的无线电台可用来在敌无线网中发送虚假指令、信号，建立无线电干扰，并在假地区中模拟分队活动。

636.实施电子防护，就是采取措施消除（削弱）敌电子杀伤、电子脉冲、电离辐射和无意（相互）无线电干扰（确保己方部队电子器材的电磁兼容性）等武器对己方电子目标的影响，以及采取分队对敌技术侦察器材的防护进行电子防护的措施。

防护的主要方式是：建立和遵守通信纪律，限制无线电台通信的时间和次数，定期改变其位置和工作频率，消除（削弱）己方分队、武器和军事装备、采取的措施的暴露征候，以及采取措施让分队对敌技术侦察器材的防护进行电子防护。

637.在组织电子对抗时，营（连）长指明：施放烟幕的方法，安装在防护车辆上的主动和被动干扰设备的使用方法；各分队对敌电子杀伤武器和无意的（相互）无线电干扰（确保其部队的电子设备的电磁兼容性）器材影响进行电子防护的任务和措施，以及部队和目标防御敌技术侦察器材的任务和措施；完成的时限和参与的兵力兵器。

战术伪装

638.组织和实施战术伪装，目的是在分队（武器和军事装备）的编成、位置、状态、用途和行动特点等方面误导（欺骗）敌人，以达成行动的突然性，提高部队的生存力和保存部队的战斗力。

战术伪装的主要任务是确保分队（武器和军事装备）活动的隐蔽性，以及指挥人员的虚假意图和部队活动的可信度。

实现活动的隐蔽性，要通过防止（消除）有关分队活动的信息泄露，消除（削弱）分队行动的暴露征候，创造条件使敌人不能或无法有效使用侦察兵力兵器等方式进行。

虚假意图的可信性是通过在虚假（次要）方向（地区）上暴露他们的位置以及行动特征（影响）的方式来实现的。

639.营（连）完成战术伪装任务的方式是隐蔽、模拟和伴动。根据上级的决心，营（连）全体人员可以参与到虚假情报措施的实施中。

隐蔽是消除或削弱指挥员、营司令部、各分队、武器和军事装备的位置，编成，状态和活动的暴露征候。它由分队、车组、炮组的兵力兵器实施，通过以下方式实现：使用制式隐蔽器材和就便器材；伪装涂色，使用吸波材料和泡沫伪装层、气溶胶和其他材料，以降低武器和军事装备的光学、热学、雷达、声学和其他特性；分队的部署和转移要考虑到（使用）地形、天然和人工掩蔽物的特性、天气条件、季节、昼夜和其他能见度有限的条件，以及使用其他方式。隐蔽无需上级司令部的专门指示，要常态进行。

模拟是再现分队行动、武器和军事装备、地域工程构筑各要素的暴露征候，以显示在明确的地区内他们存在或他们位置、编成和状态的变化。它通过构筑假阵地和地线、创造武器和军事装备的假目标来实施，同时也使用模型、模拟装置和反射器，以及建立假工事等方式。

伴动就是使用专门划分的分队、兵力兵器，故意向敌人暴露在虚假（次要）方向（地区）上的分队活动，规定让分队（火器）伴装展开，并构筑他们的部署地区（地点），还要进行转移；实施作业和训练，故意违反隐蔽措施。

640.采取伪装措施，要与上级战术伪装计划一致，与抗敌侦察措施、保障秘密性措施、保障通信和信息安全措施，以及能有效完成战术伪装任务的措施相结合。

在固防地区的战术伪装还额外规定：遵守固防地区驻军的活动规定，以及无线和有线通信器材在战斗值班时的工作规范；采取季节性伪装措施。

641.在组织战术伪装时，营（连）长应指明：战术伪装的任务和措施，完成的规模、时限和方法；参与的兵力兵器；分队遵守伪装纪律的方法。此外，营长还要给营司令部部署对各分队执行战术伪装措施和遵守伪装纪律的情况进行检查的任务。

642.由营司令部组织和实施对战术伪装完成的质量的检查。

定期直接对各分队和目标的战术伪装质量进行检查。此外，还可使用上级的检查数据。在检查过程中，已查明的战术伪装缺陷立即纠正，并恢复被破坏的伪装。

工程保障

643.组织和实施工程保障，目的是为各分队完成战斗任务创建必要条件，提高他们对杀伤性武器的防护，以及使用工程弹药对敌造成损失，并使敌人行动困难。

在营（连），工程保障的主要任务是：对敌人、地形和目标的工程侦察；对分队占领的地区、支撑点、地线、阵地以及指挥观察所展开地区的筑城构筑；设置和维护工程障碍；破坏的准备（制造）；在障碍物和破坏中开辟和维护通路；对地域和目标实施排雷；准备和维护各分队的机动路线；强渡（克服）江河时构筑渡口；构筑和维护野战给水站；参与对抗敌侦察和武器制导系统、对部队和目标的隐蔽（伪装）和模拟、保障虚假信息和佯动；消除敌各种武器以及自然和人为因素影响的后果。

在固防地区对分队行动的工程的保障，除上述任务外，还有维护永备射击工事和野战筑城工事，使其处于战备状态，并在必要时对它们进行维修和修复。

644.对敌人、地域和目标进行工程侦察，目的是查明：敌阵地和部署地区的工程构筑的性质和程度、敌工程障碍配系；地域的通行性、道路和桥梁的状况；

破坏、火灾、洪水和其他障碍的位置和性质，以及克服或绕行它们的方向；江河特点和强渡条件；水源的位置和状况；当地有无建筑材料和可用于工程保障的器材；地形的伪装和防护特性。

645.在战斗任务准备和完成过程中，最大限度地利用地形的防护和伪装特性，利用工程装备、装配工事、工业制造构件和就便器材，对地区、支撑点、地线和阵地进行常态的筑城构筑。

646.在各种类型的战斗行动中都要设置工程障碍（地雷爆炸性、非爆炸性、复合的），目的是给敌人造成损失，迟滞其行进，牵制其机动，或迫使其在有利于己方部队的方向上推进，并提高火器的效能。它们包括：雷场、雷组、单个地雷、应用地雷、障碍枢纽、非爆炸性障碍以及准备破坏（摧毁）的重要目标。

使用工程障碍掩护部队占领的地区、地线、火器阵地、暴露的翼侧、战斗队形中的间隙（缺口）、指挥观察所展开地区以及其他重要目标。

根据战斗企图按照统一的计划使用工程障碍，考虑己方分队的机动，并与火力配系和天然障碍物密切协调配合。工程障碍通过梯次配置、突然和密集的使用实现其效能，并在敌主力行动的方向上高密度使用。

工程障碍主要是地雷爆炸性障碍物。部队的障碍是各分队从组织火力配系或按照上级的专门指示开始布置的。工程障碍的维护包括：警卫；护栏；标识和对障碍的火力掩护，己方部队经过时的通道；将雷场和爆炸装置转换至要求的准备程度，激活它们；修复受损的障碍物。

647.在障碍物和破坏中开辟和维护通路，由工程部队的分队、编外的分队排雷组实施。

在地雷爆炸性障碍物中，由工程部队分队借助排雷装置、排雷直列装药，人工开辟通路；而在敌人远程布设的雷场中，使用由连（炮兵连）专门训练和配备成套扫雷器材的班（车组、炮组）组建的排雷组开辟通路。装备扫雷具的坦克和步战车自行克服雷场。

在破坏中的通路中和经过障碍的通道时，由工程部队分队使用牵引车和带有推土设备的坦克、工程破障车、架桥坦克、开路机、机械化桥、爆破装药、桥梁和道路构件、挖掘工具和就便器材来开辟。

在大批障碍和破坏中的通路中，通常是由按照上级决心从工程部队分队和配备相应装备、器材的合成分队中组建的排障支队（组）来开辟的。

通路（通道）的维护包括实施警调勤务、通路的恢复或扩建、设置备用通路（通道），而在必要时关闭通路（清除通道）。

648.对地域和目标的排雷，由工程部队分队和编外的分队排雷组实施。首先，对行进路线、江河渡口、指挥所和主要分队展开地区进行排雷。

649.准备和维护分队的机动路线，以便他们在执行战斗任务和向指定的地线行进过程中进行机动。

准备和维护部队的行进和机动路线，通常由工程部队的兵力兵器实施。营防御地区（连支撑点）范围内的个别任务可使用分队兵力完成。

650.强渡（克服）江河时构筑和维护渡口，要考虑在不降低部队总的进攻（转移）速度的情况下渡过江河。

搭乘制式两栖战斗装备、徒涉和坦克水下渡河时，构筑和维护渡口的任务包括：明确和标识渡河方向（地段）和通往它的方向（路线）；设置下水口、出水口；渡口的伪装和警卫，渡口的警调勤务；在两岸和水中障碍中开辟通路。

作为先遣支队、前卫或在团主要打击方向上行动时，构筑与维护渡口，营通常使用自己的兵力和配属的工程部队的分队实施。在主力编成内行动时，分队通常搭乘制式两栖战斗装备，在上级兵力兵器构筑的渡口强渡江河。

651.构筑和维护野战给水站，目的是保障部队饮水。为此，使用工程部队兵力构筑和维护野战给水站，最大限度地利用固定供水系统，以及使用野战供水设备获取地面水源和地下水。水的分配、检测，获取的水和净化水的质量监督，及向用户运送，由相应的后勤分队组织和实施。

在营里，水的获取、净化和给水站的构筑，可使用自己的兵力利用制式野战给水设备实施。在没有就近水源以及缺水的地区，供水由上级的兵力兵器组织。

在固防地区，野战给水站要使用上级兵力兵器预先构筑，通常按每个连（炮兵连）、排和每个永备工事一个来计算。此外，在分队和永备工事内要建立十天的水源储备，为此，每个工事内部使用金属容器存放饮用水，装备用水则使用紧挨着工事的钢筋混凝土坑（在院子里或在堑壕内）。

652.使用工程装备器材以对抗敌方侦察和武器制导系统，对部队和目标进行隐蔽（伪装）、模拟，提供假情报和佯攻，包括：对武器、军事装备和工事进行伪装涂色，破坏地形，设置（展开）制式伪装网、模型、模拟器，使用就便器材进行伪装和进行模拟伪装，并建造假工事。

653.消除敌各种武器运用以及自然和人为危险因素的影响的方式，包括：进行工程侦察；在鹿砦和破坏中建立通道；修复破坏的筑城工事和工程障碍；参与实施救援工作，制止火灾蔓延并灭火。

654.使用营（连）的所有分队完成工程保障任务。使用自己的兵力建造射击和观察工事，以及人员、武器、军事装备和其他物资器材的掩蔽部；使用工程障碍掩护和伪装自己的阵地和部署地区；铺设和标示行进路线；克服障碍和阻碍；构筑江河渡口；使用制式装备构筑给水站。

工程分队完成最复杂的工程保障任务，要求全体人员进行专门训练，并运用工程弹药和装备。

655.组织工程保障包括：明确工程保障的目的、任务；收集、分析和评估工程情况资料；下达工程保障指示；组织协同；实际工作和其他措施。

在组织工程保障时，营（连）长指明：工程保障的目的、主要任务、工作量和各项措施完成的时限，同时指明战斗（战斗行动）准备和实施的各阶段各项措施的顺序。除此之外，营（连）长还按照任务和方向分配配属的工程部队的分队，下达组织完成工程保障措施的指示。

营参谋长根据营长决心和上级工程保障指示，进一步给各分队明确工程保障任务、工作量和完成时限，以及为此所必需的兵力兵器，检查所赋予任务的完成情况，保障各分队工程弹药和工程物资情况。

656.在防御中，集中工程保障的主力：对前沿前、通往防御的接近路上和各分队预计的行动地线上的敌人，地形和目标进行工程侦察；对防御地区（支撑点）和射击阵地、指挥观察所的展开地区进行筑城构筑；设置和维护工程障碍，准备（创造）破坏；准备和维护机动路线；抵抗敌侦察和武器制导系统，对部队和目标进行隐蔽（伪装）和模拟；消除敌各类武器和自然、人为因素的影响后果；构筑和维护野战给水站。

江河防御时工程保障的特点是：在通往江河的接近路上和水中，在现有的渡口、浅滩和便于强渡的地段上设置障碍；在两岸构筑崖壁。那些可用于淹没地域的水利设施，要加以保卫，并准备破坏。当它们无法使用，并有被敌人夺取的威胁时，经上级批准，毁坏它们。冬天在敌人可能强渡的地段上设置许多冰窟窿。

居民地防御时工程保障的特点是：适应独立建筑物防御并考虑对各种杀伤武器的防护，在通往居民地的接近路上和居民地内设置鹿砦、障碍和破坏。为了机动，在街区内部设置通路和通道，并使用地下设施。在没有用于机动的地下设施内，要设置工程障碍，其出口用火力覆盖。石制建筑的地下室要改装成掩蔽部。分队没有占领的独立建筑物，特别是在支撑点之间的间隙中的建筑物，要布雷或准备毁坏。为了向部队提供水，使用城市自来水网构筑取水站，并规定在非城市供水的水源上建造给水站。

撤退时，要额外设置工程障碍，并破坏道路、桥梁和其他设施，特别是在撤退分队的翼侧。

657.进攻中，集中工程保障的主力：在敌防御前沿前和纵深对敌人、地形和目标进行工程侦察；对各分队在进攻之前占领的阵地进行筑城构筑（补充构筑）；开辟和维护障碍和破坏中的通路，以及建立经过各种阻碍的通道；对地域和目标进行排雷；准备和维护行进和机动路线；强渡（克服）江河时构筑和维护渡口。

强渡（克服）江河时工程保障的主要任务是：对江河和行进路线实施工程侦察；搭乘制式两栖战斗装备、徒涉、坦克水下渡河时构筑，维护和伪装渡口及接近路线；在两岸和水中障碍物中开辟通路；组织和实施在渡口警调和救援的勤务，保卫渡口以防敌漂浮水雷和破坏行动；对夺取的登陆场进行工程构筑。

658.当营（连）作为战术空降兵行动时要额外进行：对空降地域的排雷，在空降兵行动方向上的障碍和破坏中开辟通路；摧毁（损坏）需要被摧毁（被夺取）的目标。

659.在行军时，集中工程保障的主力：对行进线路上的地形和目标进行工程侦察；对指定地区的筑城构筑；在障碍和破坏中开辟和维护通路；建立穿越各种阻碍的通道；对地域和目标进行排雷；构筑和维护江河渡口；在行进线路上对部队进行隐蔽（伪装）。

在运输时，工程保障的主力集中在：对指定地区进行工程侦察和筑城构筑；对卸载地域和卸载后的集结地域，以及临时转运地域进行排雷；准备和维护部队的行进路线；对部队和目标进行隐蔽（伪装）。

660.在现地部署时，工程保障的主力集中在：对指定地区的地形和目标进行工程侦察；对部署地区、警戒分队占领的地线和阵地，以及指挥所展开地区进行筑城构筑；设置和维护工程障碍；对地域和目标进行排雷；准备和维护行进（前运、后送）和机动路线；对部队和目标进行隐蔽（伪装）。

661.在特殊条件下工程保障的特点是：在北方地区和冬季——工程障碍保持常备状态，同时考虑积雪覆盖深度；准备破坏江河上的冰层，设置冰上渡口；在深雪覆盖的情况下准备和维护机动路线；构筑和维护给水站和人员供暖站。在森林沼泽地——清理视界和射击地带；在丛林鹿砦和其他障碍物包括地雷爆炸性障碍物中设置和开辟通路；使用工程障碍掩护地线、道路枢纽、小路和林间通道；用指示牌标识机动路线；采取森林防火措施，清理路线上因核打击而产生的阻塞物。在山区——改造山洞和矿坑，以部署火器和分队；在道路上准备和建造坍塌、鹿砦和破坏，在山垭口、隧道、通道和其他山上狭窄处使用定向雷设置障碍；构筑、伪装和维护经过峡谷和渡口、山区河流，以及在石堆和坍塌、深雪中和雪崩来袭时的通道；保障部队在陡峭的上下坡上行进。在沙漠地区——对水源进行侦察，构筑和维护野战给水站，并保护其不被沙土阻塞；侦察道路、小路，铺设和维护机动路线，并标识；加强沙质土壤上筑城工事的拱度和工事、入口、进气口的防护，以防沙土阻塞；定期检查雷场，当雷场被沙土覆盖或暴露时，要重新清理或设置新的雷场。

在特殊条件下组织工程保障时，要考虑：部队行动可到方向的分散性，气象条件的季节（昼夜）变化和地形特点。特别注意使用工程障碍掩护能到达防御分队的翼侧和后方的路线，以及部队占领的独立地方向。筑城工事不要在可能发生坍塌、岩崩、滑坡、泥石流和洪水的区域构筑。要对那些能掩护主要道路方向、道路枢纽、山垭口、隧道、绿洲、水源和其他重要目标的阵地进行最全面的筑城构筑。在密实（松散）土质上，通常使用沙袋、防爆墙、波纹钢组件、装配式构件和其他构件将筑城工事设置成堆筑式或半堆筑式。

辐射、化学和生物防护

662.营（连）组织和实施辐射、化学和生物防护，目的是减轻大规模杀伤性武器、高精度武器和其他各种武器的毁伤因素，辐射、化学和生物危险目标的毁坏（事故）对各分队的影响，以及使用喷火燃烧武器给敌造成损失。

营（连）的辐射、化学和生物防护的主要任务是：查明和判断辐射和化学情况；部队对大规模杀伤性武器的毁伤因素和放射性、化学和生物沾染的防护；降低部队和目标的显著性；使用喷火燃烧武器；在消除辐射、化学和生物危险物的事故（毁坏）后果时执行辐射、化学和生物防护措施。

663.营（连）的辐射、化学和生物防护包括：辐射、化学侦察和检测；收集和处理辐射、化学和生物情况资料；通报部队放射性、化学和生物沾染情况；使用个人防护和群防器材、地形、武器、军事装备和其他目标的防护特性；对部（分）队的洗消，对地形地段、军事目标和设施进行消毒；组织气溶胶对抗敌侦察和武器指挥设备；使用雷达吸波材料和泡沫涂层；使用喷火燃烧武器。

664.进行辐射和化学侦察和检测，目的是获得关于使用的实际情况、实际辐射和化学情况的资料，以便及时通报各分队放射性和化学沾染情况，采取防护措施，并明确在当前情况下最合适的行动。侦察资料应立即向上级司令部报告，并传达到所属分队。

在营（连）由各分队受过专门训练的班（炮组、车组）实施，辐射检测则由营医疗所实施。统计所有人员辐射检测结果：在连（炮兵连），对所有人员；在司令部，对司令部全体人员和所属的下两级分队的指挥员。

665.组织和实施对辐射、化学和生物情况资料的收集和处理，是为了查明敌运用大规模杀伤武器的事实，揭露其规模和判断其运用的后果，并向上级指挥部和所属指挥员提供些信息。在此基础上，为定下决心和在这种情况下各分队的行动准备好建议。

666.向部队通报放射性、化学和生物沾染情况，是为了及时采取措施对放射性物质、毒剂、其他有毒物质和生物武器进行防护。

通报的任务是向全体人员传达统一规定的关于敌运用大规模杀伤性武器，辐射、化学和生物危险设施的事故（毁坏）的信号，以及放射性、化学和生物沾染的信号。

通报由营司令部组织，根据核爆炸标定以及辐射、化学和生物侦察和检测的结果，获得关于运用大规模杀伤性武器、放射性、化学和生物沾染的事实材料，以这些事实资料为依据，立即通过所有渠道和通信线路发出警报。

667.使用个人防护器材和群防器材，以及地形、武器、军事装备和其他设施的防护特性，使人员对核爆炸、毒剂、其他有毒物质和生物武器的毁伤因素进行防护。

收到规定的警报信号时，所有人员要使用防护器材，利用地形、武器、军事装备和其他设施的防护特性，而当发现放射性物质、毒剂、其他有毒物质和生物武器对人员有杀伤，对武器、军事装备和其他设施有沾染的迹象时，要自行使用防护器材和利用地形、武器、军事装备和其他设施的防护特性。在辐射、化学和生物侦察资料和检测的基础上，停止使用防护器材。必须在放射性、化学和生物沾染环境中长时间停留时，指挥员要明确人员活动制度、防护器材使用方法、休息和饮食方法。

668.对各分队的洗消和对地形地段、重要设施和工事进行消毒，以消除放射性、化学和生物沾染，目的是排除因接触受沾染的物体、武器、军事装备和物资器材而造成人员伤亡。

洗消包括：对武器、军事装备、个人防护器材、全套制服和装具消除放射性沾染，消毒和杀菌，并在必要时对人员进行卫生消毒。

洗消可以是局部，也可以是全部。局部洗消是按照上级或分队指挥员决心，人员使用制式洗消器材在不停止完成战斗任务的情况下实施；全部洗消是按照上级决心使用洗消区域内的辐射化学和生物防护部队的兵力实施的。必要时，可在部队的战斗队形内进行。

669.组织和实施气溶胶对抗敌侦察和武器指挥设备，以降低敌探测和识别部队（目标）的能力，并降低其使用高精度武器和其他类型武器打击的效能。

气溶胶对抗包括：在各分队的集结地域（部署地）内、行进路线的开阔地段、展开成临战队形和战斗队形的地线上、江河渡口和装载（卸载）站设置面状和线状的气溶胶幕和屏障；对敌指挥所和火器组（车组）进行迷盲；对假行进路线、地线、阵地和地区进行伪装。

气溶胶对抗，由辐射、化学和生物防护分队使用制式气溶胶发生器材进行，由部队兵力时使用制式气溶胶器材，坦克、步兵战车热烟装置和炮兵发烟弹药进行。

670.使用雷达吸波材料和泡沫涂层，是为了降低敌雷达、红外线侦察器材探测和识别武器和军事装备、部队和后方目标的能力，部队使用专用盖布和外罩，并借助于在指定地区的辐射、化学和生物防护部队和修理恢复分队的专业设备，在武器、军事装备和其他目标的表面喷涂雷达吸波泡沫和油漆涂层。

在战斗行动准备及实施过程中，气溶胶对抗敌侦察和武器制导设备，使用吸波材料和伪装泡沫涂层，通常与战术伪装措施配套实施，在某些情况下也可单独实施。

671.使用喷火燃烧武器是辐射、化学和生物防护部队各分队的任务。

喷火分队配属给摩步分队，以加强摩步分队力量，通常成建制运用在主力集中的方向上。

672.组织辐射、化学和生物防护包括：明确其目的和任务；不断地查明、收集、归纳、分析和判断，辐射、化学和生物情况；下达指示和给执行者部署任务；派出的兵力兵器的准备；对辐射、化学和生物防护措施的全面保障；实际工作和其他措施。

在组织辐射、化学和生物防护时，营（连）长应指明：辐射、化学和生物防护的主要任务，工作量和完成时限；参与的兵力兵器。此外，他还按照任务和方向分配配属的辐射、化学和生物防护部队的分队，并下达组织执行任务的指示。

营参谋长详细说明指挥员和上级司令部赋予的任务，明确按照准备和实施战斗（战斗行动）的各阶段任务的顺序，并给划分出来的兵力兵器部署任务。

673.防御中，集中辐射、化学和生物防护的主力：查明和判断营防御地区（连支撑点）的辐射和化学情况；保障人员在行进、占领防御和实施防御战斗时，对大规模杀伤性武器以及放射性、化学和生物沾染的杀伤因素的防护；采取气溶胶对抗措施，使用雷达吸波材料和泡沫涂层，降低分队和目标的显著性；使用喷火燃烧武器给敌造成损失。

在居民地防御时，集中辐射、化学和生物防护的主力：对主干路、城市公园、地铁、下水道、地下室进行辐射和化学侦察；在战斗和机动过程中使用气溶胶幕迷盲敌火器和观察所，以及使用居民地完好的公用设备对部队进行洗消。

撤退时，集中辐射、化学和生物防护的主力在主力撤退路线及掩护和警戒分队行动地线上设置伪装气溶胶幕。

674.进攻时，集中辐射、化学和生物防护的主力：查明和判断行进和机动路线上、进攻出发位置、分队行动方向上的辐射和化学情况；当重新部署、向指定地区行进、处于指定地区内和完成战斗任务时，保障人员对大规模杀伤性武器及放射性、化学和生物沾染的杀伤因素的防御；采取气溶胶对抗措施，使用雷达吸波材料和泡沫涂层，降低分队和目标的显著性；使用喷火燃烧武器给敌造成损失。

在遭遇战中，集中辐射、化学和生物防护的主力：在牵制方向和主力攻击方向上，完成辐射、化学和生物防护的主要任务；在宽正面和大纵深进行辐射和化学侦察；广泛使用炮兵施放迷盲烟幕，以掩护各分队之间的间隙和暴露的翼侧；分队使用随身（便携）射击储备量，来运用喷火燃烧武器。

675.在包围中战斗和突围时，集中辐射、化学和生物防护的主力：在包围圈的突破方向和行进（撤退）路线上，完成辐射、化学和生物防御的主要任务；保障掩护分队的行动；保障人员在放射性、化学和生物沾染情况下，对放射性物质、毒剂、其他有毒物质和生物武器的防御；降低分队在包围圈突破方向、撤退路线上的显著性。

676.营（连）作为战术空降兵行动时，集中辐射、化学和生物防护的主力：查明和判断在待机地域、空降地域和空降兵行动地区敌使用大规模杀伤性武器的规模和后果，以及辐射、化学和生物危险设施的破坏情况；保障在放射性、化学和生物沾染条件下，在待机地域、空降地域和空降兵行动地区行动时，人员对放射性物质、毒剂、其他有毒物质和生物武器的防护；降低分队在开阔地段、待机地域、空降地域和空降兵行动地区的显著性；使用喷火燃烧武器给敌造成损失。

677.行军中，集中辐射、化学和生物防护的主力：对行进路线和休息区进行辐射和化学侦察；在分队离开沾染区后，对其进行辐射、化学和生物检测。

678.现地部署时，集中辐射、化学和生物防护的主力：查明在占领区内使用大规模杀伤性武器的规模和后果，以及辐射、化学和生物危险设施的破坏情况；保障分队全体人员对放射性物质、毒剂、其他有毒物质和生物武器的防护；实施空中打击时，使用气溶胶对抗敌侦察和制导武器设备。

679.特殊条件下，辐射、化学和生物防护的特点是：

在北方地区和冬天——在极昼条件下使用气溶胶幕伪装部队和目标；对人员防寒掩体和帐篷，以及防冻液和雪进行洗消。

在山区——使用喷火分队加强防御山垭口、制高点、通道和道路枢纽的部队；进行辐射、化学和生物侦察，要考虑到有毒物质在峡谷、隧道、洞穴和深谷中长期停滞的可能性。

在沙漠地区——持续检查部队和水源的沾染情况；高温时，限制人员穿戴个人防护器材在沾染地域停留；使用无液体方式或使用盐水进行洗消。

使用气溶胶幕要考虑空气对流、湿度和其他因素。

二、精神心理保障

680.营（连）组织和实施精神心理保障的目的是：形成、保持和恢复军人为完成战斗任务所必需的精神心理状态；保证积极的战斗行动准备和战斗能力；不断提高人员的士气；组织通报关于反抗之敌、其行动的战术特点、武器、装备、强弱点以及己方部队的成就等信息；考虑最危险的心理创伤因素，将心理损失降到最低；采取专门措施恢复人员战斗力。

681.在营（连），精神心理保障的类型有：信息教育工作、心理工作、军事社会工作、业余文化工作、部队对敌信息心理影响的防御。

682.组织和开展信息教育工作，目的是向人员提供军政信息，根据他们在意识和行为中表现出的对社会价值标准、爱国主义思想、动机、利益和崇高精神需求的见解，形成全营（连）人员高昂的士气。

主要任务是：讲解军事政治形势、原因、目的、战争（武装冲突）的性质；传达和解释军事和政治领导人的决心；不断向所有人员传达和解释完成战斗任务的重要性和意义；通报敌最新武器和装备系统、运用方式及其对我们部队的作用特点等信息；形成军人对武器和军事装备的常态准备及巧妙有效地使用的个人责任感。

683.组织和开展心理工作，目的是培养人员在任何情况下都能保持心理的稳定，时刻准备完成战斗任务，并维持和恢复其身心健康。

主要任务是：培养人员的心理稳定性，并时刻准备完成赋予的任务；进行心理陪护；恢复军人的心理状态和个体状态，以及体力；采取措施降低心理创伤。

684.组织和开展军事社会工作，目的是为全体人员有效履行职责创造社会条件，维护法律秩序以及军纪，并为军人及其家庭成员保障和实现（通过上级）法律和其他法规规定的社会保障。

主要任务是：研究和预测社会进程在军人这个集体中的发展；拟制、定下并组织实现关于实施对军人社会保护的决心；组织和进行各类人员的法律教育，解释有关军人权利和优待的法规；给予军人个人社会援助；审查和解决有关社会问题的投诉和申请。

685.组织和开展业余文化工作，目的是培养人员的精气神，维持军人的精神和情绪状态在应有水平，并动员他们顺利完成战斗任务。

主要任务是：不断全面提高军人的精神和情绪状态；根据战斗情况，为组织人员闲暇时的活动和充分休息保障各项条件；缓解人员的精神紧张状态并进行精神心理康复；在军事集体中维持健康的精神和心理状态。

686.组织开展部队免受敌方信息和心理影响的防护工作，目的是降低负面信息和心理因素对人员造成的不利影响，确保有效控制、强化分队人员的精神心理状态，为分队的运用创造有利条件，并及时警告指挥人员不良思想的发展及其对人员的影响。

它的主要任务是：分析和预测信息环境；收集和整合对人员造成不利影响的负面信息的源头的数据，并制订具体的消除措施；消除敌信息心理影响，防止士气低落，禁止传播假消息，不允许精神心理压制；针对己方部队采取信息心理措施（行动）；制止旨在干扰部队精神心理状态的谣言、令人不安的言论和违法行为。

687.组织精神心理保障包括：明确精神心理保障的目的和任务；下达指示并给执行者部署任务；对精神心理措施进行全面保障；实际工作，以及其他措施。

688.营（连）长明确目的、任务和主要措施，精神心理保障力量集中的方向，并给主管教育工作的副营（连）长部署组织精神心理保障的任务；检查赋予任务的完成情况。

精神心理保障的主要组织者和直接领导者是主管教育工作的副营（连）长。他亲自判断情况（所涉及的部分），报告情况判断结论和组织精神心理保障的建议；制订精神心理保障的企图，定下完成赋予任务的决心；组织精神心理保障措施的全面保障；对执行情况进行检查，并给予帮助。主管教育工作的副营长还要组织协同，协调营连教育工作军官组织和实施精神心理保障各项措施的工作。

689.防御中，精神心理保障的主力用于：保持全体人员高度的警惕性和战备状态；讲解完成战斗任务的重要性和必要性；保持高昂的士气，分队时刻准备抗击敌突然攻击，保持反抗敌优势兵力的能力；查明最危险的心理创伤因素并采取措施加以消除，在任何情况下保持和及时恢复人员心理的稳定性；分队对敌大规模信息心理影响的防护，防止分队士气低落和混乱的情况；人员进行反冲击的精神心理准备。

特别注意在主力集中方向上防御、作为战斗警戒的行动、遭受敌大规模打击的分队全体人员的工作。

690.进攻中，精神心理保障的主力用于：保持和增强军人的精神和士气，建立高涨的进攻热情、渴望不惜一切代价完成战斗任务的觉悟，彻底歼灭敌人；在任何情况下不断为全体人员进行积极信息心理影响。

主要精力要集中在第一梯队的各分队，特别是在主力行动方向上的分队。

691.在包围中战斗和突围时，精神心理保障的主力用于：维护组织性和纪律

建制和配属的后送装备组成，由营技术保障分队指挥员领导。

对武器和军事装备进行维修，目的是使损坏（有故障）的装备恢复完好（工作）状态，并恢复使用寿命（储备里程）。首先修理能最大限度保障分队战斗力及需要最小工作量的武器和军事装备。

在战斗行动过程中，武器和军事装备的维修应当缩减工作量，只完成那些能使用装备型号直接用途的工作，但在完成战斗任务后必须完成其余的工作。修好的武器和军事装备在修理分队或直接在各分队进行使用（作战运用）准备。

在营（连）的日常维修，通常是在损坏地点或最近的掩蔽所内，由车组、炮组、驾驶员（司机）等力量和修理后送（修理）组进行。指挥车在任何情况下都要优先维修。如果损坏的车辆不能在现地或最近的掩蔽所内修好，则由旅（团）装备将它们后送到损坏车辆收集站。

根据故障的性质，武器的维修可直接在分队或在上级分队进行。与车辆部分拆卸、车辆机动性的损失以及将车辆移到最近的掩蔽所等有关的工作，都是在分队指挥员的批准下进行的。损坏的但有完好的武器并能进行战斗的战斗装备，只有在营长批准后才可后送。

701.营（连）长亲自或通过主管装备和后勤的副营长领导技术保障。

组织技术保障时，营（连）长要指明：技术保障兵力兵器的任务和集中其主力的方向；保障武器和军事装备稳定工作各项措施的工作量、完成的方法和时限；建立导弹和弹药储备的规模和时限，它们的补充配置和消耗标准；恢复武器和军事装备的任务；技术保障兵力兵器准备的时间

营参谋长按照战斗（战斗行动）准备和实施各阶段，协调主管装备和后勤的副营长和协同的技术保障分队指挥机构的工作。

702.技术保障的主要组织者和直接领导者是主管装备的副职指挥员。

他亲自判断情况（与其有关的部分），并向指挥员报告情况判断结论和关于组织技术保障和所属兵力兵器使用的建议；制订技术保障企图；定下完成赋予的任务和所属分队（兵力兵器）运用的决心；直接组织技术保障；组织营与上级技术保障兵力兵器之间的协同；组织全面保障和技术保障分队（兵力兵器）的指挥；检查执行情况并给予帮助。

所有分队指挥员都必须遵守主管装备的副营（连）长关于技术保障问题的指示（指令）。

703.主管装备的副营（连）长在提交给营（连）长的组织技术保障的建议中报告：在战斗（战斗行动）准备和实施过程中，武器和军事装备的技术保养的措施和工作量，完成方式和实施地点、参与的兵力兵器；技术保障兵力兵器的编成和任务，他们在分队战斗（行军）队形中的位置；使用己方兵力将无法维修的装备转交给上级工具的方法。

704.对营技术保障的指挥由在技术观察所主管装备的副营长实施。

营技术观察所及时查明武器和技术装备的故障；确定原因，性质，损伤的程度，后送（修理）工作量及完成它所必需的兵力兵器，车组（炮组）、驾驶员（司机）的状态。

营技术观察所由主管装备的副营长领导。观察所成员通常包括主管装备的副连长（连的高级技师）、化学剂量测定兵、工兵、卫生检疫员（卫生员）以及车组（炮组）预备人员和专业修理工。

在技术观察所，要组织与营和连的指挥观察所、营修理后送（修理）组、故障战车指挥员，以及主管装备的副旅（团）长之间的联系。

705.防御中，技术保障机构［技术观察所、修理后送（维修）组］在营战斗队形中占领指定位置，通常是在第一梯队连的后面，在武器和军事装备可能损坏的地点。

在防御战斗开始前，对到上级损坏车辆收集站的后送路线进行侦察。在各分队首先给装备加油和补充弹药，检查武器和军事装备技术状况，并排除已查明的故障。

在防御过程中，对损坏车辆和军事装备的后送，在营的防御地区范围内使用建制内的后送设备进行，而向旅（团）损坏车辆收集站的后送则使用上级后送设备实施。战斗车辆可用于从炮火中和有敌夺取威胁的地方撤离武器和军事装备。当无法后送时，营（连）长应采取措施销毁（报废）这些武器和装备。

在坦克、步战车（装甲输送车）和其他火器的射击阵地上以及在各分队可建立弹药补充储备。弹药补充根据弹药的消耗进行。抗敌冲击后，各分队的弹药要立即补充。

在江河防御时，在炮兵和直瞄射击的坦克的射击阵地上建立弹药的补充储备。在登陆场转入防御时，在各分队建立加大了的导弹和弹药储备。应特别注意及时从登陆场后送损坏的武器和军事装备。

在居民地防御时，在营防御地区和连支撑点建立导弹和弹药的补充储备，以及必要的爆破装药、照明和信号器材储备。

在退出战斗和撤退时，应特别注意向掩护分队保障导弹和弹药，以及从放弃的地区撤出损坏的武器和军事装备。技术保障部队随营主力撤退。

706.在进攻准备时，对武器和军事装备进行保养，要能确保其在完成赋予的任务过程中可靠使用（作战运用）。故障武器和军事装备无法修好的，在进攻开始前使用分队的兵力移交给上级的维修机构。

在从与敌直接接触的位置转入进攻时，技术保障机构在第一梯队连后占领出发位置。

当从纵深行进间转入进攻时，在转入冲击地线的行进过程中，收容组在营纵队后跟进，查明车辆停止的原因，向掩蔽所后送有故障的和妨碍纵队行进的轻陷车辆。营收容组的兵力兵器不进行维修，而与分队一起向冲击地线前出，并在冲击开始时作为修理后送（修理）组编的一部分开始执行任务。作业的持续时间根据从向营战斗队形前出到完成赋予任务的时间来确定。

营完成战斗任务后，对武器和军事装备进行技术保养。首先进行弹药基数补充和加油。

当准备突破固防地区时，为炮兵、坦克和喷火器建立加大了的导弹和弹药储备。为保障指定作为突击支队（组）行动的营（连）的行动，可为其配属上级的后送组和修理后送组。

在强渡江河的准备阶段，组建救援后送组和后送队，并进行作业准备，以保障坦克水下（在深水中）渡河。武器和军事装备准备强渡江河时，在技术保养作业开展的同时，在出发地区、密封区和陆战队登陆区以及技术检查站进行前期准备和最终准备。

707.在包围中战斗和突围时，营技术保障分队跟在突围分队后面前进。要修理的武器和军事装备与他们一起撤离（运输）。为了撤离，可使用分队的战斗装备和其他装备。无法修好或不能后送的武器、军事装备、导弹、弹药储备和军事技术物资，按照上级命令由专门指定的一队人进行销毁。

708.当作为战术空降兵行动时，要对分队空降和作战运用的武器和军事装备进行详细检查和准备，建立加大了的导弹、弹药和其他物资器材的储备。在战斗过程中，补充消耗的导弹和弹药储备通过空运实施。

709.行军准备时，对武器和军事装备进行技术状况检查，按要求的范围进行技术保养作业，采取措施建立必要的使用寿命（储备里程），以及完成根据实施行军的条件提出的额外工作。在时间紧张时，首先要能确保武器和军事装备的机动性，做好使用它们（作战运用）的准备工作。其余工作可规定在行军过程中（休息区）完成，或者作为例外，在完成行军后（到达集结地域时）进行。物资器材的储备补充到规定标准。在行军前无法修好的带故障的武器和军事装备，将移交给上级的维修机构。

行军中，技术保障分队可分出来作为纵队收容。

在部队输送时，特别注意武器和军事装备的输送和后续行动准备，以及注意在分队（小队）前出装载前修复损坏的武器和军事装备。

710.在特殊条件下技术保障组织的特点是：维持那些能保障武器和军事装备安全使用的规定；运送导弹、弹药和军事技术物资；在单独和孤立方向行动的分队中建立导弹和弹药的补充（加大）储备；后送损坏和滞留的武器和军事装备。

四、后勤保障

711.组织和实施后勤保障，目的是保持部队的战备和战斗力，满足他们的物质、运输、医疗、日常生活和其他需要。

在营（连），后勤保障类型有物资保障和医疗保障。

712.组织和实施物资保障，目的是及时和充分地满足分队在武器、军事装备、导弹、弹药爆炸物、燃料、人员保护和辐射防护设备、化学和生物侦察器材、给养、物品、工程、汽车、坦克装甲、医疗设备和其他类型的物资器材等方面的需要。

它包括：明确战斗（战斗行动）的物资器材需求；在各分队请领、获取（接收）和建立规定的物资器材储备；保存和消耗物资器材时，组织统计和报告，检查它们消耗的合理性，并将物资器材送至需求单位；计划并保障及时补充储备的损耗；运送物资器材。

营（连）物资器材的需求量根据战斗的后勤勤务来明确，并要考虑战斗结束时规定的消耗和按规定的数额储备的现有量。需求量由主管后勤的副营长和分队指挥员明确，并形成相应的申请。

物资器材保障按照上级的计划和指示，在各分队申请的基础上，根据物资器材的实际需求，在分配给他们的资源范围内实施。

713.为了对分队进行不间断的物资器材保障，建立规定数额的军队储备。他们存储在有武器和人员的战车和其他车辆上，以及营保障排的运输设备中。

在战斗过程中，物资器材消耗根据上级规定的战斗日（完成战斗任务）消耗标准严格限制，特别是燃料和弹药。军队储备分为消耗部分和应急储备（对于燃料，要保障常备量），应急储备的消耗需经过旅（团）长批准，并随后向上级报告。物资器材储备通常用包装箱或使用掩蔽所储存和运输（燃料放在车辆油箱、加油车、油桶和油罐里）。

根据情况和上级指示，可建立物资器材的补充储备。他们依托营运输工具建立，通过封存堆垛或腾出部分运输工具，使用额外的运送工具、建好的地方和各分队的库存来加强营。

714.物资器材运送的组织和实施，目的是建立物资器材储备，补充分队的损耗。物资器材首先运送到在主力集中方向上行动的各分队。

物资器材的运送是主管后勤的副营长根据指挥员的决心、分队的任务、物资需求和库存来组织的。

进行物资器材的运送通常是：从旅（团）的物资保障营（连）到营，使用旅（团）的运输工具；从营的保障排到各分队，使用营的运输工具。

腾出并返回后方的运输工具可用于后送伤病员以及损坏和多余的武器、军事装备、器材和战利品。使用运输车后送伤病员时，应在其上留下医疗勤务的标志。

715.保障人员热食通过营给养所组织，通常每日三次。在无法安排一日三餐的情况下，经上级批准，可安排两次热餐，剩余的口粮以干粮形式发放。如果不能提供热食，则发放单兵口粮。

给养所主任根据主管后勤的副营长的指示来组织对各分队热食的制作、运送和发放，主管后勤的副营长明确人员数量、发放的分队、准备好热食的时间以及给营各分队运送（发放）的方法。接收以及向人员发放热食，由连司务长根据连长指示执行。必要时，从分队中抽调搬运人员，以向各分队运送热食。

特殊情况下，经营长批准，可以直接在营各分队使用配属的炊具制作热食。

配属的相当于连（营）的分队，通常通过己方分队的给养站保障伙食，而较小的分队则与营（连）一起进行保障。

食物的制作、分发和食用通常在沾染区以外组织。不得不在放射性沾染区组织饮食时，食品的制作、分发和食用方式：当辐射水平达1拉德[1]/小时，正常进行；当为1—5拉德/小时，在消除放射性的设施中进行；超过5拉德/小时，在消除放射性的封闭设施中进行。

为在放射性沾染区内制作食物，只可使用罐头、压缩食品及密封隔离箱和密封包装中的口粮。

在被有毒物质沾染的地区，仅在配备过滤设备的特殊设施内准备食物和用餐。

在生物武器沾染地区，只有在对所在地、野战厨房和设备进行彻底消毒，并对人员进行全面的卫生消毒后，才允许制作食物。

禁止食用或饮用受放射性物质、有毒物质和生物武器沾染的给养和水。

716.在战斗（战斗行动）准备和完成赋予的任务后，利用制式加油车或其他加油勤务技术设备给装备加油。此时，主管后勤的副营长负责分配燃料和加油设

1　辐射吸收剂量的单位，英文符号 Rad。1拉德等于1克物质吸收100尔格（erg）能量（1千克物质吸收0.01焦耳能量），即0.01戈瑞（Gy）。

备的储备，物资保障分队指挥员负责将油料及时送到指定加油地区（站），展开并使用勤务设备进行作业，还要登记加油时发放的燃料和润滑油。分队指挥员负责及时和有序地给装备加油。

装备加油由主管装备的副指挥员组织，在连里，主管装备的副连长（连高级技师）与分队指挥员共同组织。

717.物品和洗涤剂根据营（连）在册人数、现行供应标准和编制清单发放。人员换洗每周进行一次，强制更换贴身内衣和包脚布，并按照上级规定的程序进行。

718.营野战给水站给分队保障饮用水和日常用水。禁止使用其他来源的水。沾染区内的烹饪用水要装在密封的容器中运送。

719.组织和实施医疗保障，目的是：挽救生命、恢复战斗力并增强人员体质；预防疾病的发生和传播；及时给伤病员提供医疗救助、治疗、医疗康复，并使其快速重返岗位。它包括：采取医疗后送措施、卫生防疫（预防）措施、组织人员对大规模杀伤性武器和不利环境因素进行医疗防护；保障部队医疗设备和器材。

720.组织和实施医疗后送各项措施，目的是及时为伤病员提供医疗救助并后送。其中主要措施有：在战场上寻找伤员，对伤病员进行急救，将他们集中并从战场和毁伤源运出（搬出），送到营的医疗排（所）（伤病员集中的地方）；为伤病员向上级医疗部门后送做好准备。

急救直接在战场（毁伤源）上以自救、互救方式或者通过医疗分队人员实施。在营医疗排（所）提供就医前救助（医助救护）。为及时给予伤（病）员紧急医疗救护，应将他们后送至上级医疗部门，从受伤（发病）时起不晚于4—5小时。

后送伤病员通常使用建制和配属的卫生运输工具以及通用运输工具实施。必要时，根据指挥员的指示抽出分队全体人员后送伤病员。上级首长负责组织从营（连）后送伤病员。

受伤和患病的战俘应得到充分的医疗救护。为向战俘提供医疗援助，被扣留的敌常驻军队医务人员可参与救助。

721.在营（连），卫生防疫（预防）措施包括：对军人的健康状况进行医疗检查；对人员部署、饮食、浴洗勤务的卫生制度和标准的执行情况进行卫生防疫监督（医疗检测）；提高人员对传染病病原体免疫力的措施。

722.在营（连），组织人员对大规模杀伤性武器和不利环境因素的医疗防护包括：为人员保证预防药物，对遭受大规模杀伤性武器杀伤但仍有战斗力的军人进行急救和检查；进行辐射监测；采取医疗后送措施。消除敌使用大规模杀伤性武器和毁坏核电厂和化学工厂的影响时，参与采取限制性措施和其他措施。

723.在营战斗准备和实施过程中，通常使用保障排的兵力兵器展开弹药所、加油站和给养所。连展开弹药所和医疗站。

后勤保障分队部署地区及在其基础上设立的各类站所，它们的直接警戒和防御通常使用自己的兵力兵器实施。

724.营（连）长亲自并通过主管后勤的副营（连）长领导后勤保障。

在组织后勤保障时，营（连）长指明：后勤保障兵力兵器的任务和主力集中的方向；营保障分队和医疗排（所）、弹药所、加油站和给养所（弹药所和医疗所）的部署地区，他们的转移方向；在分队建立物资器材储备的时间和规模，梯队配置和运送顺序；油料和其他物资器材的消耗标准；给装备加油的方法和时限；医疗救护的方式、伤病员的后送方法；后勤分队的防护、防御、保卫和伪装措施；准备时间。必要时连长明确人员吃饭的位置和方法。

营参谋长按照战斗（战斗行动）准备和实施的各阶段协调主管后勤和装备的副营长、协同分队指挥机构的工作。

725.后勤保障的主要组织者和直接领导者是主管后勤的副营长（在坦克营是参谋长，而在连队是连司务长）。他亲自判断情况（与他有关的部分），向指挥员报告情况判断结论、组织后勤保障和所属兵力兵器运用的建议；制订后勤保障企图，定下完成赋予任务和所属分队（兵力兵器）运用的决心；对后勤保障进行直接领导；组织营和上级后勤保障兵力兵器之间的协同；组织对后勤分队（兵力兵器）的全面保障及其指挥；检查执行情况并给予帮助。

在营（连），后勤勤务的物资保障由主管后勤的副营长（连司务长）组织；技术保障勤务的物资保障由主管装备的副营（连）长负责。

所有分队指挥员都必须遵守主管后勤的副营长关于后勤保障问题的指示。在战斗（战斗行动）中，副营长位于营指挥观察所，指挥后勤保障工作。

726.在后勤保障建议中，主管后勤的副营长（营参谋长）报告：在战斗（战斗行动）准备和实施过程中，后勤保障的措施和作业量、其完成方式，以及后勤保障所展开的地点；参与的兵力兵器；后方保障分队（建立的机构）的编成和任务，它们在分队战斗（行军）队形中的位置。

727.在战斗（战斗行动）准备期间，在各分队后勤勤务的物资器材储备集中起来要达到规定标准。要将营各分队和医疗排（所）从伤病员中解脱出来。

在战斗（行动）过程中，营（连）长检查油料、给养的消耗并及时将其运送至各分队；向上级报告使用油料和其他物资器材对营（连）的保障情况、伤病员人数。

728.在防御中，后勤保障分队要利用地形的防护和伪装特性以及筑城工事的构筑，通常部署在防御地区（支撑点）的后边界。弹药所通常部署在第一梯队各分队之后。

组织人员饮食，主餐应安排在战斗压力减轻时。向各分队运送食物的方式，是使用从分队抽调出来的运输工具或搬运食物的人员，将野战厨房尽快移至分队附近最近的掩蔽所。营给养所供水通常与运送热食同时进行。

在战斗过程中，在战斗队形中进行导弹、弹药的补充和加油。在不降低分队战斗力的前提下，允许部分战斗装备从占领的射击阵地撤出。

伤病员的后送首先从实施战斗的分队组织，可利用堑壕和交通壕进行后送。在战斗过程中，分队指挥员、卫生员、卫生指导员和医疗排排长（医助）确定损失，并组织对伤病员进行急救，将他们搬出（运出）战场并后送。此时，士兵们在受伤现场进行自救和互救。然后，卫生员和卫生指导员保护伤病员免受重伤，一有机会就后送他们。

在江河防御时，要对炮兵和直瞄射击坦克的射击阵地前送额外的弹药储备。在江河的一岸防御要与在另一岸登陆场的防御相结合，在登陆场防御的分队中建立物资器材和弹药的补充储备。

在居民地防御时，向防御地区（支撑点）前送补充的弹药储备，以及必要的炸药、信号和照明设备的储备。

撤退时，特别注意保障部（分）队油料。

729.从与敌直接接触的位置转入进攻时，后勤分队在第二梯队连后面占领出发位置。

当从纵深行进间转入进攻、向展开成连纵队的地线行进时，营保障排在战斗分队后跟进。冲击开始时，营医疗排（所）直接部署在第一梯队连的战斗队形后面，在冲击分队人员预计损失最大的方向上，所在距离能保障对轻武器射击的防护。保障排在营第二梯队分队后面转移。弹药所、给养所和加油站在短停时展开。

在进攻中组织医疗保障时，主要精力放在对伤病员的急救上。在夺占敌防御前沿和纵深的支撑点时，在下车线收集、搬出（运出）和后送伤员。

当以徒步队形行动时，排卫生员、连卫生指导员在己方分队后行进，对战场进行检查，发现人员受伤的地点，找到伤员，对他们进行急救，并将他们集中在最近的掩体，以便后送。

在进攻过程中，随着战斗分队的推进，营后勤分队进行转移，不能破坏他们的物资保障和医疗保障的连续性。

在开始追击撤退之敌时，营后勤分队向第一梯队的分队靠近，并采取措施从分队后送伤病员。在追击过程中，营后勤分队全员成一个纵队直接在战斗分队后转移。

在突破固防地区和夺占居民地时，在各分队为炮兵、坦克和喷火器建立加大了的导弹和弹药储备。增加用于运送工程弹药的运输工具的数量。医疗排（所）靠近突击组部署。

在强渡江河进攻时，在对岸夺取的登陆场足够宽，且敌远程兵器对渡口和桥前地区没有直接影响时，后勤保障分队跟在主要战斗分队后，沿修筑的渡口渡河。

730.在遭遇战中，营后勤保障分队跟在己方分队之后或在上级后勤分队编成内行进，战斗开始时，先遣分队在指定地点停下来，保障行进路线畅通。

医疗站继续跟在己方分队后，直至其完成自己的任务。

731.在包围中战斗时，后勤保障分队通常部署在敌远程兵器无法到达的地区。在营、旅（团）编成内突围时，后勤保障分队在突破分队后跟进。集中主力后送伤病员。无法撤离的物资器材储存，按上级命令由专门指定的小队予以销毁。

732.行军准备时，建立油料的补充储备，并采取措施提高运输工具的通行能力。

行军中人员在休息区、集结区以及两个小时的休息时间内组织开饭。

对伤病员的急救直接在装备上进行。需要紧急医疗救护和后续后送的伤病员，被转移到连卫生指导员、营医疗排（所）和在上级行进路线上设立的临时医疗所或当地医疗机构。营医疗排（所）在纵队中跟进，时刻准备救助敌航空兵打击和大规模杀伤性武器杀伤的人员。

通过铁路和水路运输方式输送的营，除军队物资器材储备外，还保障途中（在整个输送期间）和卸载（卸载后到固定进行保障期间）时的给养储备，以及额外的油料储备，其规模能确保从卸载站（港口、码头）到集结地域的行军。

733.特殊情况下组织后勤保障的特点是：在北部地区和冬季，向部队保障保暖的衣服和鞋、冬季燃料、伪装装备和护目镜，并构筑加热点。在夏季，规定为部队保障防蚊虫和其他昆虫的设备。

在森林沼泽地，集中主力沿难以通行的道路以及通往在不相连的方向上行动的分队的急造军路前送物资器材。

在山区，部署时要最大限度利用地形的防护特性，不能部署在淹没区和崩塌区；为人员保障专用设备、保暖衣物、取暖设备和护目镜；对车辆，必要时保障冬季燃料、润滑剂和防冻液。

在沙漠地区，为人员保障特种装备；采取措施防止中暑和热射病，以及防止沙尘暴损伤眼睛和呼吸道；后勤保障分队沿部队行动方向靠近水源分散部署。

在各分队建立导弹、弹药、燃料、水和其他物资器材的补给储备，并规定严格控制其消耗标准，保护和维护在自然状态下的水源（给水站）。要特别注意及时、严格地执行卫生和防疫措施。

脱离主力行动的营可配属装有导弹、弹药、燃料和其他物资器材储备的运输工具，以及部分上级的医疗兵力兵器。为了前运和后送，还可使用直升机、飞机，有时使用牲畜运输。

采取对部队额外的医疗保障措施：使用上级的兵力兵器加强医疗排（所）；采取人员对感冒和传染病防护的预防措施，并保障维生素，防冻伤、灼伤、热射病和中暑；预防致盲和高山病；配备专用医疗设备。

734.牺牲（逝世）军人的埋葬由上级组织，军官带领指定的分队执行。

所有牺牲（逝世）的军人都要埋葬，无论他们是否隶属于在该地区行动的部（分）队，也包括敌方军人。

分队指挥员按照指令报告每一个牺牲（逝世）者的情况。

立即将战俘撤出战斗行动地区，并按上级命令押送到兵团的战俘收拢站。

附件

附件1 作战文书的制作方法

1.作战文书可以是文本式的、图表式的或者表格式的。它们可以手工准备或借助技术器材准备，绘制在纸、透明图、地形（专业）图（计划、示意图）、微型幻灯片、缩微照片、照片、传真电报上，并固定在载体（穿孔卡、穿孔带、磁盘、磁带及其他）上。

2.营（连）通常在地形图、白纸或者描图纸上制订图表式的作战文书。收到的战斗命令和指示通常写在工作簿上或地形图背面。

3.制订作战文书时必须遵循以下规则：

每一份作战文书应有相应的标题和签字并有签字人的职务、军衔和姓；在书面作战文书标题中除了文书名还要明确文书序号、指挥所位置、它制订的日期和具体时间、签字、比例尺和地图出版年份，文书按标题制订。

居民地和地物、地线、集结（部署）地域或己方分队的行动，规定从右侧开始，而敌人从左侧开始；地线用两个点标示，地区（支撑点）用三个点标示；居民地、河流和其他地物的名称用一格表示。

分界线用不少于三个点表示，其中一个点要在前沿：在防御和进攻中，从后方向敌方；撤退时，从敌方向撤退方向。分界线从右面开始标，然后是左面：防御中标到己方火器的极限射程，进攻中标到战斗任务的纵深；向后方的分界线标至战斗队形的纵深。

进攻方向用战斗任务全纵深上的若干个点表示。

行进路线使用地物名称或居民地名称表示：第一个在初始地线（点），然后在路线经过的最重要的点，最后在集结地域或在转入冲击地线。

当前态势以规定的标号用细线标绘在地图上，不要忘了地图的基础地形和地图注记说明；分队的任务和位置以及武器和军事装备通常使用通用标号标绘；当没有必要的标记时可以在地图（略图）上运用补充标记和说明。

己方部队的位置、他们的任务和行动使用红色标绘，导弹部队、炮兵、防空部队、特种部队（部队侦察分队的位置和行动除外）的位置以及任务和行动用黑色标绘。

敌方部队的位置和行动用蓝色标绘。

部（分）队的编号、名称和己方部队说明性的签字用黑色标绘；敌方的用蓝色标绘。

建制单位和分队的缩写只用小写字母。

在图表式文书使用单色标绘时，所有的标号和签字用黑色；敌方标号用双线标绘。

在地图（略图）上标绘部队，武器和装备的标号要与它们在现地的实际位置相对应，并按行动或射击实施的方向放置；必要时，在标号的内部或旁边明确武器和装备的数量和类型。

标识敌方部队与己方部队使用的相同的标号，并有必要的注记。

有关敌人的情报来源用黑色标定，此时用首字母书写来源名称，例如：观察——H，战俘指征——П，敌人的文书——ДП，部队侦察——BP，空中侦察——ВзP，炮兵侦察——AP，工程侦察——ИР，放射性核化侦察——РХБР；敌情的接收日期和具体时间在来源的标识下方或以字符串明确；需要验证的情报以问号表示。

次要数据以及标号无法表示的数据记录在地图的边上、说明性注释里或工作簿中。

部队的部署和行动使用标号实线标绘，但预期的或计划的行动，建设中的道路、机场和其他设施使用断续线（虚线）；部队部署的预备地区和预备（临时）阵地用断续线（虚线）和字母3[1]在符号内或旁边标示；假地区、地线、假的设施

和目标使用绿色标示并在符号内或旁边补充字母 Л。

在地图（略图）上标绘不同时间分队的位置时，用阴影、点线、点、其他图示补充标号或在下方添加不同颜色；部队在这个或那个位置的时间在分队名称下或用字符串明确。

所有标记平行于地图底部（顶部）；字母和数字不能连在一起写，它们的尺寸要适合地图比例尺和部队级别；标记和标号的箭头可以放在地图（略图）空白处。

在透明底图的基础上完成的图表文件应该有不少于三部分（用于后续组合），包括比例尺、术语和地图出版年份（也是地图制成的年份），通常位于地图内框的各角或网格的交点处；而在任意比例尺和没有网格的地图上完成的图表文书还应该有标示北—南方向的箭头。

附件2 作战文书中运用的主要标号

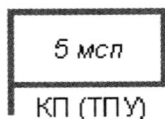

5 мсп КП (ТПУ)	团指挥所(司令部)
1/5 мсп **4 тб** **1 тб** ← 1 2	营指挥观察所: 1——就地、原地; 2——机动中
2 мр **▷** 1 2	连指挥观察所: 1——在防御中和在进攻中以徒步队形时; 2——搭乘步战车 (搭乘其他装备,用相应的符号)机动中 排指挥观察所,用一个一字线
T **60 тп**	观察所(哨),并注明所属机构。标志内有字母; B——空中监视, I——工程, T——技术观察, X——辐射、化学和生物观察
ПОб 1 мсб	标志点。其他点(站),用相应标记
P	行进调整哨或控制员(K——检查站, КПП——通行检查点, КТП——技术检 查点)
1 2	通信枢纽: 1——野战(移动)式; 2——固定式
306	无线电接收器[标志内的数字与电台(接收器)的类型相对应]

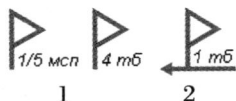

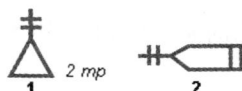

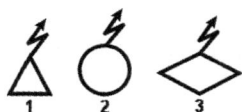

电台：1——移动式；2——便携式；3——在坦克上（在步战车、装甲输送车、汽车上，用相应符号）

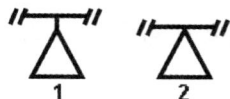

雷达站：1——侦察空中目标；2——侦察地面目标

便携式电台的无线网（其他电台，用相应符号）

移动电台的无线电转向通信（其他电台用相应符号）

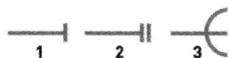

机枪：1——轻机枪；2——连属机枪或重机枪；3——大口径机枪

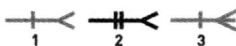

榴弹发射器：1——轻型反坦克火箭筒；2——重型反坦克火箭筒；3——重型自行榴弹发射器

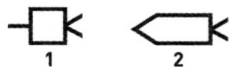

反坦克导弹系统：1——便携式；2——在自行底盘上的

火焰喷射器：1——轻型步兵喷火器；2——重型步兵喷火器

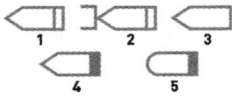

战车：1——步战车（通用标识）；2——配备扫雷装置的步战车；3——装甲输送车；4——战斗侦察车；5——装甲侦察巡逻车

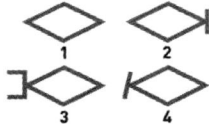

坦克：1——通用标识；2——两栖坦克；3——配备扫雷装置的坦克；4——安装推土设备的坦克

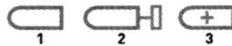

汽车：1——通用标识；2——带瞄准器；3——卫生车（轮式输送装置）

摩托车

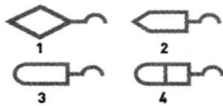

牵引车：1——坦克牵引车；2——履带式牵引车；3——汽车牵引车；4——带重型拖车的汽车（公路列车）牵引车

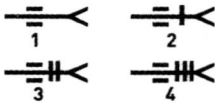

反坦克炮：1——通用标识；2——口径可达85毫米；3——口径可达100毫米；4——口径大于100毫米

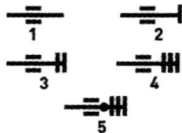

火炮：1——通用标识；2——口径可达122毫米；3——口径可达155毫米；4——口径超过155毫米；5——运用核弹药的火炮

自行火炮——通用标识（火炮标记取决于口径）

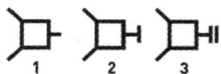

火箭炮战车：1——通用标识；2——中口径；3——大口径

迫击炮：1——通用标识；2——中小口径；3——大口径（大于120毫米）

自行迫击炮（迫击炮标记取决于口径）

高射机枪（装置）

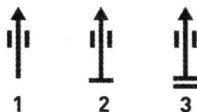

高射炮：1——通用标识；2——小口径；3——中口径

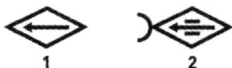

自行高炮：1——通用标识；2——带雷达系统

高射弹炮结合系统（装置）

近程防空导弹系统的战斗车辆。标记取决于系统类型和输送工具

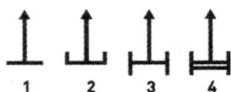

防空导弹系统：1——通用标识；2——近程；3——短程；4——中程

直升机：1——通用标识；2——武装直升机；3——运输直升机

架桥坦克

履带式两栖输送车

履带式自行门桥（浮桥架设车）

舟桥纵列（ПМП——浮桥纵列，ТПП——重型舟桥纵列）

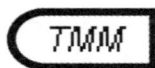

轮式工程装备（ТММ——重型机械化桥，ПКТ——航迹自绘仪）

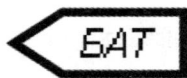

履带式工程装备（БАТ——航迹自绘仪，ИМР——清障工程车，ГМЗ——履带式布雷车，УР——扫雷器）

分队未占领的防御地线（阵地）

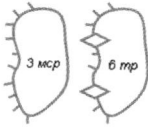

防御中分队的部署，并带有相应的标记：1——通用标识；2——坦克分队防御地区（支撑点）（摩步分队带有与其装备相应的标记）

摩步班占领的带有避弹壕（避弹所）的堑壕

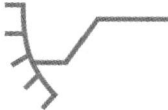

带交通壕的堑壕

战壕中的坦克（火炮、迫击炮和其他火器有相应的标识）。壕沟标记的颜色与火器标记的颜色相同

在掩蔽部中的车辆（其他装备种类有相应的标记和相应的颜色）

暴露的避弹壕

掩蔽的避弹壕

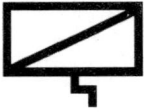

避弹所

掩蔽部

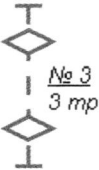

坦克连射击地线，带地线编号（No 3）说明（其他分队带相应的标志和标识），属性（3тр——第3坦克连）

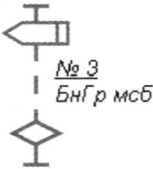

装甲群射击地线，带地线编号（No 3）说明（乘坐其他装备时带相应的标志），属性（БнГр мсб——摩步营装甲群）

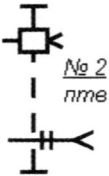

反坦克排展开地线，带地线编号（No 2）说明（其他分队带相应标志和标记），属性（птв——反坦克排）

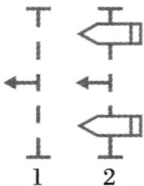

摩步分队和坦克分队转入冲击（投入战斗，展开反冲击）地线：1——通用标识；2——搭乘步战车的摩步分队（搭乘其他装备的摩步分队和坦克分队带相应的标志）

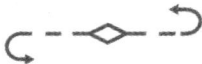

游动坦克（其他火器带相应的标志）

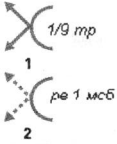

伏击分队（带属性说明）：1——火力伏击；2——侦察伏击

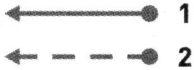

射击地带边界：1——基本射击扇面；2——补充射击扇面

开火（射击）地线：1——反坦克导弹；2——来自坦克炮火力；3——来自步战车火炮火力；4——来自轻武器火力

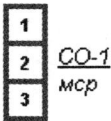

摩步连集中射击，带编号说明（1）和排（1、2、3排）（坦克连，摩步、坦克和榴弹发射器排带相应的标记）射击地段，属性（мср——摩步连）

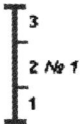

榴弹发射器排拦阻射击地线，带编号（№1）说明和班（1、2、3班）射击地段

战斗中双方分队占领的正面（地线）

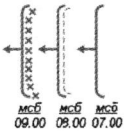

分队在明确的时间前的位置，带相应的标记和标志

榴弹发射器排徒步队形时的战斗队形（其他分队带相应的标志）

分队进攻（冲击）和反冲击的方向

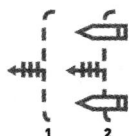

营当前任务：1——通用标识；2——搭乘步战车的摩步营（搭乘其他装备和坦克营带相应标志）当前任务。连（排）当前任务带两个（一个）一字线

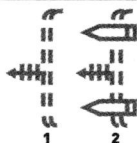

营后续任务：1——通用标识；2——坦克营（搭乘步战车和其他装备的摩步营带相应标志）

摩步分队下车地线

摩步分队爬上坦克的上车线

展开成营纵队地线。成连（排）纵队带两个（一个）一字线

出发地线（点），调整线（点），强渡河流出发线

海军陆战队登陆地段和地点

分界线: 1——师（旅）与师（旅）之间; 2——团与团之间; 3——营与营之间

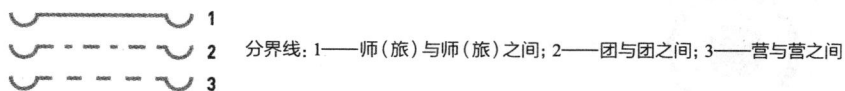

可能与敌遭遇的地线

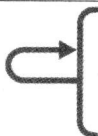

到达地线时分队停止

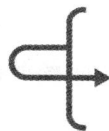

分队从占领地线撤退

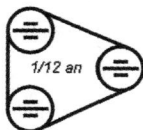

炮兵营（第12炮兵团1营）发射阵地区域, 带有炮兵连部署的说明（高炮营带相应的标志和标识）

处于发射阵地上的炮兵连（火炮标志取决于类型和口径）

处于发射阵地上的迫击炮连（迫击炮标志取决于类型和口径）

对独立目标的射击

用常规弹药的导弹打击

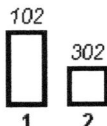

集中射击，带目标编号说明（102、302）：1——身管炮兵；2——火箭炮兵。目标（地段）尺寸按地图比例尺

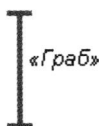

不动拦阻射击，带地线名称（《Граб》）的说明。地段长按地图比例尺

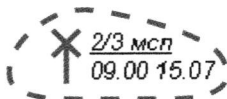

搭乘直升机的战术空降兵的机降区域，带战斗编成、时间和机降日期的说明

停机坪（着陆场）

部（分）队强渡河流地段。指明渡场的地点和类型，以及它们的数量和质量特征

分队行军纵队：1——通用标识；2——搭乘步战车的摩步连；3——坦克连。营（排）纵队带三个（一个）一字线

兵种部队（特种部队）的分队的行军纵队：1——通用标识；2——炮兵营；3——防空导弹营（其他分队带相应标志）。炮兵连（摩步连）和排纵队相应带两个和一个一字线

1　*3 мсб*

2　*ореб*

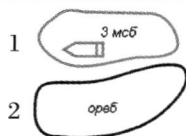

分队占领地区：1——摩步（坦克）分队、侦察分队或后勤分队；2——兵种部队或特种部队的分队。在标识旁边可以画相应的装备或分队用途的标志

РО № 1 мсп
05.00 17.07

侦察支队，带编号（№ 1）说明、属性（мсп——摩步团）、日期和具体时间（由特种部队分队组成的其他支队在标志旁边带相应的标识）

БРД 2 тб
05.00 17.07

战斗侦察巡逻，带其属性、日期和具体时间说明（БРД——战斗侦察巡逻队，РД——侦察巡逻，ОфРД——军官侦察巡逻，РГ——侦察组，ИРД——工程侦察巡逻，ХРД——化学侦察巡逻）

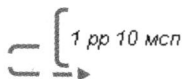

1 рр 10 мсп

进行搜索（突袭）的分队（组），带其属性说明

ДО

搭乘步战车的巡逻班（搭乘其他装备和巡逻坦克带相应的标志和标记）

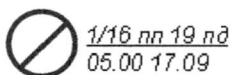

1/16 пп 19 пд
05.00 17.09

抓获俘虏的地点，带其属性、捕获日期和具体时间的说明

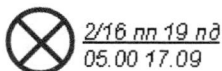

2/16 пп 19 пд
05.00 17.09

收集死亡之人的证件的地点，带其属性、收集证件的日期和具体时间的说明

徒步巡逻（2—3名军人）

4 мср	秘密，带其属性说明
7 мср	徒步巡逻（虚线表示巡逻路线）
	步哨
	纵火地区（区域）及其蔓延方向。烟幕迷盲地段用黑色
1 mp **10.00-10.10 3.09**	施放烟幕地线，带实施烟幕迷盲的分队、施放的日期和具体时间的说明
ав. напалм **07.00 06.05**	燃烧武器的使用，说明使用手段、燃烧物质的类型、使用日期和具体时间
40-B **18.10 10.10**	核打击，带爆炸威力（40——40千吨），爆炸类型（B——空中，H——地面或水面，II——地下或水下），爆炸日期和具体时间的说明。内环半径——全面破坏，外环半径——对暴露部署的人员的杀伤
	安全距离线（突起部分指向核爆炸方向）

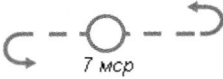

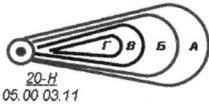

根据辐射侦察数据（A——中度，Б——强，В——危险，Г——极其危险）标记的放射性污染区域，注明爆炸的威力、类型、日期和具体时间

标注敌方核爆炸造成的破坏区域，并注明边界：全面破坏（内圈），森林和居民地的连续堵塞（中圈），微弱破坏（外圈），必要时，还要画出中子弹对暴露部署的人员的作用区域（用虚线表示）

15 рад
18.10 10.10
辐射水平测量点，注明辐射水平、测量日期和具体时间

2-10
18.10 10.10
敌方核地雷，注明装药威力（2千吨），设置纵深（10米）或爆炸类型，探测（爆炸）的日期和具体时间

Ф-VX
01.25 12.07
敌方化学地雷场，标明探测日期和具体时间。炸毁的地雷场被涂成黄色

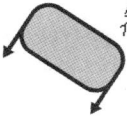

Ав.-зарин
18.10 30.10
敌人用有毒物质污染的地段（区域），注明使用手段（Ав.——航空，Р——导弹，А——火炮，Ф——地雷），有毒物质类型，使用（检测）日期和具体时间，受污染空气（云）的传播方向

Чума-90
18.10 30.08
敌人用生物武器感染的地段（区域），注明病原体（Чума——鼠疫）、病例数（90例）、使用（检测）的日期和具体时间

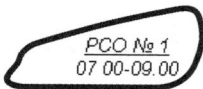

PCO № 1
07 00-09.00
洗消地区，注明其编号、运行的日期和具体时间

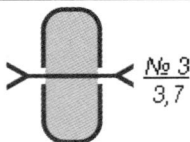

$$\frac{№\ 3}{3,7}$$ 消毒通道, 注明其编号和宽度 (3.7米)

布雷地线

铁丝网 (分划线数量——列数)

✕✕✕ 2-400 刺带网障碍地段, 注明行数 (2) 和长度 (400米)

3 ПТС 登陆渡口, 注明渡河登陆工具的数量 (3) 和类型 (ПТС——中型两栖输送装置)

$$\frac{3\text{-}180\text{-}40}{\text{П-0,8}}$$ 坦克水下渡口, 注明河川障碍深度 (3米)、宽度 (180米)、航道宽度 (40米)、河底底质 (П——沙质, Т——坚硬, К——石质) 和河的流速 (0.8米/秒)

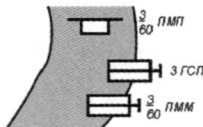

$$\frac{3}{60}\ ПМП$$
3 ГСП
$$\frac{3}{60}\ ПММ$$
渡轮, 注明渡船数量 (3)、承载能力 (60吨)、渡场类型 (ПМП——舟桥渡场) 或渡河工具 (ГСП——履带式自行门桥, ПММ——舟桥车)

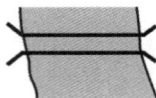

$$Н\ \frac{120\text{-}4}{60}$$ 刚性支撑上的桥梁, 表明其类型 (Н——低水位桥, В——高水位桥, П——水下桥, Д——木制桥, К——石桥, М——金属桥, ЖБ——钢筋混凝土桥)、长度 (120米)、宽度 (4米) 和承载能力 (60吨)

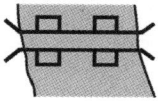

浮式支撑上的桥梁，注明渡场类型（舟桥渡场）、桥梁长度（120米）及其承载能力（60吨）

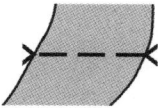

浅滩，注明其深度（0.8米）、长度（120米）、底质（T——坚硬，П——沙质，B——黏性）和河流的速度（0.5米/秒）

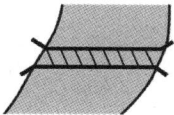

冰上渡口，注明其编号（5号）和承载能力（60吨）

防坦克雷场（尺寸按地图比例尺）

防步兵雷场（尺寸按地图比例尺）

通过远程布雷工具布设的雷场：1——防坦克；2——防步兵

地雷：1——非遥控；2——无线电控制；3——线控

障碍物中的通道及其编号（5号）和宽度（10米）

被敌人破坏的桥梁（目标）。被破坏（摧毁）的敌物体（目标）用笔划掉

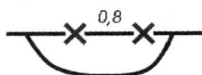

被破坏（损坏）的路段，并标明其长度（0.8千米）和绕行道

崖壁（反坦克断崖），注明长度（0.5千米）

普通障碍物（螺旋铁丝，低桩网，放置铁丝）。为标识电子障碍，设置闪电标志

反坦克壕，注明长度（0.7千米）

桩砦，注明它们的类型（M——金属，ЖБ——钢筋混凝土）、行数（2）和长度（150米）

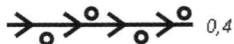

地雷鹿砦，注明长度（0.4千米）

给水站（C——孔，P——泉，K——井），并注明供给量（8立方米/时）

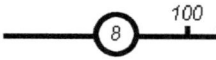

行进路线，并标明其编号（8）和距出发地线（点）的距离（100千米）

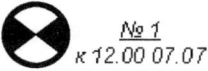

损坏车辆集合站，并标明属性（Д——师，П——团）、编号和展开时间（К—在××时间之前）

用装甲输送车的修理后送组（用坦克牵引车、步战车或汽车，用相应标志），注明属性（П——团，Б——营）

团级仓库，注明其属性（第60坦克团）和类型（Г——油料，П——食品，ВТИ——军事技术物资，АБТИ——汽车装甲坦克器材，А——炮兵）

团医疗站，注明属性（第354摩步团）

营医疗所，注明属性（第1坦克营）

连医务所，注明所属单位（第3摩步连）

卫生员

营加油站，注明属性（П——给养点，Б——弹药所）

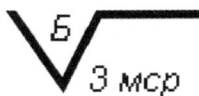

连弹药所，注明属性（第3摩步连）

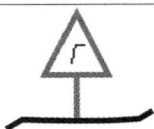

行进路线上的勤务点（Г——加油，П——给养，T——技术援助，O——休息和供暖，带红十字的——医疗）

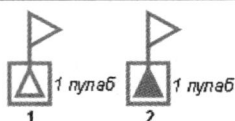

营指挥观察所，构筑在不同的工事中：1——由就便材料建造的工事；2——由钢筋混凝土构件建造的工事

连指挥观察所，构筑在不同的工事中：1——由就便材料建造的工事；2——由钢筋混凝土构件建造的工事。排指挥观察所带一个一字线

炮兵半侧防暗堡

机枪半侧防暗堡

用于机枪射击的炮兵半侧防暗堡（机枪数量、机枪标志与确定的武器相一致）

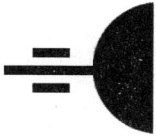 火炮挡板

 迫击炮工事

 坦克火力点

 坦克炮塔

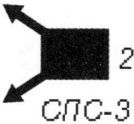 装配式钢筋混凝土机枪工事（通用标识），并注明工事类型（СПС-3）和射孔数量（2）

 用于大口径机枪的装配式钢筋混凝土机枪工事（通用标识），并注明工事类型（СПС-3）和射孔数量（2）

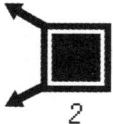 整体式机枪射击工事［用数字表示射孔数量（2）］

 用于大口径机枪的整体式机枪射击工事

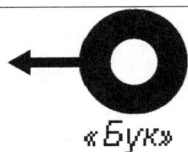

永备工事, 注明工事类型(《Бук》)

自动榴弹发射器工事

重型反坦克榴弹发射器工事, 注明工事类型(3CM-2)

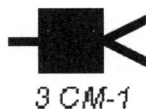

反坦克导弹系统工事, 注明工事类型(3CM-1)

便携式防空导弹系统工事

由就便材料建造的射击工事

由装配式钢筋混凝土构件建造的掩蔽部

由装配式钢筋混凝土构件建造的掩蔽所

2 пулаб

营医疗所, 注明隶属（第2机炮营）

作战值班的营房（掩蔽部）

附件3 各类示意图

加强摩步营防御部署（方案）

机炮营战斗队形部署（方案）

8号方位物——教堂
2200米

7号方位物——山岩
2100米

集中射击
第1坦克连

| 2 | 3 | 1 |

5号方位物——废墟
1400米

6号方位物——废墟
1400米

4号方位物——牲畜埋葬场
700米

2号方位物——石头
760米

集中射击
第2坦克排

集中射击
第3坦克排

3号方位物——独立树
430米

1号方位物——墓地
510米

集中射击
第1坦克排

第1摩步班

第2坦克排

假
坦克排

第3摩步班

第3坦克排

No 3
装甲组

第2摩步班

No 1
装甲组

No 2
装甲组

第1坦克排

No 4
装甲组

装甲组
第1坦克连

第1坦克连连长 _____

（军衔、签字、姓）

_____ 200___年

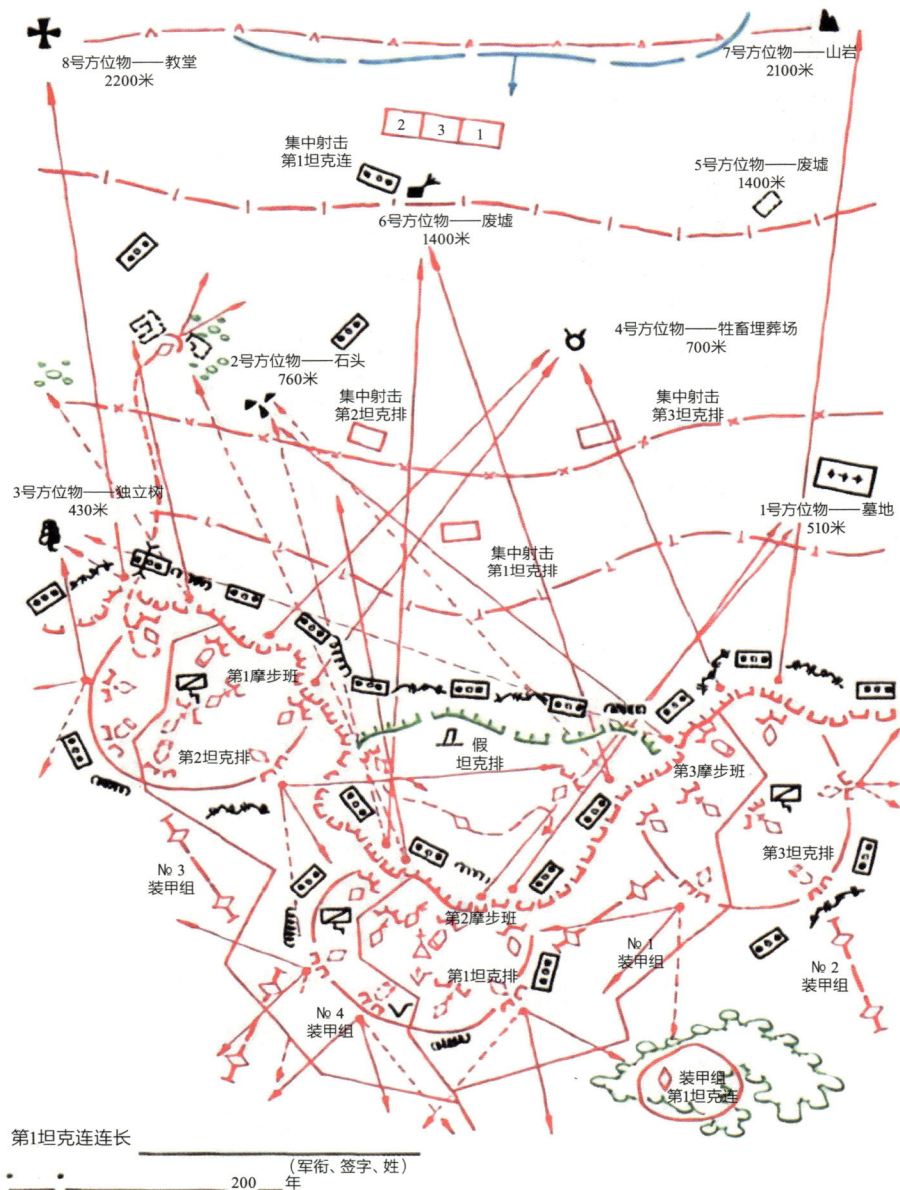

坦克连支撑点示意图（方案）

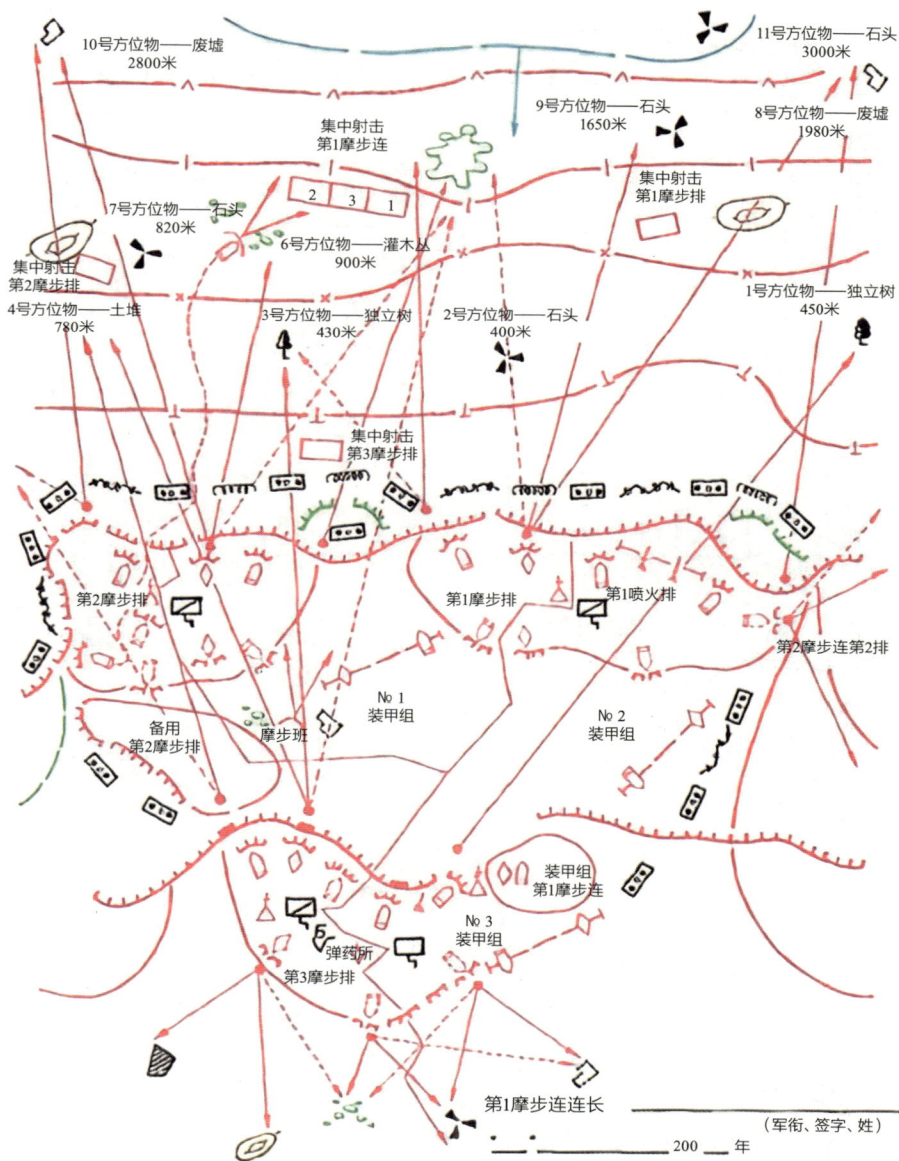

10号方位物——废墟
2800米

11号方位物——石头
3000米

9号方位物——石头
1650米

8号方位物——废墟
1980米

集中射击
第1摩步连

集中射击
第1摩步排

7号方位物——石头
820米

6号方位物——灌木丛
900米

集中射击
第2摩步排

1号方位物——独立树
450米

4号方位物——土堆
780米

3号方位物——独立树
430米

2号方位物——石头
400米

集中射击
第3摩步排

第2摩步排

第1摩步排

第1喷火排

第2摩步连第2排

备用
第2摩步排

摩步班

No 1
装甲组

No 2
装甲组

装甲组
第1摩步连

弹药所

No 3
装甲组

第3摩步排

第1摩步连连长

（军衔、签字、姓）

200 __ 年

摩步连支撑点示意图（方案）

营城市防御（方案）

营长观察露天工事（构筑工事需要22人）（方案）

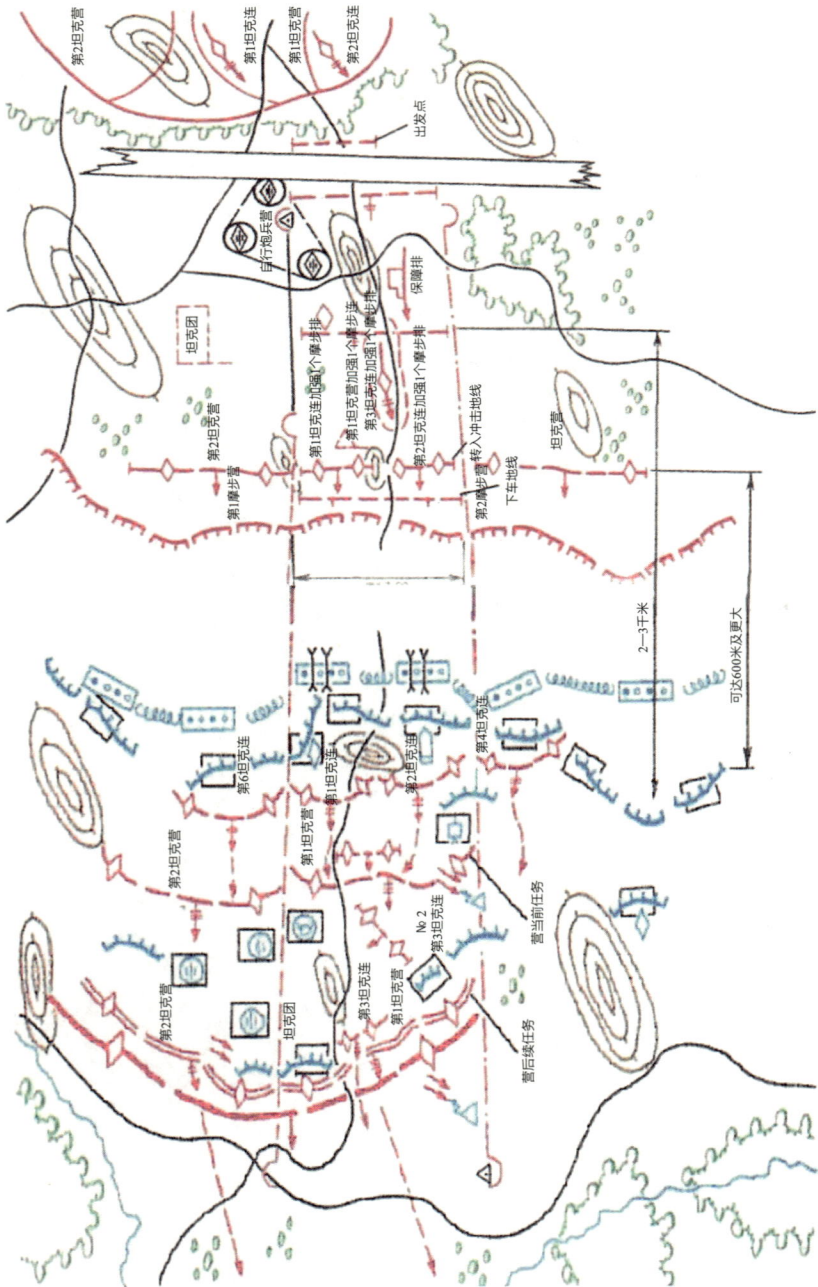

坦克营从纵深行进间进攻的战斗队形和战斗任务（方案）

摩步营行进间强渡江河（方案）

作为前卫行动的坦克营遭遇战（方案）

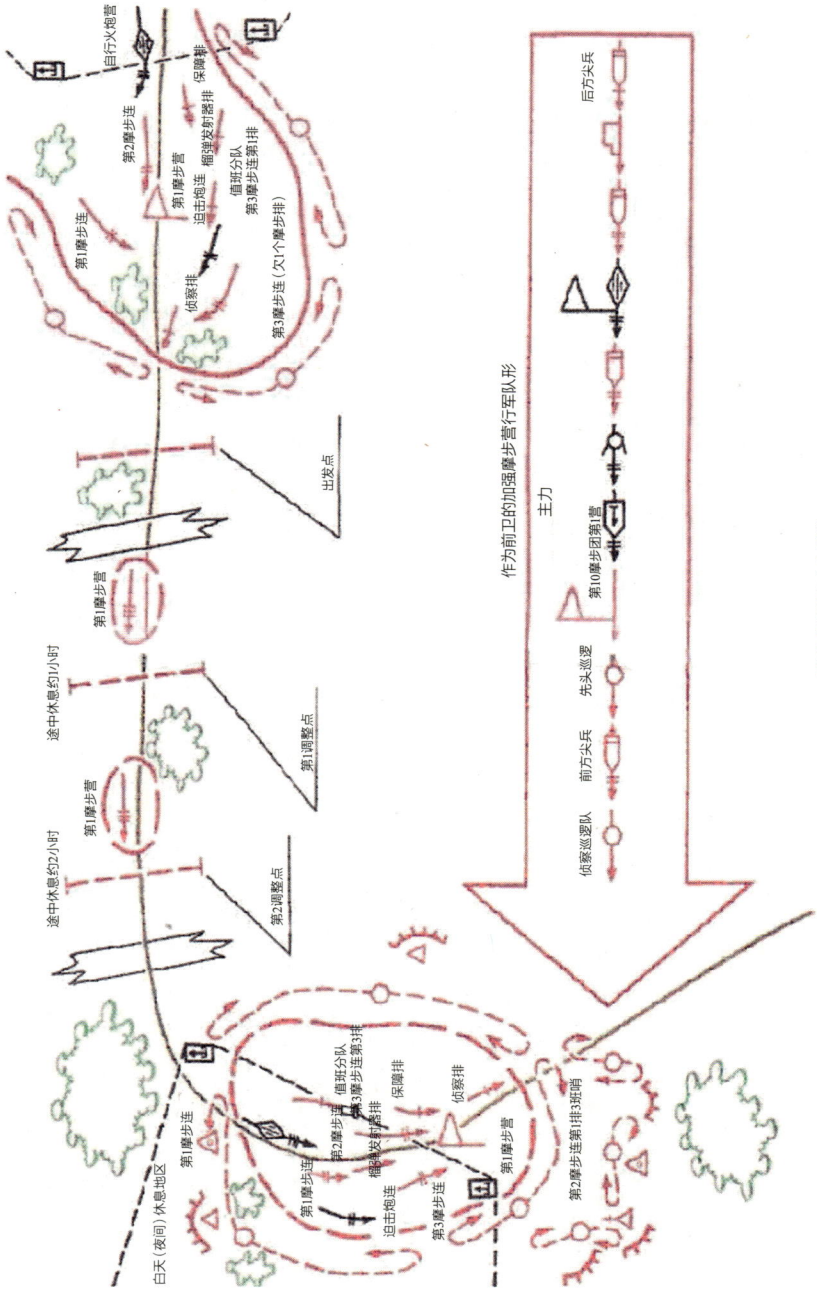

摩步营行军（方案）

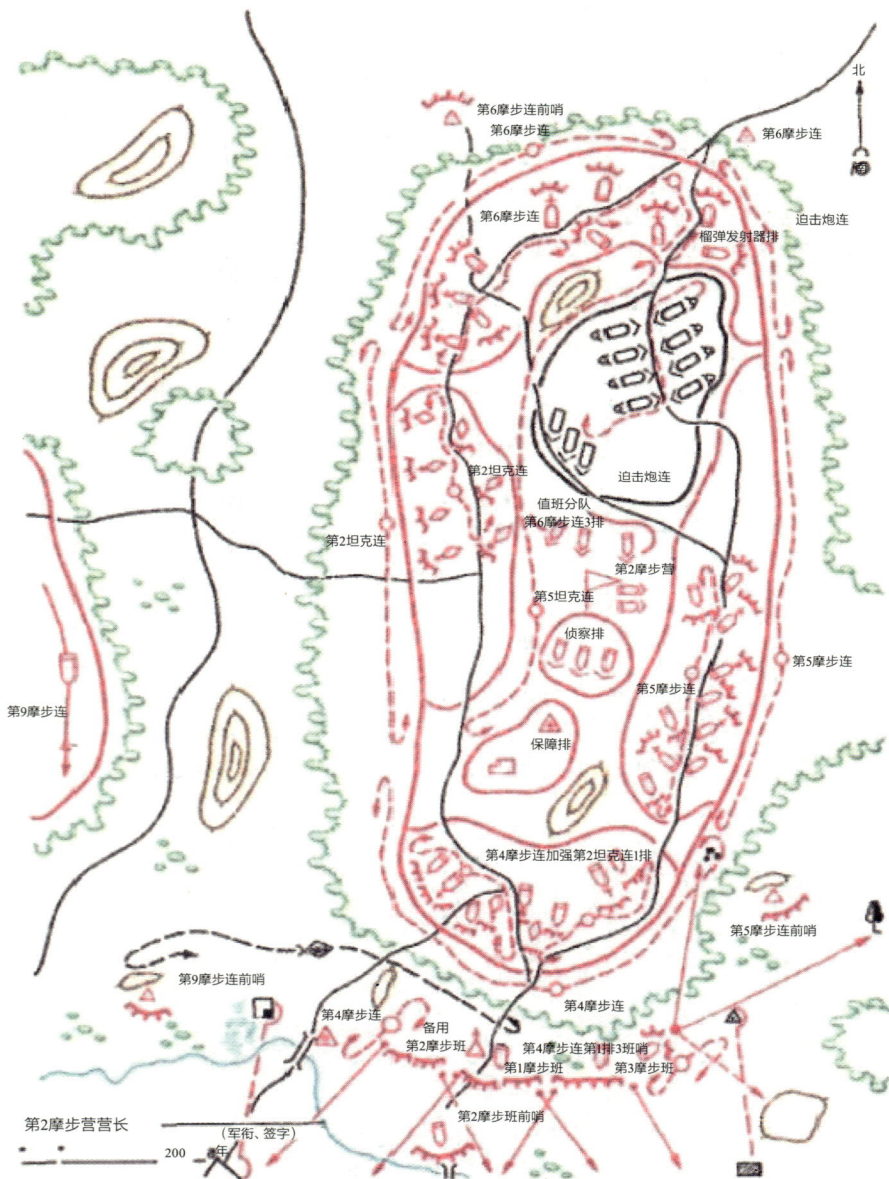

北

第6摩步连前哨
第6摩步连
第6摩步连

第6摩步连
迫击炮连
榴弹发射器排

第2坦克连

第2坦克连
值班分队
第6摩步连3排
第2摩步营
第5坦克连
侦察排
第5摩步连
第5摩步连
保障排
第9摩步连

第4摩步连加强第2坦克连1排
第5摩步连前哨

第9摩步连前哨
第4摩步连
第4摩步连
备用
第2摩步班
第4摩步连第1排3班哨
第2摩步营营长
第1摩步班
第3摩步班
（军衔、签字）
第2摩步班前哨
200

加强第2摩步营部署示意图

附件4 营（连）展开成临战队形和战斗队形及队形变换

1.营战前队形以连或排纵队形式列队，连以排纵队形式，而以徒步队形行动的摩步营（连）还以班纵队形式列队。

连（排）在营（连）战前队形中的位置可成一线、前三角、后三角、右梯形或左梯形队形。

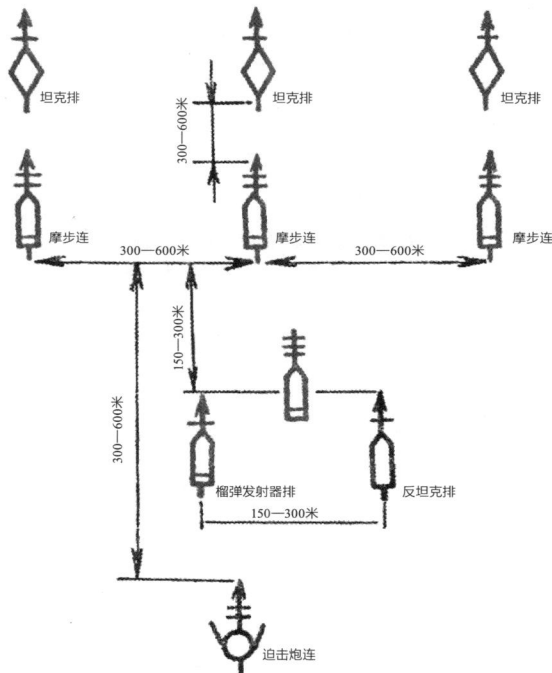

以连纵队排列的加强摩步营战前队形
摩步连位置——成一线队形（方案）

坦克排　　　　　　　坦克排　　　　　　　坦克排

150—300米

摩步连　　　　150—300米　　　摩步连　　　　　　　摩步连

榴弹发射器排　　　　　反坦克排

迫击炮连

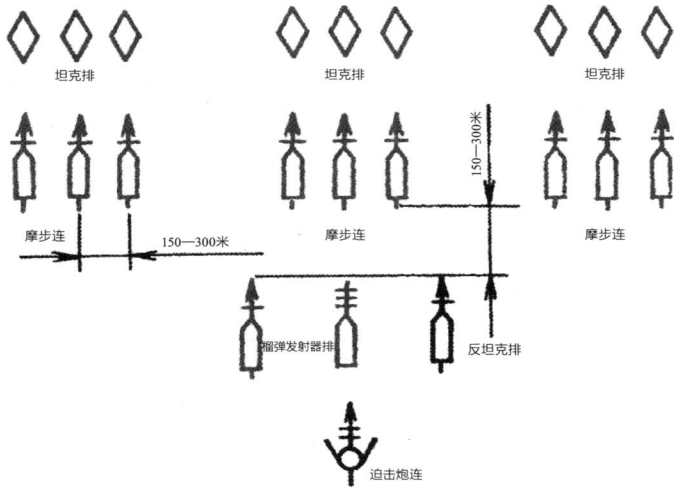

以排纵队形式列队的加强摩步营战前队形
摩步连位置——成一线队形（方案）

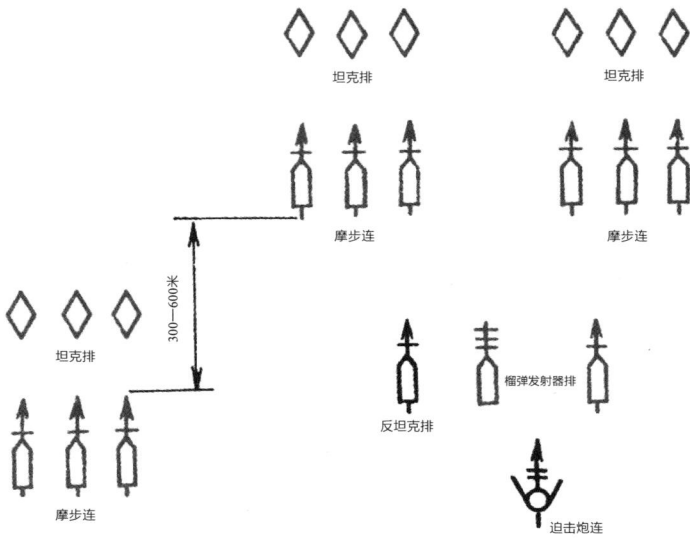

坦克排　　　　　　　　　坦克排

摩步连　　　　　　　　摩步连

300—600米

坦克排

反坦克排　　榴弹发射器排

摩步连

迫击炮连

摩步连

以排纵队形式列队的加强摩步营战前队形
摩步连位置——成左梯形队形（方案）

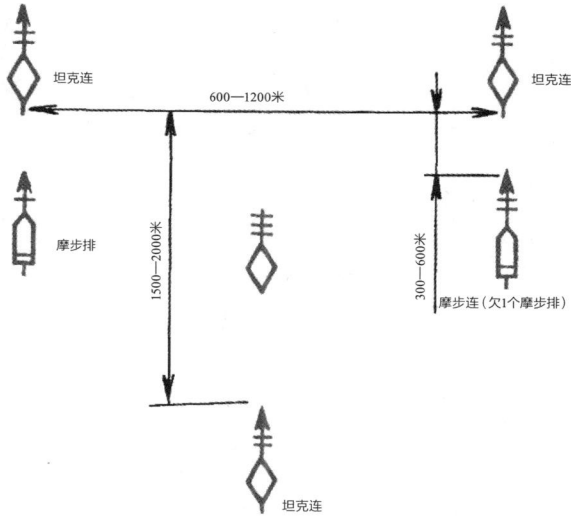

以连纵队形式列队的加强坦克营战前队形
坦克连位置——成后三角队形（方案）

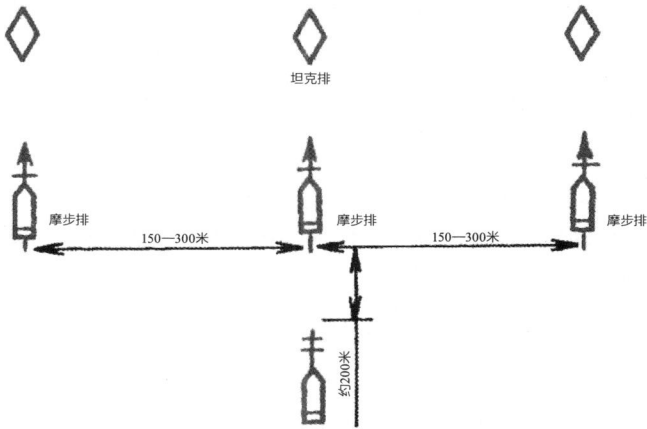

摩步连战前队形
摩步排位置——成一线纵队形式（方案）

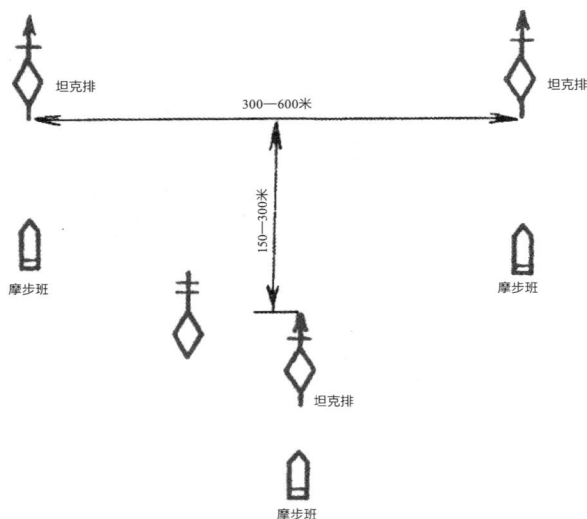

加强坦克连战前队形
坦克排位置——成后三角队形（方案）

连在战前队形中的位置由营长依据预定的营战斗队形来明确。排（班）在连（排）战前队形中的位置仅在必要时指定，他们通常以排（班）的固定队形行动；第一个排在中间，第二个排在右侧，第三个排在左侧。连纵队之间的间隔和距离为300—600米，排纵队之间为150—300米，班纵队之间为50—100米。用作第二梯队（预备队）行动的连，在1500—2000米的距离跟进。

配属给摩步营（连）的坦克分队通常在摩步连（排）前面，而配属给坦克营（连）的摩步分队通常在坦克连（排）后面。

剩余直属营（连）长的火器，在基准连（排）后或位于营（连）长指定的战前队形中的位置跟进。

2.由行军队形展开成战前队形的营（连），应当到达指定展开地线（点），或按营（连）长指令依次展开成连纵队、排纵队和班纵队。"全营（连）注意，向××地物方向（在××地线）成连（排）纵队一线（前三角、后三角、右梯形、左梯形）队形展开，基准连——××连（排），××连（排）——在右面

（左面），××连（排）——在左面（右面），前进！"

　　收到指令（信号）后，基准连（排）向指定方向行进，之后，后续的连（排）根据在战前队形中指定（规定）的位置提高或降低速度，向右（左）或成前（后）三角、右（左）梯形，与基准连（排）保持一定的间隔和距离。

　　按营（连）长的指令（信号），营展开成排纵队和班纵队，连展开成班纵队。"全营（连）注意，展开成排（班）纵队——前进！"

　　3.按连长的指令（信号），连由战前队形或行军队形展开成战斗队形。"全连注意，向××地物方向（在××地线），成一线（右梯形、左梯形、前三角、后三角）队形展开，基准排——××排——准备战斗！"

　　坦克连和搭乘步战车（装甲输送车）的摩步连由战前队形排纵队展开成战斗线，而以徒步队形行动的摩步连由班纵队或排纵队展开成散兵线。排（班）收到连长指令（信号）或到达指定展开线（点）时按自己的指挥员的指令展开成战斗线（散兵线），并继续向指定方向以最快速度行进，能保证实施有效射击。

　　搭载摩步兵作为载员的坦克，只有在载员下车后，才用火炮射击。

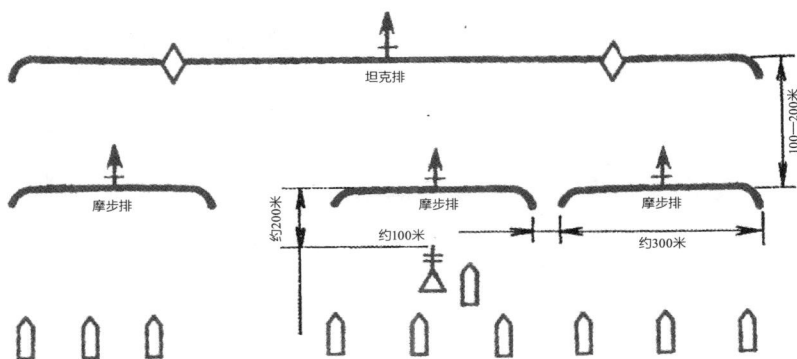

以徒步队形进攻的摩步连战斗队形
排的位置——成一线队形（方案）

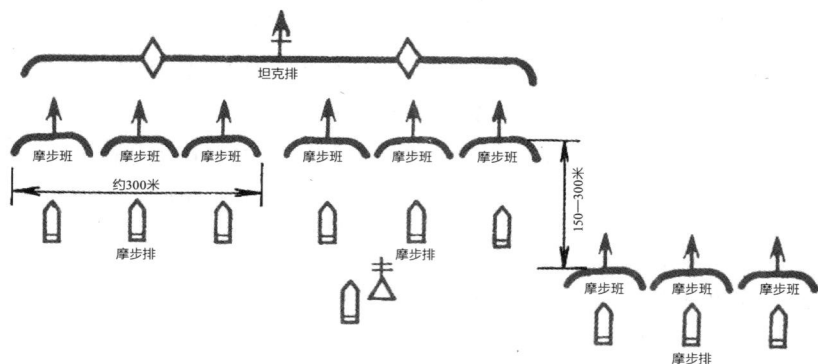

以徒步队形进攻的摩步连战斗队形
排的位置——成右梯形队形（方案）

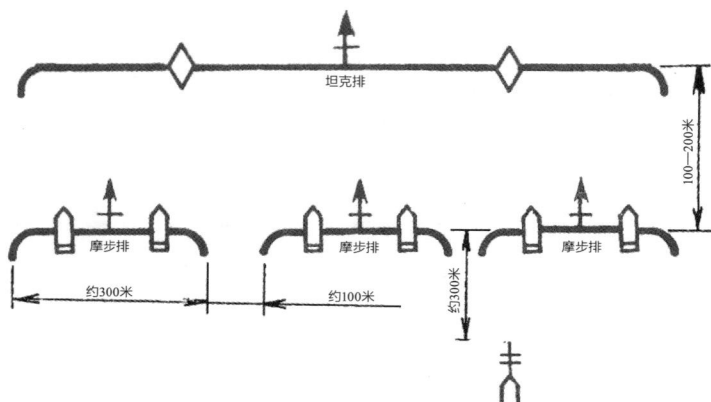

搭乘步战车进攻的摩步连战斗队形
排的位置——成一线队形（方案）

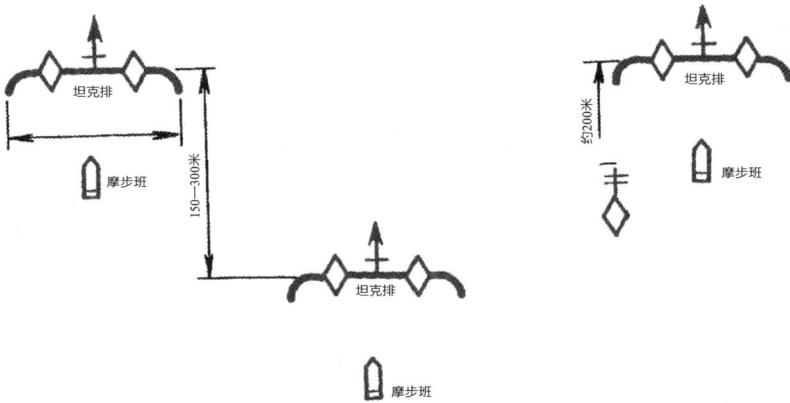

加强坦克连战斗队形
排的位置——成后三角队形（方案）

当连绕过战前队形展开成战斗队形时，排收到连长指令（信号）后按照自己指挥员的指令向规定或指定方向前进，同时展开成战斗线（散兵线），与基准排保持间隔和距离；此时排的位置通常成一线队形，然后，它可根据连长的指令（信号）进行变换。

为了以徒步队形冲击，搭乘步战车（装甲输送车或作为坦克载员）行动的摩步连连长，在排展开成战斗线并到达下车线后，下达指令"下车"。

为了使用现地火力抗敌冲击，连长下达指令（信号）"全连注意，停"。按此指令（信号），当班以徒步队形行动时，坦克和步战车（装甲输送车）占领（位于）射击阵地，准备进行射击。为了恢复行进，连长下达指令（信号）"全连注意——前进"，当以徒步队形行动时，必要时增加"跑步前进"。

各排展开后，连长位于战斗线（散兵线）后约200米处，或位于排战斗队形中的某个方便指挥全连的地方。

4.为抗击敌从正面、右侧（左侧）或后方对连纵队的突然攻击，连长下达指令（信号）："敌人从正面（右侧、左侧、后方）攻击，准备战斗！"搭乘步战车（装甲输送车）或作为坦克载员行动的摩步连，必要时（当作为坦克载员行动时，随时）下车，并展开成散兵线。

当敌人从正面攻击时，尖兵排直接展开成战斗线（散兵线），紧跟其后的部队在尖兵排右面，最后的部队在尖兵排左面。

当敌人从右面（左面）攻击时，所有车辆同时向敌方向展开。当以徒步队形行动时，排按自己指挥员的指令向敌方向展开成散兵线，并对敌射击。

当敌人从后方攻击时，连纵队向后转动后，连展开成战斗线（散兵线），成抗击敌人从正面突然攻击时的队形。

5.连以战前队形或战斗队形变换行进方向，按连长指令（信号）实施："全连注意，向右（左）向后转，向××地物方向（在××地线），基准排——××排——前进！"

当向右（左）变换前进方向时，基准排向指定方向行进，左翼（右翼）的排提高速度，而右翼（左翼）的排降低速度，保持间隔和距离向新方向行进，保持对基准排看齐，继续前进。

当连以战前队形向后转变时，排（班）按自己的指挥员的指令向后转变换，并继续向新方向前进。当连以战斗队形向后转时，所有在战斗线上的车辆（在散兵线上的班）同时向后转展开，并继续向新方向前进。

必要时，连以战前队形或战斗队形变换前进方向，按此指令（信号）实施："注意，像我一样做。"此时，连长以自己所乘车辆的行进指示全连新的前进方向。以徒步队形行动时，则按规定的信号行动。

6.连由战斗队形展开成战前队形，按连长指令（信号）变换："全连注意，向××地物方向（在××地线），成排纵队（班纵队）——前进！"而由战前队形或由战斗队形展开成行军队形时，按此指令（信号）行动："全连注意，向××地物方向成纵队——前进！"或者："全连注意，跟我来，成纵队——前进！"各排（班）按自己指挥员的指令变换成排纵队（班纵队），并继续以战前队形行进，或者变换成连编号队形纵队或连长指定的队形纵队。

以徒步队形进攻的摩步连所有人员，必要时上步战车（装甲输送车和坦克）。配备汽车的摩步连到达第二梯队时，以徒步队形进攻的人员可搭乘汽车。

7.营以战前队形或战斗队形变换前进方向，和由战前队形变换成战斗队形重新部署，与之前叙述的连的队形变换成纵队相反。

8.搭乘战斗车辆的营（连）在开阔地行动，能观察到所有战斗车辆时，分队的展开和变换由营（连）长亲自指挥，连（排）长无须重复指令。

附件5 通过无线电传递信号、指令和部署任务的方法

1.通过无线电传递信号、指令和部署任务有下列方法：

呼叫被呼叫的电台——两次（通信质量好时——一次）；

话语"我"和呼叫自己的电台——一次；

信号（指令）——两次（通信质量好时，任务和指令——一次）；

话语"我"和呼叫自己的电台——一次；

话语"收到"——一次。

传递信号和指令不能提前呼叫通信方并协商接收。

2.通常使用通播将信号和通用命令发送到无线电网络的所有通信方。

在其他情况下，将使用线性或单个呼号。通信质量良好时，可以使用缩写的呼号或不使用呼号。

通播时，指令重复两次。在此之前，主台的通信员必须确保网络中的无线电台不会相互影响。

3.在接收到信号（指令）时，通过准确重复每个信号（指令）或通过发送"明白"一词来确认接收到指令，立即进行反向检查（证实收到信号）。对接收信号（指令）的确认也是向在上级无线电网络中作业的下属传输信号（指令）。

应主台的要求，对通播信号（指令）的接收进行反向检查（证实收到信号）。

4.通播信号"Каскад–389"的示例：

"Альфа–45，Альфа–45，我是Сокол–15；Каскад–389，Каскад–389，我是Сокол–15，接收。"

向一个通信方发送命令并证实他收到信号的示例：

——"Ястреб–10，我是Сокол–15，提高行进速度，我是Сокол–15，接收。"

——"Сокол–15，我是Ястреб–10，明白，提高行进速度，我是Ястреб–10，收到。"或："Сокол–15，我是Ястреб–10，明白，我是Ястреб–10，收到。"或："明白，我是Ястреб–10，收到。"

有简短代号的两个通信方之间的工作示例：

——"10号，我是15号，减少间隔，我是15号，接收。"

——"15号，我是10号，明白，我是10号，收到。"或："明白，我是10号，收到。"

没有代号的两个通信方之间的工作示例：

——"允许我执行任务，接收。"

——"我批准，接收。"

5.向一个通信方部署任务，并证实他收到信号的示例：

——"Ястреб–10，我是Сокол–15，接收。"

——"我是Ястреб-10，收到。"

——"10号，我是15号，从××地线发动攻击，在××中消灭敌人，俘获××，继续向××方向发动进攻，炮兵压制××，'Raven–20'向××方向进攻，××准备就绪，我是15号，接收。"

——"明白，我是10号，收到。"（地标、地线、方向、区域依据方位物、拼接地图或依据地物的编码名称表示，友邻——根据其呼号，时间——根据信号表。）

附件6 战车的识别标志和代号

1.为识别己方战车，并明确其兵团、部队和分队的隶属，在车上标绘识别标志和代号。

2.兵团（部队）的识别标志是圆形、椭圆、正方形、长方形、菱形、三角形、梯形和其他形状的几何图形。为了提高识别标志的方案数量，允许在标志内部标绘不同方向的线、数字、字母，使用独特的树木或这些树木的叶子的图例，以及喷涂一部分标志。兵团（部队）的识别标志由上级规定并定期更换。

代号是三位数。兵团指挥员在明确的时期分给每个部队1—200个编号，如200—299或800—899。部队指挥员规定各分队战车的编号方法，此时，允许重复一个编号，这个编号可以用于不同的战斗装备。例如，团（营）长的坦克和司令部指挥车可以有一个相同的编号，摩步团坦克连的坦克编号和摩步连步战车（装甲输送车）编号可以重复。

3.识别标志标绘在代号前，在炮塔的右侧和左侧（车辆的侧面）。

标绘代号：

坦克——在炮塔侧面和后面。

（可以在车体外面标识备件、附件、水下控制设备和固定在这些位置上的车组私人物品）。

步战车——在右面和左面的外侧中间，在右尾门上部。

自行火炮——在炮塔侧面和尾部舱口盖上。

在БТР-6ОПБ、БТР-70、БТР-80类型的装甲输送车上和以它们为底盘的司令部指挥车——在右侧和左侧前部倾斜装甲板低于观察设备水平线和上车的把手处（离悬挂备件和附件的把手远的地方）。

其他战斗装备——在右面和左面中间或侧面前空余部分。

夏天，识别标志和代号用白色涂料（油漆）标绘，冬天和在沙漠里行动时，战车的标志和代号用伪装色——红色或黑色标绘。

代号数字高度——依据战车结构特征，为20—40厘米。其宽度是高度的三分之二。

识别标志不得高于数字高度，同时不得低于其高度的三分之二。识别标志和代号的线宽等于它们高度的六分之一。

附件7 阵地和设施的筑城工事

阵地和设施的筑城工事（方案）

摩步营防御地区筑城工事（方案）
括号内数字为工事数量

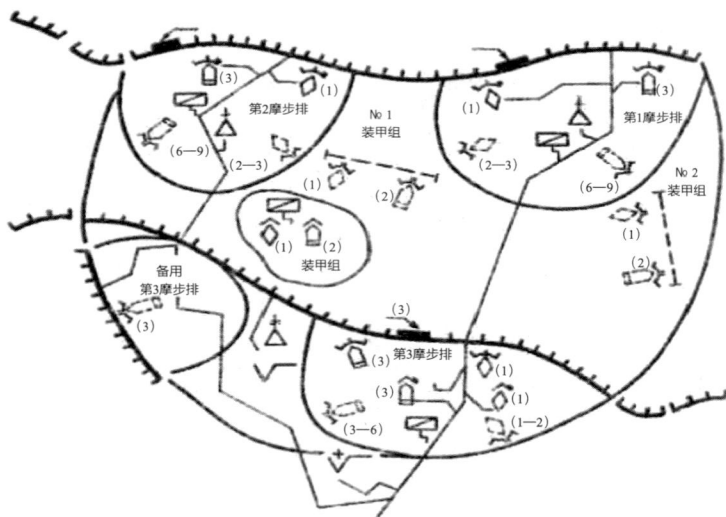

摩步连支撑点筑城工事（方案）

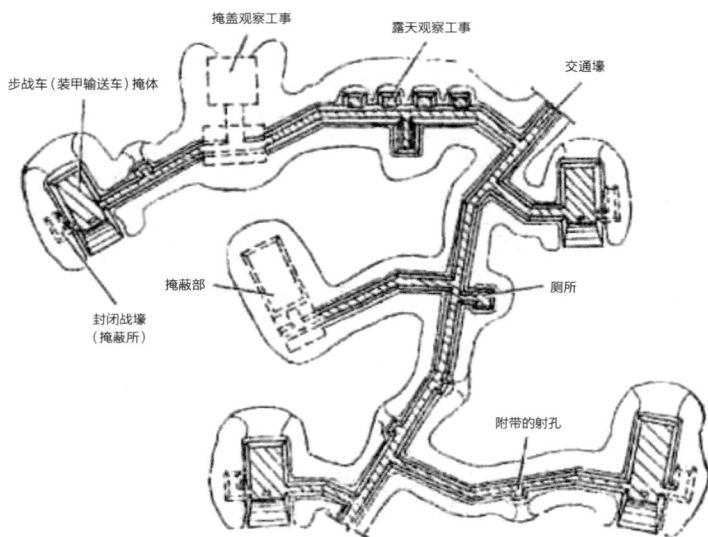

营指挥观察所筑城工事（方案）

构筑需求：300人、3车时，团挖土机两台，物资——圆木22立方米，铁丝33千克

a

屏蔽门

楼板(圆木直径=16厘米,长度=225厘米)

60

50

封闭的堑壕地段长2.5米
(细圆木直径=10厘米,长
度=220厘米)

180

80

300

200

150

15

180

180

150

30

入口墙的水平隔板
(细圆木直径=10厘米,
长度=180~200厘米)

130

40

130

密封帘

墙的垂直隔板(圆木直径=
12厘米,长度=180厘米)

射孔墙的水平隔板(圆木直
径=16厘米,长度=225厘米)

б

入口横梁(细圆木直径=
10厘米,长度=70厘米)

入口楼板(细圆木直径=
10厘米,长度=120厘米)

两层成卷的材料

上部支撑框架(圆木直径=12厘米,
长度=156厘米或108厘米)

加长的圆木(直径=16厘
米,长度=460厘米)

射孔框的楼板(细圆木直径=
10厘米,长度=220~320厘米)

小木桩(桩直径=5~7厘
米,长度=100厘米)

射孔隔板(桩直
径=5~7厘米,
长度=80~110
厘米)

射孔挡板

工作台

60

12

100

140

50

180

150

30

20

30

入口支柱(细圆木直径=
10厘米,长度=200厘米)

集水井

加强屏蔽门的支撑和楔

130

36

120

支撑圆木(直径=10厘米,长度=90厘米)

支撑框架(圆木直径=20厘米,长度=200厘米或90厘米)

支撑框架(圆木直径=20厘米,长度=200厘米或90厘米)

下部支撑框架(圆木直径=12厘米,长
度=156厘米或108厘米)

营长掩盖观察工事

a ——通用类型,б ——纵剖面

构筑工事需求:40人时,物资——圆木4.5立方米,铁丝直径3—4毫米,重10千克

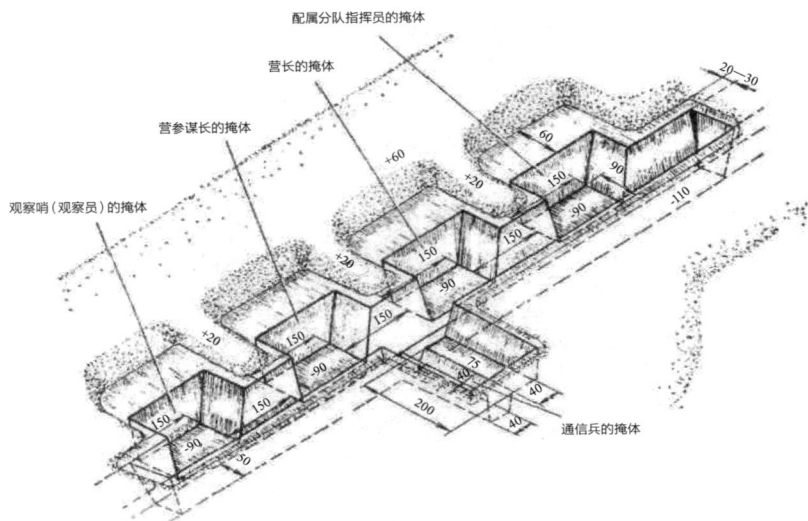

配属分队指挥员的掩体
营长的掩体
营参谋长的掩体
观察哨（观察员）的掩体
通信兵的掩体

营长露天观察工事
构筑工事需求22人时

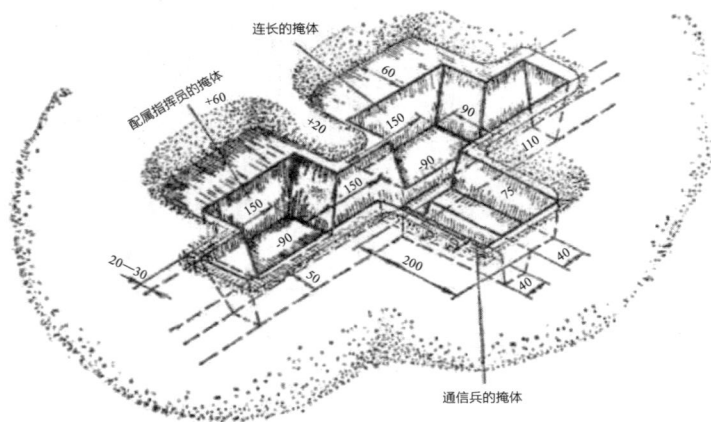

连长的掩体
配属指挥员的掩体
通信兵的掩体

连长露天观察工事
构筑工事需求使用工兵锹12人时

a

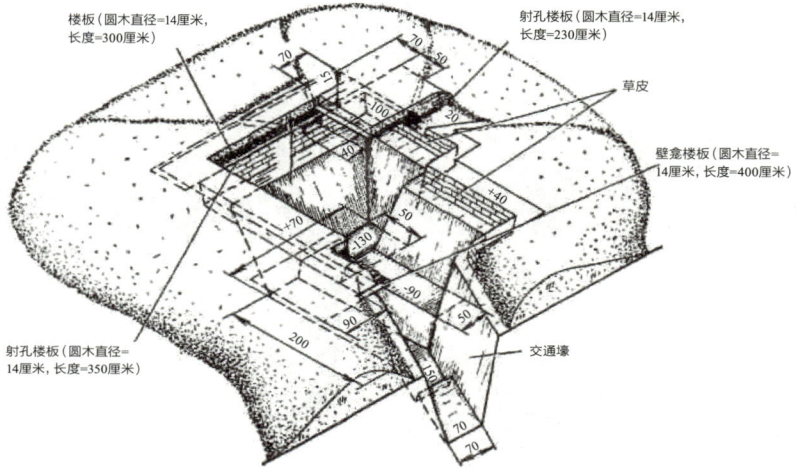

楼板(圆木直径=14厘米,
长度=300厘米)

射孔楼板(圆木直径=14厘米,
长度=230厘米)

草皮

壁龛楼板(圆木直径=
14厘米,长度=400厘米)

射孔楼板(圆木直径=
14厘米,长度=350厘米)

交通壕

б

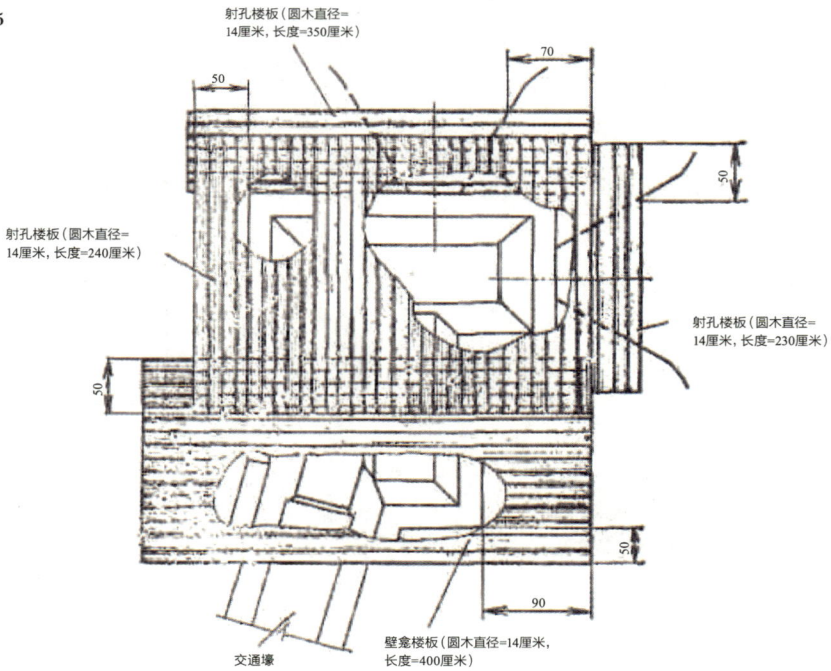

射孔楼板(圆木直径=
14厘米,长度=350厘米)

射孔楼板(圆木直径=
14厘米,长度=240厘米)

射孔楼板(圆木直径=
14厘米,长度=230厘米)

交通壕

壁龛楼板(圆木直径=14厘米,
长度=400厘米)

带防破片覆盖层的连长观察工事

a ——通用类型;б ——孔覆盖层部分铺开图

构筑工事需求:30人时,物资——圆木2.5立方米;铁丝直径3—4毫米,重4千克

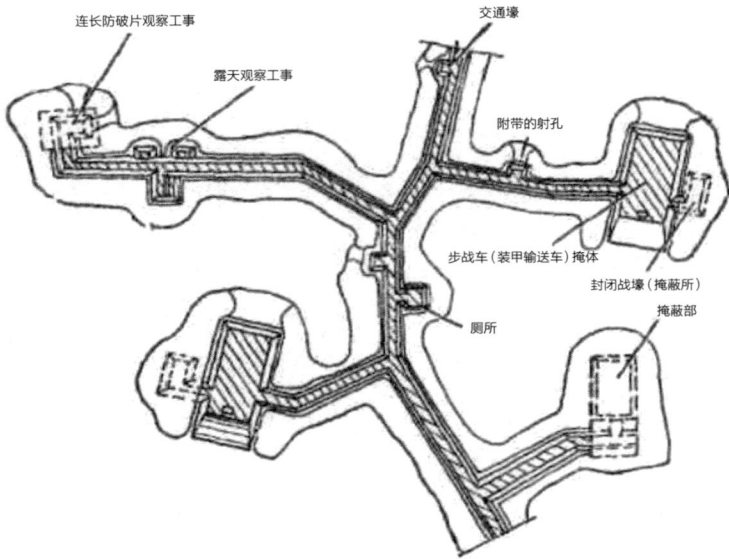

连指挥观察所筑城工事

构筑需求:220人、2车时,团挖土机2台,物资——圆木13.1立方米,铁丝23千克

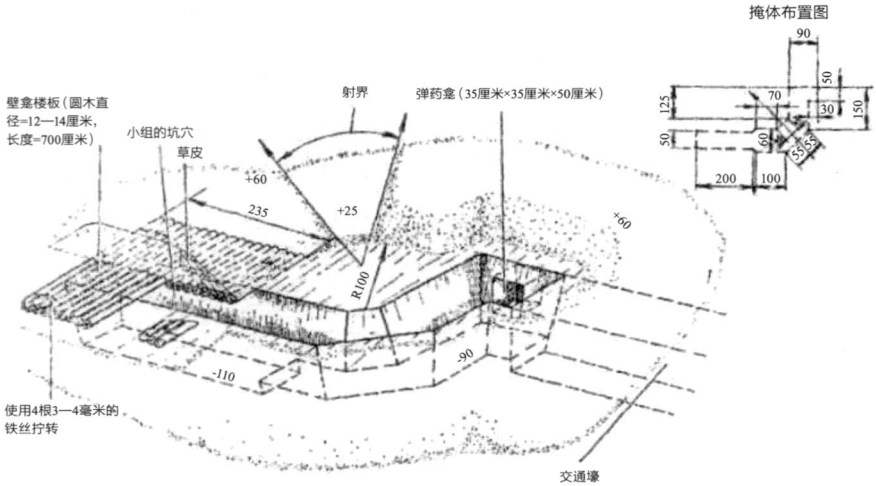

火箭筒掩体

构筑掩体需求:15人时,物资——圆木0.7立方米,铁丝1.5千克

用杆做楼板的弹药龛
（直径=7厘米，长度=230厘米）

壁龛楼板（圆木直径=12—14厘米，
长度=200厘米）

使用4根3—4毫米的铁丝拧转

射界

30

+50

+25

R100

70

60

235

-100

R300

掩体布置图

200

100 100 400

交通壕

+50

25 150 70

50

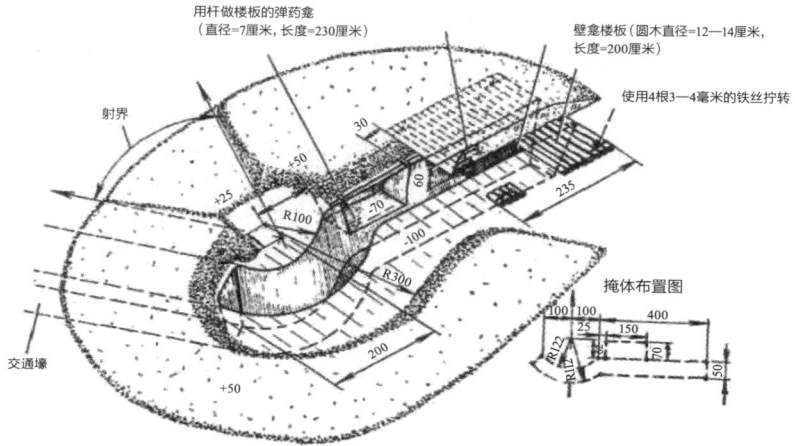

反坦克导弹9K111（9K115）掩体

构筑掩体需求：16人时，物资——圆木0.7立方米，铁丝1.5千克

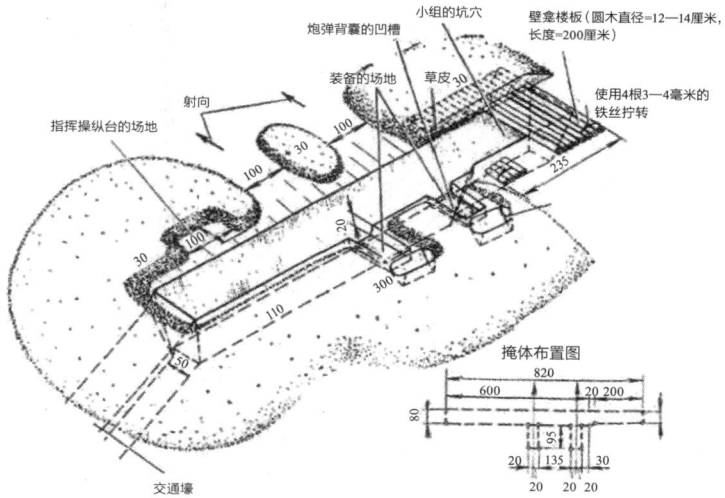

小组的坑穴

炮弹背囊的凹槽

壁龛楼板（圆木直径=12—14厘米，
长度=200厘米）

装箱的场地

草皮 30

使用4根3—4毫米的
铁丝拧转

射向

100

30

235

指挥操纵台的场地

100

20

300

30

100

110

掩体布置图

820

50

600 20 200

80

95

交通壕

20 135 30

20 20 20

反坦克导弹9K11掩体

构筑掩体需求：18人时，物资——圆木0.7立方米，铁丝1.5千克

使用4根3—4毫米的铁丝拧转

小组的坑穴

壁龛楼板(圆木直径=12—14厘米,长度=200厘米)

弹药龛

草皮

射界

崖径

60

60 30 235

20—30

60

110

交通壕

掩体布置图

50

40 40 40 40

50

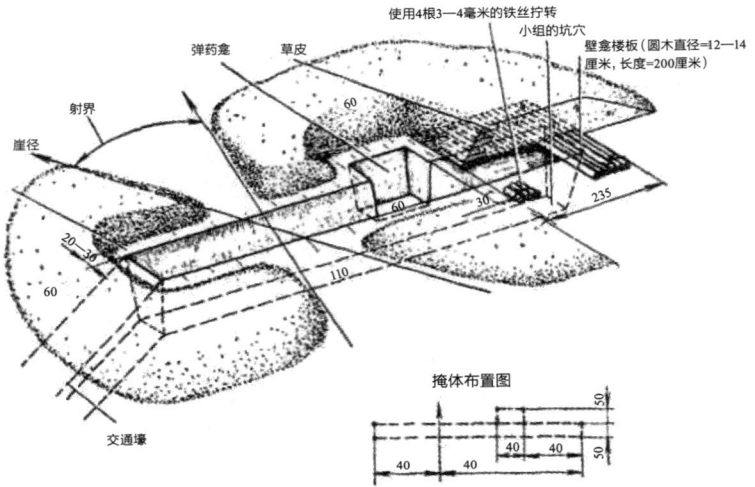

重型反坦克火箭筒掩体

构筑掩体需求:17人、时间充足时,使用直径5—7厘米的杆覆盖弹药龛,
物资——圆木0.7立方米,铁丝1.5千克

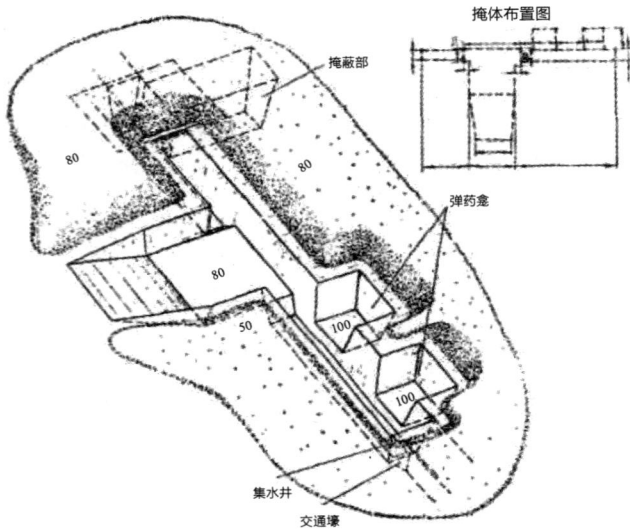

掩体布置图

掩蔽部

80

80

80

弹药龛

50

100

100

集水井

交通壕

120毫米迫击炮掩体

构筑掩体需求(无掩蔽部)24人时

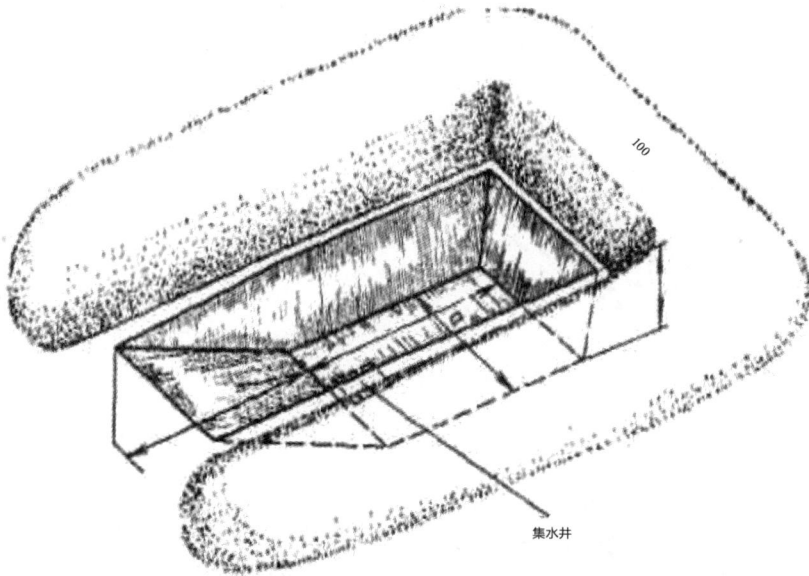

集水井

100

战车和运输车掩蔽部

露天掩蔽部兵力兵器需求数量

车辆名称和商标	掩体尺寸，米				土方量，米³	使用机械		人工，人时
	a	b	c	h		车时（挖掘机）	人时	
БМП,БТР-60ПР	3.5	4.5	6.0	1.5	50	0.4	10.0	50.0
БРДМ-2	3.0	3.0	7.0	0.9	30	0.3	10.0	30.0
АТМЗ-4 на «Урал-375»	3.0	6.0	8.0	1.7	65	0.6	10.0	70.0
УАЗ-468Ас1-АП-0.5	2.0	3.0	8.0	1.1	25	0.3	7.0	30.0
ГАЗ-65,ЗИЛ-131（стентом）	3.0	6.5	5.0	2.0	60	0.5	12.0	70.0

a

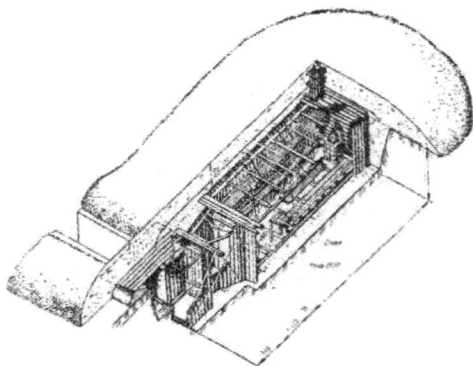

б

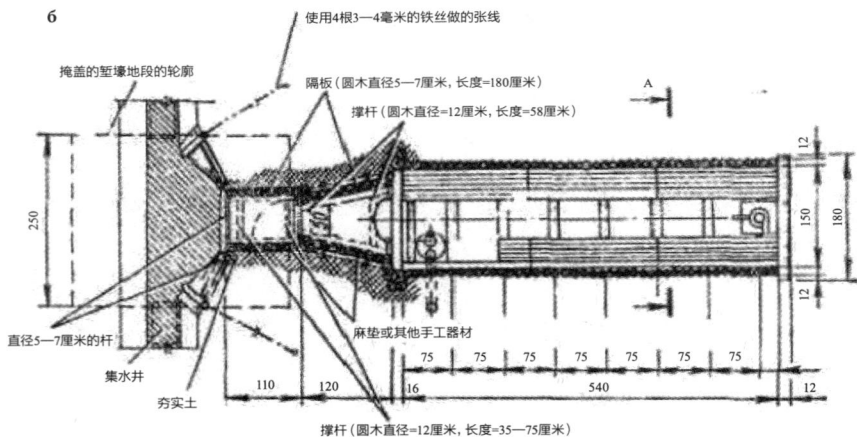

使用4根3—4毫米的铁丝做的张线

掩盖的堑壕地段的轮廓

隔板(圆木直径5—7厘米，长度=180厘米)

撑杆(圆木直径=12厘米，长度=58厘米)

A

直径5—7厘米的杆

集水井

夯实土

麻垫或其他手工器材

撑杆(圆木直径=12厘米，长度=35—75厘米)

в　　　　　　A-A

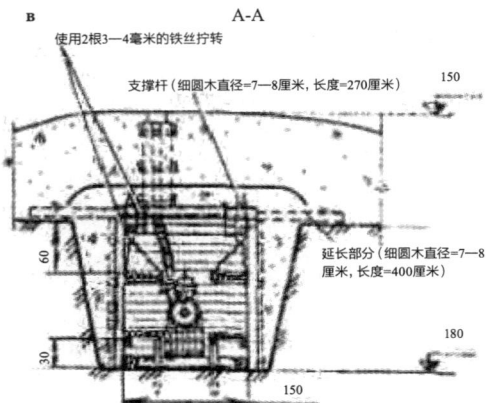

使用2根3—4毫米的铁丝拧转

支撑杆(细圆木直径=7—8厘米，长度=270厘米)

延长部分(细圆木直径=7—8厘米，长度=400厘米)

无工作室结构的掩蔽所
a ——通用类型；6 ——平面图；
в ——A-A剖面图
构筑掩蔽所需求：100人时,物资——
圆木8.3立方米；铁丝直径3—4毫米,重
15千克；卷筒材料50平方米

现地背景下掩体内的装备伪装
伪装需求：5人时，制式伪装套件1套，伪装材料（就便器材）0.2立方米

编译团队简介

王统：译有《俄罗斯"猎户座"察打一体无人机的详细说明》《俄罗斯"终结者"坦克支援车有什么优势》《未来坦克的概念设计》《阿勒颇之战》等。

郭端纬：曾于俄罗斯留学三年，对俄军事情况有一定研究，有百万余字的俄军相关文字、音视频资料编译经验。

侯云峰：男，1987年生，2018年于国防科技大学国际关系学院俄语专业学习，2019年赴白俄罗斯明斯克军事学院留学，2022年赴俄罗斯莫斯科参加国际军事比赛担任翻译一职。先后参与俄军《炮兵连作战行动》《坦克两项》等资料翻译、校对。荣获国际军事比赛个人嘉奖一次。

另有高晋宁、王希敬、孙诚、王娜等四人参与了本书的修改校对工作，特别是在军事术语修正方面提供了宝贵建议。